LA DEVOCIÓN AL SAGRADO CORAZÓN DE JESÚS

Padre Jean Croiset, S.J.

Director espiritual de Sta. Margarita María
de Alacoque

LA DEVOCIÓN AL SAGRADO CORAZÓN DE JESÚS

DIDACBOOK
EditoriaL

Título original: *La dévotion au Sacré-Coeur de N.-S. Jésus-Christ*
Padre Jean Croiset, S. J., 1691
Revisión de la traducción al castellano de 1744 por el padre Pedro de
Peñaloza, S. J.

© Didacbook, 2016
 Sagasta, 6
 23400 – Úbeda (Jaén)
www.didacbook.com

© Edición a cargo de: Ricardo Regidor, con la colaboración
de Joseluís González, Víctor Acevedo, Marta Moreno, Gonzalo Medina
y José Francisco Peña.

Diseño de portada y maquetación: José María Vizcaíno.

ISBN: 978-84-17855-29-1

Depósito Legal: J-68-2024

Índice

PARTE TERCERA
La práctica de esta devoción

Prólogo

Este libro se compuso en vida de santa Margarita María de Alacoque y se publicó en 1691, un año después de su muerte. Por sus cartas se ve que estas páginas fueron una petición expresa de nuestro Señor, transmitida al padre Croiset por medio de santa Margarita María. En la carta en que le pide que componga el libro le asegura, de parte del Señor, que recibirá una ayuda especial y, cuando estaba a punto de terminarlo, le aseguró que estaba tan de acuerdo con los deseos del Señor, que no sería necesario realizar ningún cambio. Así que el libro descansa en la autoridad del mismo Jesucristo; y como prometió, no ha sido necesario hacerle ningún cambio. Incluso en la actualidad, tras más de dos siglos y medio, aún sigue siendo el manual más práctico sobre la devoción al Sagrado Corazón de Jesús, aunque han aparecido otros títulos sobre el mismo tema.

Como se explicará más adelante, el libro estuvo disponible solo durante trece años, y durante ese tiempo se tradujo a casi todos los idiomas europeos. En aquella época, el catolicismo sufría persecución en Inglaterra; a san Claudio de la Colombière, que fue quien introdujo en ese país aquella devoción, le detuvieron y posteriormente se exilió de aquel país, por lo que no se tradujo al inglés.

Estas son las circunstancias que llevaron a la primera publicación del texto: santa Margarita María de Alacoque, urgida por el Señor, había escrito en varias ocasiones a su director espiritual, el padre Croiset, pidiéndole que escribiera un libro para dar a conocer la devoción al Sagrado Corazón a todos los fieles (hasta aquellos momentos, esta devoción la practicaban únicamente como devoción privada algunas personas). En su carta del 14 de abril de 1689, decía:

> Si conociera el ardiente deseo que me mueve para que el Sagrado Corazón de mi Soberano sea conocido y glorificado, no rechazaría esta tarea. Si no estoy equivocada, Él quiere que sea usted quien lo escriba.

Y el 15 de septiembre del mismo año, volvió a escribirle:

> Ya que quiere que le diga lo que pienso de sus planes para honrar al divino Corazón de Jesús, creo (si no estoy equivocada) que le agradan muchísimo… Y tengo que decirle que tiene que alegrarse de ser contado en el número de los que empleará el Señor para la ejecución de sus designios, pues no tengo ninguna duda de que Él le ha elegido para esta tarea; siga sus luces. Con respecto a todo lo que me propone en su carta sobre las meditaciones y las indulgencias, me parece claro, sin ningún lugar a dudas, que es Él quien le inspira esas ideas. Él me ha dado a comprender que eso le agrada, que nadie salvo Él mismo podría haber organizado las cosas según sus deseos, y creo que será muy glorificado por ello.

Cuando la santa tuvo claro que el padre Croiset había asumido la tarea, le dijo a una de las hermanas en confidencia: «Yo moriré con seguridad este año para no ser obstáculo a los grandes frutos que el Salvador quiere distribuir mediante un libro sobre la devoción al Sagrado Corazón, que un sacerdote dará a imprimir tan pronto como sea posible».

En dos cartas, durante el último año de su vida, a la vez que le aseguraba de nuevo al padre Croiset una asistencia divina particular para su tarea, le advirtió de lo mucho que tendría que sufrir a causa de la publicación del libro. El 17 de enero de 1690 le escribió:

> Si no estoy equivocada, nuestro Salvador parece que me promete que le proporcionará todas las gracias y ayudas necesarias, e incluso que Él mismo suplirá lo que pueda querer de nosotros. Pero nada de esto se conseguirá sin mucho dolor y sufrimiento, que recibirá como las más grandes pruebas de su voluntad.

El 21 de agosto del mismo año apuntó:

Está sorprendido por eso (alguna prueba que tuvo que soportar), pero no es nada; vendrán más, ya que debe ser purificado como el oro en el crisol para la ejecución de los designios de Dios. Esos designios son realmente grandiosos; por tanto, tendrá que sufrir mucho de parte del diablo, de las criaturas y de usted mismo. Pero lo que le parecerá más duro de soportar será cuando sea el mismo Dios quien parezca que toma la vez para hacerle sufrir, pero no sufra por ello, pues así es cómo le mostrará que le ama… Pero para volver a la cuestión de la obra sobre el adorable Corazón de mi Jesús, no tengo duda de que Él le ha asistido, ya que, si no estoy equivocada, todo el libro está tan en perfecto acuerdo con sus deseos, que no será necesario cambiar nada… Una vez más rezo para que no se desanime por todas las contradicciones, problemas y obstáculos que le llegarán a causa de esta tarea que ha asumido. Considere que nuestro Señor, por quien lo está haciendo, siendo todopoderoso, no permitirá que le falten todas las ayudas necesarias para cumplirla perfectamente según su deseo.

Todo ocurrió como santa Margarita María había predicho: murió antes del final de ese año, su muerte removió todos los obstáculos para hablar con total libertad sobre las revelaciones que había recibido y permitió al padre Croiset incluir en el libro una reseña de su vida y de los favores recibidos por la santa. El libro se publicó enseguida, al año siguiente de su muerte, y Dios recibió mucha gloria por este motivo, ya que en poco tiempo fue el medio de extender la devoción al Sagrado Corazón hasta los confines del mundo. Finalmente, todo ello fue causa de grandes pruebas y sufrimientos para el padre Croiset, pues después de traducirse a la mayoría de los idiomas europeos y de difundirse enormemente durante trece años, fue incluido en el Índice de libros prohibidos por un decreto de la Congregación correspondiente del 11 de marzo de 1704, pues el autor, aunque de buena fe, había omitido ciertas formalidades requeridas para un volumen que trataba sobre un tema tan decisivo.

Durante esos trece años aparecieron otros devocionarios, entre ellos uno del padre Galliglet, novicio cuando estaba san Claudio de la Colombière. Se publicaron otras obras en diversos idiomas y a cargo de autores distinguidos; con el tiempo, se emitieron varias encíclicas explicando y promoviendo esa devoción, y el libro del padre Croiset quedó olvidado durante casi doscientos años.

Sin embargo, cuando la divina Providencia estimó que había llegado el tiempo oportuno, la obra del padre Croiset volvió a ponerse en circulación por la misma Congregación que había ordenado su retirada. Las cartas de santa Margarita María expresaban claramente que era acorde con los deseos del Señor, que se había publicado con su beneplácito y que su retirada ya había sido prevista y permitida: así que, por tanto, podemos concluir que la reaparición de este libro en tiempos modernos es también providencial; y que sea en una época en la que nuestro Señor ha establecido una nuevo llamamiento hacia su Sagrado Corazón a un mundo que cada vez se aleja más de Dios supone una ayuda a la Iglesia para restaurar a su fervor original la devoción al Sagrado Corazón de Jesús.

Este es un resumen de cómo el libro volvió a ser aceptado: cuando la jerarquía eclesiástica volvió a establecerse en las antiguas provincias turcas de Bosnia y Herzegovina, Mons. Stadler, profesor de Teología en la Universidad de Agram, fue nombrado primer arzobispo de Sarajevo. Justo después de su nombramiento, anunció su intención de consagrar su archidiócesis al Sagrado Corazón de Jesús, poniendo en él toda su confianza para restablecer la fe en esas provincias. No existía ningún texto sobre este tema en el idioma de su territorio pastoral y escogió el libro del padre Croiset como el más adecuado para explicar la teoría y la práctica de esta devoción; lo tradujo y, cuando lo tenía listo, impreso y a punto de difundirlo, le informaron de que aquel libro se encontraba en el Índice de libros prohibidos. Pidió permiso a la Sagrada Congregación del Índice y cuando le sugirieron que escogiera otro de los numerosos que existían sobre este tema replicó que no había ninguno tan a propósito para lo que quería y solicitó que se examinara esta obra y se emitiera un dictamen, para cambiar lo que fuera necesario. Accedieron a su solicitud y sometieron el texto a un examen riguroso a la luz de las encíclicas y decretos emanados del Magisterio en los dos siglos transcurridos. El resultado fue que no se encontró ningún error en el libro y que no era necesario realizar ningún cambio; se le quitó de aquella lista y se permitió su publicación en todos los idiomas, tal y como el autor lo había escrito.

De este modo se cumplió la predicción de santa Margarita María: el texto del padre Croiset no sufriría ningún cambio ya que se ajustaba a la perfección a los deseos de nuestro Señor.

¿Qué otro texto puede ser más adecuado para profundizar en esta devoción que estas páginas que fueron ordenadas por nuestro Señor, bajo la dirección de su elegida, santa Margarita María, y que escribió su director espiritual, el padre Croiset, especialmente escogido y asistido para esta empresa?

Que nuestro adorable Salvador se digne bendecir este humilde trabajo efectuado para que su Sagrado Corazón sea cada vez más conocido y honrado, y más perfectamente amado.

Patrick O'Connel
Traductor al inglés del libro, en 1948.

Prefacio del autor

La devoción al Sagrado Corazón de Jesús fue inspirada por Dios a un alma de singular pureza y de heroica santidad, santa Margarita María de Alacoque; y a través de ella el mismo Dios mandó a san Claudio de la Colombière que la publicara y la difundiera entre los fieles, al principio como un libro pequeño.

La extraordinaria difusión de la devoción al Sagrado Corazón de Jesús y los numerosos frutos que han venido de ella, así como la gran estima en que la tienen personas de grandes méritos, nos han obligado —para satisfacer mejor la piedad de los fieles— a explicar de un modo más extenso en qué consiste.

Podríamos temer que el mero título de *La devoción al Sagrado Corazón de Jesús*, que por sí mismo puede atraer a muchas personas a leer el libro, también puede ser la causa de que otras, menos devotas, lo rechacen y no lleguen a hacerse una justa idea de su contenido. Por ello, nos parece oportuno explicar al principio en qué consiste esta devoción. La experiencia nos ha enseñado que todos los que se han formado una idea clara de lo que es llegan a la conclusión de que es razonable, sólida y muy útil, tanto para alcanzar la salvación como para llegar a la perfección.

El orden del libro es el siguiente. Después de explicar en la primera parte los motivos que nos deben mover a vivir esta devoción, se dan en la segunda parte los medios para adquirirla. Y en la tercera parte explicamos cómo practicarla.

Y como la esencia de esta devoción consiste en amar a Jesucristo, particularmente en el adorable sacramento de la Eucaristía, toda esta obra trata en efecto de cómo lograr un perfecto amor a Jesús. Nos extenderemos un poco más en lo concerniente a las visitas al Santísimo Sacramento y a la Comunión, pues no hay, de entre todos los actos de piedad, ninguno más apropiado para honrar al Sagrado Corazón y para abrasar nuestro corazón en su amor encendido.

Esperamos que la reflexión sobre estos temas ayuden a muchos a decidirse a vivir esta devoción, y al mismo tiempo a enseñarles cómo practicarla con fruto.

Quienes conocen los grandes méritos y la sublime virtud de san Claudio de la Colombière, y son conscientes de que Dios lo ha elegido de manera especial para propagar esta devoción, se alegrarán de encontrar en muchas partes de este libro los pensamientos y las palabras de este gran siervo de Jesucristo.

Y aunque no sería necesario citar autoridades, revelaciones ni ejemplos para urgirnos a practicar esta devoción, pues basta saber que no mira a otro fin que al amor perfecto a Jesucristo, no obstante nos ha parecido que también debían incluirse las revelaciones a santa Matilde[1] y a santa Gertrudis[2] sobre la devoción al Sagrado Corazón; porque sería, sin duda, un error manifiesto de nuestra parte si por el miedo a parecer demasiado crédulos dejáramos de señalar el camino que ha seguido Dios para renovar la devoción al Sagrado Corazón de Jesús a través de las revelaciones a santa Margarita María de Alacoque.

No se puede negar que ha habido almas puras en todos los tiempos que han recibido comunicaciones y confidencias de Dios, y negarlo sería condenar el parecer de toda la Iglesia; y aunque estas divinas caricias y familiaridades son muy raras, sin embargo no hay siglo en que Dios no las haya comunicado a algún santo. «A los que no han recibido jamás semejantes favores», dice santa Teresa de Jesús, «a veces se les hace difícil dar crédito a estos dones extraordinarios. Pero debían considerar que si es signo de ingenuidad creerlo todo, es también signo de temeridad no querer creer nada[3]». Es, pues, conveniente advertir que las revelaciones de santa Gertrudis y santa Matilde, que se citan dos o tres veces en este libro, las examinaron los más doctos de Flandes, Francia, Italia y Alemania, y en las universidades más famosas, y todos estuvieron de acuerdo en que estaban llenas del espíritu de Dios.

PARTE PRIMERA
Los motivos para vivir esta devoción

queremos dejar claro es que la palabra *corazón* se usa solo en un sentido figurado, y que este Divino Corazón, considerado como una parte del Cuerpo adorable de Jesucristo, no es, propiamente, otra cosa que el objeto sensible de esta devoción y que el inmenso amor que Cristo nos tiene es su principal motivo. Como el amor, al ser algo espiritual, no puede hacerse perceptible a los sentidos, ha sido conveniente buscar el símbolo. ¿Y qué otro símbolo puede ser más propio y natural del amor que el corazón?

Por esta misma causa, la Iglesia nos ha dado un objeto sensible de los sufrimientos del Hijo de Dios, que no son menos espirituales que su amor. La Iglesia nos presenta las sagradas llagas de Jesucristo como devoción particular de su Pasión. Asimismo, la devoción al Sagrado Corazón de Jesús es más afectuosa y ardiente con Cristo en el Santísimo Sacramento al considerar el amor tan grande que nos muestra en la Eucaristía, y nos inflama a reparar los desprecios que los hombres hacen a Jesús[4].

Y, ciertamente, el Sagrado Corazón de Jesús es el amor hacia el cual se quiere inspirar, mediante esta devoción, sentimientos de gratitud, igual que sus sagradas llagas inspiran otros sentimientos como objetos sensibles de los sufrimientos de Jesús.

La devoción al Sagrado Corazón de Jesús no es una novedad pues muchos santos la han vivido. Asimismo, la Santa Sede autorizó bajo el título de *Sagrado Corazón de Jesús* esta devoción. Clemente X[5], en una bula del 4 de octubre de 1674, concede indulgencias a una congregación del Sagrado Corazón de Jesús. También, el papa Inocencio XII[6] concedió, por un breve expreso, indulgencia plenaria a quienes practicaran la devoción al Sagrado Corazón.

Pero no es necesario exponer cien razones que demuestren la solidez de esta devoción; basta con decir que el motivo principal es el amor que Jesucristo nos tiene, cuya prueba la encontramos en la adorable Eucaristía. Otro motivo es reparar el desprecio que se le hace al Señor; y, también, que el Sagrado Corazón de Jesús, abrasado de amor, es el objeto sensible. Por último, hay que mencionar que el fruto de la devoción al Sagrado Corazón debe ser un amor ardiente y tierno a nuestro Señor.

CAPÍTULO II

Medios usados por Dios
para inspirar esta devoción

Uno de los primeros de los que se sirvió Dios para inspirar esta devoción fue san Claudio de la Colombière[7], de la Compañía de Jesús, ilustre por su defensa de la fe en Inglaterra y por ser el capellán de la Duquesa de York, que llegó a ser reina de Gran Bretaña. Sus obras, en las que junta la solidez de la doctrina con la cultura del estilo, le otorgaron un gran reconocimiento en su época, aunque fue más conocido por su sublime virtud. La Providencia lo envió hasta santa Margarita María para asistirla en su misión de establecer la devoción pública al Sagrado Corazón.

Después de examinar cuidadosamente las revelaciones privadas recibidas por santa Margarita María, llegó a la conclusión de que eran genuinas y, guiado por la ayuda divina, se consagró al Sagrado Corazón. Esta devoción fue para él el camino por el que llegó a una gran perfección. Recibió tan grandes favores de Dios por medio de la práctica de esta devoción, que se vio obligado a dar al público el tesoro que también les pertenecía y que muchos lo tenían por desconocido. En el *Diario de mis ejercicios espirituales* se ve lo que escribió sobre lo que había hecho en Londres para fomentar la devoción al Sagrado Corazón[8].

> Habiendo acabado este día de ejercicios, lleno de confianza y de la misericordia de Dios, me impuse una ley: procurar, por todos los medios posibles, la ejecución de lo que me fue prescrito de parte de mi adorable Maestro en lo tocante a su precioso Corazón en el San-

tísimo Sacramento del Altar, donde yo lo creo real y verdaderamente presente, colmado de dulzuras, las cuales puedo gustar y recibir de la misericordia de mi Dios; mas no las puedo explicar.

He reconocido que Dios quería que yo le sirviese en procurar el cumplimiento de sus deseos en relación con la devoción que ha inspirado a una persona[9], con quien su Majestad se comunica muy confiadamente, y para ello ha querido servirse de mi flaqueza. Yo he aconsejado a muchas personas en Inglaterra y he escrito a Francia y he rogado a uno de mis amigos para que establezca en el lugar donde se halla la devoción al Sagrado Corazón, porque será muy útil. Con el gran número de almas escogidas que hay en esa comunidad, creo que su práctica en esa santa casa será muy agradable a Dios. ¡Que no pueda yo, Dios mío, andar por todo el mundo para publicar lo que pretendes de tus siervos y amigos!

Habiéndose, pues, manifestado Dios a esta persona, quien me informó de las grandes gracias que había recibido, y que con razón creo de acuerdo con su Corazón, yo le obligué a que pusiera por escrito lo que me había dicho. Lo escribí con gusto en el *Diario de mis ejercicios espirituales*, porque Dios quiere en la ejecución de este designio servirse de mi ineptitud.

«Estando», dice esta alma santa, «delante del Santísimo Sacramento un día de su octava, recibí de mi Dios grandes gracias de su amor. Movida el alma de deseo de responder al amor que me dio Dios, me dijo: *No puedes devolverme nada más grande que haciendo lo que te he pedido tantas veces*; y descubriéndome su Sagrado Corazón, *he aquí el Corazón que tanto ha amado a los hombres y que no ha ahorrado nada hasta agotarse y consumirse para testimoniarles su amor. Y, en compensación, solo recibe, de la mayor parte de los hombres, ingratitudes y desprecios. Pero lo que más me duele es que se porten así los que se me han consagrado. Por eso te pido que el primer viernes después de la octava del Corpus se celebre una fiesta especial para honrar a mi Corazón, reparando, de algún modo, tantos ultrajes; que se comulgue dicho día para reparar el trato indigno que ha recibido mientras se encuentra expuesto en el altar. Y yo te prometo que mi Corazón se dilatará para esparcir con abundancia su Divino amor a los que le honren así».*

«Mas, Señor mío, ¿de quién te vales», le dice esta persona, «de una criatura vil y de una pobre pecadora, que quizá mi propia indignidad será capaz de impedir el cumplimiento de tu Voluntad, teniendo tantas almas generosas para ejecutar tus designios? *¿No sabes, respondió el Señor, que yo me sirvo de los instrumentos más débiles* *para confundir a los fuertes? Esto es lo que ordinariamente ejecuto yo con los pequeñuelos y pobres de espíritu, en quienes manifiesto mi poder más claramente, con el fin de que nada se atribuyan a sí mismos».*

«Dame, pues», le dice, «el medio de hacer lo que ordenas. Entonces respondió: Encamínate a mi siervo Claudio y dile de mi parte que haga todo lo posible para establecer esta devoción y dar este gusto a mi Sagrado Corazón. Que no se desanime por las dificultades que encuentre en ello, que no le faltarán; pues debe saber que Aquel es del Todopoderoso y que, desconfiando de sí enteramente, ponga toda su confianza en Mí».

El padre De la Colombière no era hombre que se creyera cualquier cosa a la ligera, pero, con pruebas tan manifiestas, no pudo albergar ningún recelo. Por eso, se aplicó, sin perder tiempo, al ministerio que Dios le confiaba; y para asegurarse sólida y perfectamente quiso comenzar por sí mismo, consagrándose por entero al Sagrado Corazón de Jesús, ofreciéndole todo lo que pensaba que le agradaría.

Las gracias extraordinarias que recibió por ello le confirmaron en la idea que se había formado de la importancia de esta devoción. Apenas comenzó a considerar cuáles eran los sentimientos, llenos de ternura, que Jesucristo tenía a los hombres en el Santísimo Sacramento, donde su Sagrado Corazón está siempre ardiendo de amor por ellos, siempre abierto para franquearles todo tipo de gracias y bendiciones, no pudo dejar de llorar los ultrajes horribles que Jesucristo sufría desde hace tiempo por la malicia de unos y el desprecio de otros, incluso sacerdotes. El olvido, el desprecio y los ultrajes los sintió vivamente y le obligaron a consagrarse de nuevo a este Sagrado Corazón con una admirable oración que llamó *Ofrenda al Sagrado Corazón de Jesús* y que se encuentra al final de este capítulo.

El viaje que hizo este santo por Inglaterra, su prisión y el poco tiempo que vivió tras ir a Francia no le permitieron extender más esta devoción. Pero no dejó Dios imperfecta su obra. Él mismo había inspirado esta devoción a santa Gertrudis para extenderla y así erradicar la tibieza y la flojedad de los fieles. Y también ha hecho que, mediante un librito, compuesto como por casualidad, sin estudio y sin arte, se llegase a inflamar la devoción a quienes jamás les había gustado y que, en otra época, sin saber en qué consistía, la habían desacreditado[10].

Dios se sirvió de estos santos para inspirar y extender por casi todas partes la devoción a su Sagrado Corazón. Y, en menos de un año, llegó a establecerse felizmente en muchos lugares. Muchos sabios, doctores y prelados la han elogiado, y muchos predicadores la han difundido con acierto. Se han erigido capillas en honor del Sagrado Corazón de Jesucristo; se ha grabado y se ha pintado su imagen y se ha puesto en los altares. Las religiosas de la Visitación, animadas por el espíritu de su Santo Fundador[11], han sido las que han actuado con mayor celo o, al menos, las primeras que han tenido el consuelo de oír cantar solemnemente en Dijon, en la capilla que ellas mismas habían erigido al Sagrado Corazón de Jesús, una Misa compuesta en su honor, y este ejemplo ha servido a muchos otros religiosos.

La devoción se ha extendido y se ha establecido con mucho éxito por casi toda Francia. Ha llegado a otros países, ha pasado hasta Polonia y aun más allá de los mares. Se ha establecido en Quebec y Malta y hay fundamentos para creer que, por medio de los misioneros, ha llegado ya hasta Siria, América y China. En fin, la aprobación universal que ha encontrado esta devoción, y la gran estima en que la tienen personas tan importantes y doctas hacen esperar que Jesucristo será en adelante menos olvidado, mejor servido y mucho más amado.

Ofrecimiento al Sagrado Corazón de Jesús Compuesto por san Claudio de la Colombière

Oración

En reparación de tantos ultrajes y de tan crueles ingratitudes, oh adorable y amable Corazón de Jesús, y para evitar en cuanto de mí dependa el caer en semejante desgracia, yo te ofrezco mi corazón con todos los sentimientos de que es capaz; yo me entrego enteramente a ti. Y desde este momento protesto sinceramente que deseo olvidarme de mí mismo, y de todo lo que pueda tener relación conmigo, para remover el obstáculo que pudiera impedirme la entrada en ese divino Corazón, que tienes la bondad de abrirme y donde deseo entrar para vivir y morir en él con tus más fieles servidores, penetrado enteramente y abrasado de tu amor. Ofrezco a este Corazón todo el mérito y toda la satisfacción de todas las Misas, de todas las oraciones, de todos los actos de mortificación, de todas las prácticas religiosas, de todos los actos de celo, de humildad, de obediencia y de todas las demás virtudes que practique hasta el último instante de mi vida. No solo entrego todo esto para honrar al Corazón de Jesús y sus admirables virtudes, sino que también le pido humildemente que acepte la completa donación que le hago, y que disponga de ella de la manera que más le agrade y a favor de quien le plazca. Y como ya tengo cedido a las santas almas que están en el purgatorio todo lo que haya en mis acciones capaz de satisfacer a la divina Justicia, deseo que se les distribuya según el beneplácito del Corazón de Jesús.

Esto no impedirá que yo cumpla con las obligaciones que tengo de celebrar Misa y orar por ciertas intenciones prescritas por la obediencia; ni que ofrezca por caridad Misas a personas pobres o a mis hermanos y amigos que puedan pedírmelas. Pero como entonces me he de servir de un bien que ya no me pertenecerá, quiero, como es justo, que la obediencia, la caridad y las demás virtudes que en estas ocasiones practique sean todas del Corazón de Jesús, del cual habré tomado con qué ejercitar estar virtudes, las cuales, por consiguiente, le pertenecerán a Él sin reserva.

¡Sagrado Corazón de Jesús! Enséñame el perfecto olvido de mí mismo, puesto que este es el único camino por el cual se puede entrar en ti. Ya que todo lo que yo haga en lo sucesivo será tuyo, haz de manera que no haga yo nada que no sea digno de ti. Enséñame lo que debo hacer para llegar a la pureza de tu amor, cuyo deseo me has inspirado. Siento en mí una gran voluntad de agradarte y una impotencia aún mayor de lograrlo, sin una luz y un socorro muy particulares que no puedo esperar sino de ti. Haz en mí tu voluntad, Señor. Me opongo a ella, lo siento, pero de veras querría no oponerme. A ti te toca hacerlo todo, divino Corazón de Jesucristo; tú solo tendrás toda la gloria de mi santificación, si me hago santo. Esto me parece más claro que el día, pero será para ti una gran gloria, y solamente por esto quiero desear la perfección. Así sea.

CAPÍTULO III

Lo justa y razonable que es la devoción al Sagrado Corazón de Jesús

Las razones para amar a Jesucristo no deberían depender del mero sentimiento. Buscamos razones según el estado de gracia en el que nos encontramos; además, buscamos motivos para amar a nuestro Señor. Podría parecer algo inútil, puesto que esta devoción es precisamente un ejercicio de amor que nos lleva a Cristo.

No obstante, ya que no todos los hombres se hallan en las mismas disposiciones, y la gracia no es siempre igual para todos, vamos a reflexionar sobre los principales motivos a los que todos nos sujetamos.

Los principales motivos son tres, que se derivan de los principios que tienen más fuerza en nuestro espíritu y en nuestro corazón. Estos son, a saber, la razón, el interés y el gusto. En este capítulo y en los dos siguientes mostraremos lo justa y razonable que es la devoción al Sagrado Corazón de Jesús; lo útil y provechosa que es para nuestra salvación y perfección; y lo suave y dulce que es el Corazón amadísimo de nuestro Señor, que es el objeto material de la devoción; sin olvidar cuál es el objeto principal y espiritual: el amor inmenso que Cristo tiene a los hombres. Sabiendo esto, ¿qué sentimientos de respeto, de reconocimiento y de amor no deberían llenar nuestro corazón?

Apartado primero:
Las excelencias del Corazón adorable de nuestro Señor Jesucristo

El Corazón de Jesús es santo, pues tiene la santidad del mismo Dios, de donde proviene. Todos los movimientos de su Corazón son acciones de un valor infinito, por la dignidad de la persona que los obra. Además, es justo que el Sagrado Corazón de Jesucristo sea honrado con un culto singular, puesto que, honrándole, honramos a su Divina Persona.

Si la veneración que tenemos a los santos nos hace considerar su corazón como la mayor de las reliquias, ¿qué debemos pensar del adorable Corazón de Jesús? ¿Qué corazón ha tenido jamás unas disposiciones tan admirables y tan afines a nuestros intereses? ¿Dónde hallaremos otro corazón cuyos movimientos nos sean tan útiles?

Es en el Divino Corazón de Jesús donde se han formado todos los designios de nuestra salvación que han sido ejecutados por el amor que arde en su mismo corazón. Este Sagrado Corazón, dice un siervo de Dios, es el asiento de todas las virtudes, el manantial de todas las bendiciones y el trono de todas las almas santas.

Las principales virtudes que podemos encontrar en su Sagrado Corazón son, en primer lugar, un amor ardiente de Dios, su Padre, y una humildad jamás vista; en segundo lugar, una paciencia infinita ante los males, un gran dolor a los pecados con los que cargó y la confianza de un buen hijo; y, en tercer lugar, una compasión hacia nuestras miserias, un amor inmenso para con los hombres, a pesar de nuestras miserias.

Y, aunque todas estas virtudes se encuentran en el grado más alto, se conjugan con una tranquilidad inalterable que nace de una unión perfecta con la voluntad de Dios, pues ningún acontecimiento puede turbarle, aunque parezca contrario a su celo, a su humildad, a su dolor y a todas las demás virtudes que se asientan en su Corazón.

Además, su adorable Corazón sigue aún con los mismos sentimientos y virtudes en el grado más alto y ardiendo de amor. Siempre abierto para otorgarnos toda suerte de gracias y bendiciones; conmovido por nuestros males, ansioso por hacernos partícipes de sus tesoros y por dársenos a sí mismo. Siempre dispuesto a recibirnos y servirnos de asilo y de morada en esta vida.

Aun así, no halla en los hombres sino dureza, desprecio e ingratitud. ¿No son estos motivos capaces de movernos a honrar al Sagrado Corazón de Cristo y a reparar tantos ultrajes?

Apartado segundo:
La amabilidad que se halla en la persona de Jesucristo

Nadie que busque conocer a Jesucristo dejará de hallar en Él toda la amabilidad de las criaturas. Cada uno encuentra un atractivo particular para amar: unos se prendan de la hermosura, otros de una dulzura especial. Asimismo, la integridad, una posición elevada o la modestia son, para otros, los encantos a los que no pueden resistirse.

Las virtudes que les faltan a ellos provocan, en otros, un motivo para amar al Señor. También, gustan más de las cualidades que están más relacionadas con sus inclinaciones. Las buenas cualidades y las verdaderas virtudes las ama todo el mundo. Un siervo de Dios dice que si hubiese alguna persona sobre la Tierra en quien concurriesen juntas todas las razones para ser amado, ¿quién dejaría de amarla? Y aunque todo el mundo sabe y confiesa que todos estos encantos y virtudes se hallan en grado máximo en la adorable persona de Jesucristo, por contra, hay tan pocos que le amen.

Un profeta dice que la hermosura más brillante no es sino una flor seca en comparación con la de nuestro Divino Salvador. «A mí me parece», dice santa Teresa, «que el sol no despide sino sombras y oscuridades después de que vi en éxtasis algunos rayos de la hermosura de Jesucristo». Las criaturas más perfectas en este mundo son aquellas que tienen menos defectos, pues las cualidades más bellas en los hombres están acompañadas de imperfecciones, que nos destrozan, al igual que las bellas cualidades nos atraen.

Jesucristo es soberanamente perfecto. Todo es en Él amable y no tiene nada que no atraiga a todos los corazones. En Él encontramos todas las maravillas de la naturaleza y todas las riquezas de la gracia; en suma, todas las perfecciones de la Divinidad. Solo descubrimos abismos de una infinita extensión de grandezas. En fin, este Hombre-Dios es el objeto del amor, de las oraciones y de las alabanzas de toda la Corte Celestial.

Este Divino Señor es quien tiene la autoridad soberana de juzgar a los hombres; la suerte y la felicidad eterna de todas las criaturas están en sus manos; su dominio se extiende sobre toda la naturaleza; todos los espíritus tiemblan en su presencia y están obligados a adorarle o con una sumisión voluntaria o con un sufrimiento forzado por los efectos de la justicia.

Él reina absolutamente en el orden de la gracia y en el estado de la gloria, y todo el mundo visible e invisible está bajo sus pies. ¿No es esto, hombres insensibles, un objeto digno para rendirnos profundamente? ¿Y este Hombre-Dios, con todos sus atributos y con toda la gloria que posee, amándonos hasta el punto que nos ama, no merecerá que le amemos nosotros?

Pero es aún más amable nuestro Salvador: en Él se encuentran todas estas cualidades tan bellas y todos estos magníficos títulos con una dulzura tan inefable, que llega a ser excesiva. Su dulzura es tan amable que encanta aun a sus más mortales enemigos. Un profeta dice que Él fue conducido como cordero llevado al matadero, como oveja muda ante los trasquiladores.

Él se muestra a sí mismo unas veces como el Padre que no puede contenerse de alegría a la vuelta de un hijo descarriado y, otras, como Pastor que, habiendo hallado la oveja perdida, la pone sobre sus hombros y convida a sus amigos y vecinos para regocijarse con ellos por haberla encontrado. «¿Ninguno te ha condenado?», le dijo a la adúltera, «tampoco yo te condeno; vete y a partir de ahora no peques más» (*Jn* 8, 10-11). Él sigue amándonos todos los días.

Resulta sorprendente ver cuántos medios son necesarios para no ofender a un amigo. Somos tan delicados que muchas veces basta no estar de humor para olvidarnos de quince años de servicios, y una sola palabra, dicha fuera de lugar, puede romper una gran amistad.

No es así el amable Jesús, aunque parezca increíble; pero es muy cierto que siempre nos tiene más en cuenta que el mejor de nuestros amigos. No pensemos que Él es capaz de romper con nosotros por la más ligera ingratitud; Él ve todas nuestras infidelidades, conoce todas nuestras flaquezas y sufre con una bondad increíble todas las miserias de aquellos a los que ama, aunque, a los ojos de los hombres, a veces parece que nos olvida y se porta como si no nos entendiera, mas su compasión llega hasta consolar por sí mismo a las almas que se hallan afligidas.

No quiere que el miedo que tenemos de desagradarle llegue a turbarnos y que se nos oprima el espíritu. Desea que evitemos las faltas, pero no quiere que nos inquietemos llenos de congoja, aun por las graves. Pretende que la alegría, la libertad y la paz del corazón sean la herencia eterna de aquellos que le aman verdaderamente.

La mejor de estas cualidades en un noble bastaría para ganar todos los corazones de sus vasallos. La noticia de alguna de estas virtudes en un príncipe provoca que nuestro corazón ame a un extraño. Solamente en Jesucristo se hallan todas estas bellas cualidades, todas estas virtudes y todo lo que se puede imaginar de grande, excelente y amable.

¿Y es posible que tantas razones no nos lleven a amar verdaderamente a Jesucristo? Muy poco nos cuesta a menudo dejarnos ganar el corazón; lo damos entero en muchas ocasiones; ¡y solo tú, Señor, solo tú, no puedes tener parte de él!

¿Sería posible que reflexionando sobre todo lo expuesto en este apartado dejemos de amar ardientemente a Cristo? ¿Y no tener, por lo menos, un sentimiento de dolor de lo poco que le amamos? Cierto es que le debemos nuestro corazón, pero ¿se lo podemos negar si apreciamos todos los beneficios inmensos que nos da y el ardor y la gran ternura con que nos ha amado y nos ama todos los días, dándonos pruebas evidentes de su amor?

Apartado tercero:
Las pruebas patentes del inmenso amor de Jesucristo por nosotros

No hay mayor prueba de amor, para los hombres, que los beneficios, pues así se declara mejor la grandeza de la pasión del que ama, y porque nada nos agrada tanto como un amor que nos es de provecho. Por eso, Jesucristo se ha servido de ese medio para que le amemos. Su Majestad nos ha colmado de beneficios, y el menor de ellos sobrepuja todo lo que podemos merecer y excede todo lo que podemos esperar. Todo el mundo confiesa los beneficios que el Señor les concede; todo el mundo habla del amor del Señor, cuya prueba son esos mismos beneficios, pero, con todo esto, ¡qué pocos son los que se sienten llevados a amar a Cristo, y qué pocos los que se enamoran de su Corazón!

Como hablamos diariamente de la Creación, de la Encarnación y de la Redención nos acostumbramos a estas palabras sin otorgarles la debida reflexión y el merecido aprecio. Incluso el hombre menos racional se sentiría prendado de amor por la persona de la que recibiera solo la centésima parte de estos beneficios…

Puesto que nuestra alma depende de los sentidos, naturalmente nos mueve poco la memoria de algo solamente espiritual; y así, antes de la Encarnación del Verbo, por grandes que eran los prodigios de Dios en beneficio de su pueblo, era más temido que amado. Pero nuestro Dios —digámoslo así— se ha vuelto más perceptible, al hacerse hombre. Y este Hombre-Dios, que es Jesucristo, ha hecho mucho más de lo que podemos imaginar con el fin de ser amado y amar a todos los hombres.

Si su Majestad no hubiese querido redimirnos, no sería menos santo ni menos poderoso ni menos dichoso; y, no obstante, encarnó la obra de nuestra salvación. Y viendo lo que ha hecho, y la manera y el modo en que lo ha hecho, podría decirse que toda su felicidad dependía de la nuestra; y pudiendo redimirnos a un coste menor, quiso conseguirnos la gracia de la salvación con la muerte, y una muerte de Cruz, la más afrentosa y la más cruel.

Pudo aplicarnos sus méritos de mil maneras, pero escogió la del más prodigioso abatimiento con el que dejó asombrado al Cielo y a toda la naturaleza. Todo esto lo hizo para mover a los corazones sensibles ante las menores señales de amistad: un nacimiento pobre, una vida de trabajo y una pasión llena de oprobios, con una muerte infame y dolorosa. Estos prodigios, que nos asombran, son, precisamente, efecto del amor que Cristo nos tiene.

¿Hemos llegado a entender bien la grandeza de nuestra Redención? Y si es así, ¿estamos, aunque sea medianamente, movidos con el solo recuerdo de este beneficio? El pecado del primer hombre nos acarreó muchos males y nos privó de grandes bienes; pero ¿podemos contemplar a Jesucristo en el pesebre, mirarlo en la Cruz y en la Eucaristía sin confesar que nuestras pérdidas han sido reparadas y que las ventajas del hombre redimido con la Sangre del Señor equivalen, por lo menos, a los privilegios del hombre inocente?

La calidad de Redentor universal es un motivo poderoso que nos tiene que llevar a amar a Cristo. Dice el Apóstol que todos los hombres estaban muertos por el pecado de Adán y que Jesucristo murió universalmente por todos los hombres. Nadie había podido preservarse del contagio de un mal tan grande, y todo el mundo ha conocido el efecto de un remedio tan poderoso. Nuestro Salvador dio toda su Sangre por el infiel que no le conoce, por el hereje que no quiere quererle y por el fiel que, creyendo en Él, se resiste a amarle.

Si reflexionamos sobre el precio infinito de su Sangre, ¿qué diremos de este Salvador? ¿Y qué sentiremos de la abundancia de su Redención? Pero, además, no se contentó Jesús con pagar las deudas que habíamos contraído, sino que quiso también prevenir todas las que después podíamos contraer, adelantando su satisfacción antes de que las contrajésemos. Añadid a esto los socorros y favores con los que llena a las almas fieles, adormeciendo y endulzando a un mismo tiempo cuanto hay de fastidioso y amargo en este valle de lágrimas.

Si tú, Dios mío, nos das la gracia para comprender tu gran misericordia, ¿será posible entonces no enternecernos y no amar a Jesús con todo nuestro corazón? Este Divino Salvador es amable, porque quiso redimirnos por un camino tan dificultoso; y no es menos amable por haberlo deseado, liberándonos Él mismo por ese medio sin que le moviese otra cosa que su inmensa caridad y el deseo que tenía de que le amáramos.

El Padre Eterno, dice Salviano[12], nos conocía muy bien, pues nos puso en tan alto precio, de suerte que el mismo Jesucristo fue quien nos tasó y quien se ofreció por voluntad propia a este excesivo rescate… Y después de todo esto, ¡no amaremos a Jesucristo!

Pero advirtamos que, por grande e inefable que es todo lo que el Señor ha hecho por nuestra salvación, el amor que le movió a hacerlo es mucho mayor porque es infinito. Y como si su amor no hubiera quedado satisfecho, mientras quedara aún algún prodigio que hacer, instituyó el Santísimo Sacramento de la Eucaristía, que es el compendio de todas sus maravillas, donde está verdadera y realmente con nosotros y estará hasta el fin de los siglos; y en donde, bajo las especies del pan y el vino, que se convierten en su Cuerpo y Sangre, se hace alimento de nuestras almas para unirse más estrechamente a nosotros o, mejor dicho, para unirnos nosotros a Él más estrechamente.

¿Puede alguien no conmoverse al recordar este prodigio? ¿Puede algún ser humano no abrasarse en el amor de Jesucristo? ¿Tener un Dios ternura, complacencia y ansia por el hombre; desear un Dios unirse a nosotros y desearlo hasta anonadarse todos los días y querer que yo le coma todos los días, sin enfadarse por la indiferencia ni por el disgusto ni por el desprecio de los que no le reciben jamás, ni por la tibieza ni aun por las culpas de los que, muchas veces, le reciben? En fin, ¿estar encerrado sobre un altar, en una custodia, todos los días y a todas horas del día? ¿No son esas pruebas evidentes del amor que Cristo nos tiene? ¿No son motivos capaces de llevarnos a amarle? Hombres ingratos por quienes se han hecho estas maravillas, ¿qué os parece? ¡Jesucristo en el altar se merece que nosotros lo adoremos! ¿No ha dado bastantes testimonios de amor para merecer ser amado? «Si alguno no ama al Señor, que sea anatema» (1 *Co* 16, 22). Decía un siervo de Dios:

> Verdaderamente, si hubiera algo capaz de hacer menos firme mi fe sobre este misterio [la Eucaristía], no sería el poder infinito que Dios nos muestra en él; sería, si acaso, el amor extremado que nos tiene. Porque si se me pregunta cómo puede ser esto de que el pan se convierta en carne sin dejar de ser pan, cómo puede reducirse a un espacio casi indivisible, bastaría con decir que Dios todo lo puede. Mas si se me pregunta cómo puede ser que Dios ame a una criatura tan vil y tan miserable como es el hombre, y que la ame con ansia, con vehemencia y hasta el punto que la ha amado, confieso que no sé qué respuesta dar, que esta es una verdad que no alcanzo: que el amor que Jesucristo nos tiene es un amor excesivo, un amor incomprensible, un amor inefable, un amor que debe llenar a todo hombre racional de asombro, de admiración, de pasmo.

Yo no sé si todas estas reflexiones serán capaces de mover hoy en día a los fieles; pero sé bien que han movido fuertemente a pueblos más inhumanos y bárbaros, y les ha provocado el llanto la sola noticia de alguna de estas maravillas: «¡Oh, qué buen Dios es el Dios de los cristianos! ¡Qué bienhechor es y qué amable!». ¿Quién, pues, se excusará de amar a un Dios que nos ama tan apasionadamente? Estas reflexiones han sido la causa de que los claustros se hayan llenado de religiosos, los desiertos se hayan poblado de multitud de santos anacoretas, dedicándose y consagrándose todos a la alabanza y al amor de Cristo, para agradecerle la ternura con que nos ama.

Hoy se nos pide que no olvidemos del todo a Jesucristo, que hizo el mayor de los milagros para satisfacer su gran deseo de estar continuamente con los hombres; no se nos pide más que no seamos tan duros e insensibles a los ultrajes que recibe Jesús por el amor que nos tiene. En suma, se nos pide, únicamente, que seamos reconocidos como discípulos de Jesucristo. Digo, por consiguiente, que se nos exhorta a portarnos con Dios, que nos ama hasta el extremo, igual que lo hacemos con los hombres.

Por eso, esta devoción busca inspirar este reconocimiento a Jesucristo y no es más que un continuo ejercicio de amor. ¿No parece razonable? ¡Ay! Es justo buscar el modo de mostrar algo de ternura a Cristo, sobre todo en un tiempo en el que se le ama tan poco. Pocos son los que reconocen sus beneficios, los que siguen sus consejos y los que dan crédito a sus máximas en un tiempo en el que solo hay indiferencia, en el que todo el agradecimiento y el respeto se reduce a algunos ruegos y a algunas ceremonias que la costumbre consigue que parezcan puras exterioridades; en fin, en un tiempo en que su divina presencia causa tedio, y su Cuerpo y Sangre preciosa, fastidio.

Apartado cuarto:
La gran ingratitud de los hombres hacia Jesucristo

Verdaderamente, por increíble que parezca, el amor que nos muestra el Hijo de Dios en la Eucaristía no es lo que nos debe sorprender más, puesto que lo que más nos debe anonadar es la ingratitud con que correspondemos a su amor. Es algo admirable que Jesucristo quiera amar tanto a los hombres, pero no es menos admirable que los hombres no queramos amar a Jesucristo, y que no hay nada que pueda causarnos el menor sentimiento de reconocimiento.

Jesús todavía puede tener alguna razón para amar a los hombres, al fin y al cabo, son obras suyas, ama en ellos sus propios dones y, amándonos, se ama a sí mismo. ¿Pero podremos nosotros tener alguna razón para no amar a Cristo? Hablad, hombres ingratos, hombres insensibles, ¿hay en Jesucristo algo que nos ofende? ¿Se puede decir que aún no ha hecho lo bastante para merecer nuestro amor? ¿Qué es lo que pensáis? ¿Nos hubiéramos atrevido a desear o hubiésemos podido imaginar todo lo que ha hecho para ganar nuestro corazón en este adorable Misterio? ¡Y que todo esto no haya podido causar en los hombres un amor ferviente a Jesucristo!

¿Qué consigue Jesucristo con un abatimiento tan prodigioso? Se podría decir, de algún modo, que todos los demás misterios, siendo todos ellos efecto de su amor, han estado acompañados de circunstancias tan gloriosas y de prodigios tan brillantes que es fácil ver que teniendo cuidado de nuestros intereses no se olvidaba su gloria; pero en este amable Sacramento parece haberse olvidado Cristo de todas sus ventajas y que se ha ocupado solamente de volcar en él todo su amor.

Y, así, un amor tan grande y prodigioso debería despertar un deseo y un amor excesivo en el corazón de todos los hombres. Pero ha sucedido al contrario y parecería que se habría amado más a Jesucristo si Él no nos hubiera amado tanto. ¡Oh Dios mío! Tiemblo de horror con solo pensar en el trato indigno que te damos en el augusto Sacramento.

¿Cuántos horribles sacrilegios se han cometido contra los altares, los sagrarios y las iglesias? ¿Cuántos oprobios ha recibido el Cuerpo adorable de Jesucristo? ¿De qué modo tan impío e infame le han tratado tan a menudo? Un verdadero cristiano no puede pensar en todo ello sin concebir un ardiente deseo de reparar por todos los medios posibles unos ultrajes tan graves. ¿Y realmente podemos vivir sin pensar en ello? ¡Si por lo menos los creyentes honrásemos a Jesucristo y le consolásemos con nuestro amor sincero por los ultrajes que recibe de los infieles!

¿Dónde se encuentran las iglesias repletas de fieles adoradores? No puede haber más tibieza ni más indiferencia que la que se tiene con Jesucristo en el Santísimo Sacramento; la poca gente que frecuenta los templos ¿no es una prueba evidente del olvido y del poco amor de muchos cristianos?

Los que se acercan más a menudo al altar llegan a acostumbrarse a este misterio y podría decirse que hay, incluso, sacerdotes que tratan con indiferencia y desprecio a Jesús. ¿Cuántos de los que ofrecen a Jesús como víctima abrasada de amor aman de verdad a Jesucristo? En suma, ¿cuántos celebran los divinos misterios con verdadera fe?

¿Podemos creer que Jesucristo es insensible al trato que le damos? ¿Podemos pensar en cómo le tratan y quedarnos insensibles sin intentar, por todos los medios, reparar? Quien reflexione sobre todas estas verdades ¿podrá dejar de dedicarle todo su amor a este Dios-Hombre, que debería poseer el corazón de todos los hombres por tantos títulos?

Para no amarle es preciso o no conocerlo o ser peor que aquel infeliz demonio, de quien se lee en la vida de santa Catalina de Génova. No se lamentaba de las llamas en las que ardía ni de las otras penas que le atormentaban, sino solamente de que no tenía amor; esto es, aquel amor que tantas almas ignoran o desprecian para su infelicidad eterna.

Acordémonos de que el Sagrado Corazón de Jesús en el Santísimo Sacramento tiene los mismos sentimientos que cuando andaba por las calles de Jerusalén; a saber, arde siempre de amor por los hombres, herido siempre por nuestros males, siempre con ganas de comunicarnos sus tesoros y de dársenos a sí mismo, velando siempre por nosotros. Está siempre dispuesto a recibirnos y a servirnos de morada en esta vida y, sobre todo, de refugio en la hora de la muerte. Y por todo ello, ¿qué agradecimiento encuentra en el corazón de los hombres? ¿Qué ansias? ¿Qué amor? Nuestro Señor ama, y no lo amamos ni conocemos su amor porque los hombres no nos dignamos recibir los dones con que quiere manifestarse. Los hombres tampoco queremos escuchar las amorosas y secretas lecciones que querría darle a nuestro corazón.

¿No es esto un motivo suficiente para conmover los corazones de cualquier persona, por poco entendimiento que tenga? Al instituir este Sacramento de amor, nuestro Señor preveía toda la ingratitud de los hombres y sentía todo el sufrimiento anticipadamente en su Corazón; no obstante, nada de esto le pudo contener ni impedir manifestarnos el exceso de su amor, instituyendo este Misterio.

¿No será justo que, en medio de tanta gente incrédula, de tantos que le tratan con frialdad, de tantas profanaciones y tantos ultrajes, encuentre nuestro Dios un poco de amor por parte de algunos amigos de su Sagrado Corazón, que lloren las injurias que se le hacen, que sean fieles y continuos en la adorable Eucaristía y no olviden nada para reparar con su amor y con su adoración, todos los ultrajes a los que se expone Jesucristo por su exceso de amor en este augusto Sacramento? Por consiguiente, el fin que se propone en este libro es honrar al Sagrado Corazón, que debemos querer infinitamente más que el nuestro.

Los actos de ofrecimiento, las visitas al Santísimo Sacramento, las comuniones y todas las demás prácticas, que se encuentran en la tercera parte de esta obra, no miran sino a hacernos más fieles, haciéndonos amar ardientemente a Jesucristo. Y así, como no parece que se encuentre otra devoción más justa ni más razonable, tampoco se encontrará otra, quizá, más provechosa para nuestra salvación y perfección.

CAPÍTULO IV

El provecho que nos causa esta devoción para nuestra salvación y perfección

Si nuestro Señor obró tantos prodigios para que le amemos, ¿qué favores no hará a los que ve que quieren manifestarle sinceramente su amor? Este Dios de bondad nos ama con ternura —dice san Bernardo— y nos ha colmado de bienes, incluso cuando no le amábamos ni queríamos que Él nos amase. ¿Qué dones, pues, y qué gracias no dará a quienes le aman y sufren por verle tan poco amado?

La devoción al Sagrado Corazón de Jesús es un continuo ejercicio de amor a Jesucristo. Además, consiste en la práctica de unos ejercicios de piedad muy santos, y es tan eficaz, que por medio de ella se consigue todo de Dios. Y si Jesucristo concede tales gracias a quienes tienen devoción a los instrumentos de su pasión y a sus llagas, ¿qué favores no hará a los que muestran una devoción delicada a su Sagrado Corazón?

Hemos visto en la introducción del libro las razones que pueden convencer a cualquiera para no dudar y dar fe a las revelaciones de santa Matilde. Véase, pues, lo que esta santa cuenta sobre esta materia en su Libro de la gracia especial:

> Un día vi al Hijo de Dios llevando su Corazón en la mano, que brillaba más que el sol y que lanzaba rayos por todas partes; entonces, este amable Salvador me hizo comprender que todas las gracias que vierte incesantemente Dios a favor de los hombres, según la capacidad de cada cual, vienen de la plenitud del Divino Corazón.

Y esta misma santa aseguró, poco antes de su muerte, que un día le pidió con insistencia a nuestro Señor un favor para una persona que se lo había encomendado. Jesucristo le dijo:

Hija mía, dile a esa persona por la que me ruegas que todo lo que desea lo busque en mi Corazón, que tenga una gran devoción a mi Sagrado Corazón y que me pida como un niño que no sabe otro artificio que el que le dicta el amor para pedir a su Padre todo lo que quiere.

Habiendo revelado Dios a santa Margarita María de Alacoque, como ya vimos en el capítulo segundo, a quien tanto veneraba el padre De la Colombière, las gracias que tiene vinculadas la práctica de esta devoción, asimismo, le hizo saber que era, digámoslo así, un último esfuerzo de su amor con los hombres; pues había tomado la decisión de descubrirnos los tesoros de su Sagrado Corazón, mediante esta devoción, para provocar que naciese el amor a Jesucristo en el corazón de los más insensibles, así como para abrasar el de los menos fervorosos. *Publícala por todo el mundo, sírveles de inspiración*, le dijo el Salvador, *y recomienda esta devoción a todas las gentes como un medio seguro y fácil para conseguir de mí un verdadero amor de Dios. Para los eclesiásticos y religiosos es un medio eficaz para llegar a la perfección de su estado; para los que trabajan por la salvación del prójimo, un medio seguro para mover a las almas. Y, en fin, para todos los fieles es una devoción sólida para conseguir la victoria contra las pasiones y poner unión y paz en las familias más discordes. También, para librarse de las imperfecciones más arraigadas y para conseguir un amor ardiente y tierno hacía mí. En suma, para llegar en poco tiempo y de un modo fácil a la perfección de su estado.*

San Bernardo, lleno de estos sentimientos, no habla jamás del Sagrado Corazón de Jesús sino como de un tesoro en el que se encuentran todas las gracias y en el que se encuentra un manantial inagotable de bienes: «¡Oh, dulce Jesús! ¡Qué de riquezas encierras en tu Corazón y qué fácil nos es el enriquecernos teniendo este infinito tesoro en la adorable Eucaristía!».

El Cardenal Pedro Damián[13] dijo:

En este adorable Corazón hallamos todas las armas necesarias para nuestra defensa, todos los remedios oportunos para la curación de nuestros males, todos los socorros más poderosos contra los asaltos de nuestros enemigos, las consolaciones más dulces para aliviar nuestras penas y las más puras delicias para llenar nuestra alma de alegría. ¿Estáis afligidos? ¿Vuestros enemigos os persiguen? ¿La memoria de los pecados pasados os hace temblar? ¿Vuestro corazón se siente agitado de inquietud, de miedo o de pasiones? Venid y postraros delante del altar, arrojaos a los brazos de Jesucristo, entrad hasta su Corazón, que es el asilo y la morada de las almas santas y un lugar de refugio donde nuestras almas se hallan en perfecta seguridad.

El devoto Lanspergio[14], en su *Pharetra Divini Amoris*, afirmó:

El Sagrado Corazón de Jesús no es solamente el asiento de todas las virtudes, también es el manantial de las gracias con que se consiguen y se conservan. Tened una tierna devoción al amable Corazón, todo lleno de amor y de misericordia. Continuad pidiendo al Corazón amado de Cristo todo lo que deseáis conseguir; ofreced por Él todas vuestras acciones, porque este Sagrado Corazón es el tesoro de todos los dones sobrenaturales; Él es el camino por el que nos unimos más estrechamente a Dios, y por el que Dios se nos comunica más amorosamente. Bebed, bebed, pues, despacio, de su Sagrado Corazón para así tener gracias y virtudes. Y no temáis por que se agote, ya que es un tesoro infinito. Recurrid a Él en todas vuestras necesidades: sed fieles en las santas prácticas de una devoción tan razonable y tan provechosa, que, bien pronto, sentiréis sus efectos.

Tenemos un ilustre ejemplo en la vida de santa Matilde. Se le apareció el Hijo de Dios y le mandó que amase ardientemente y que honrase cuanto pudiese a su Sagrado Corazón en el Santísimo Sacramento. Se lo daba para que fuese su refugio durante su vida y consuelo en la hora de la muerte. Desde ese momento, se vio esta santa llena de devoción por el Sagrado Corazón, y recibió tantas gracias, que solía decir que, si se tuvieran que escribir todos los favores y bienes no habría libro, por grande que fuese, capaz de contenerlos. Todos los que luchan por adquirir esta devoción experimentan una gran consolación y confirman así, con su experiencia, la verdad de las palabras de estas personas tan queridas de Dios.

El autor de *El cristiano interior* [15] dice:

Estoy resuelto a depender solo de la divina Providencia, sin buscar alivio ni apoyo en las criaturas; debo ser semejante a un niño, que, sin inquietud y sin miedo, reposa dulcemente en los brazos de su Madre, de quien recibe caricias y dulzuras. Confieso que así me trata nuestro Señor, porque buscando sustentar y enriquecer mi alma en su Sagrado Corazón encuentro todos los socorros y bienes que necesito. Y los hallo en abundancia. Dios me los ha dado muchas veces por su bondad, lo que ha provocado que, en esas ocasiones, me quedé atónito, llevándome a pensar si, verdaderamente, una nimia criatura como yo los merece.

Aunque no tuviéramos ejemplos de personas que hayan vivido esta devoción, si ni siquiera el mismo Jesucristo nos la hubiera revelado, nos sobran razones para concebir que no hay nada tan sólido ni ventajoso para nuestra salvación que una devoción que no busca sino el amor más puro a Jesucristo y cuya finalidad es reparar todas las indignidades que sufre nuestro Salvador en la adorable Eucaristía.

Y nuestro Señor, que tanto ha hecho por ganar los corazones de los hombres, ¿podrá rechazarnos cuando le pedimos un lugar en su Corazón? Si Cristo se deja dar al que no le ama, y se deja llevar en la hora de la muerte a gentes que apenas se han dignado visitarle en toda su vida y que se han mostrado insensibles a las señales que les daba de su amor y a los ultrajes que recibe en la Eucaristía; en suma, a gentes que, incluso, lo han maltratado, ¿qué no hará, pues, por sus fieles servidores, que, heridos por los oprobios que recibe su buen Maestro, tan poco amado y escasamente visitado, le hacen una ofrenda, un acto de desagravio, por los desprecios que sufre? ¿Y para los que, con sus frecuentes visitas, con sus actos de adoración y, principalmente, con su ardiente amor, desagravian los ultrajes que recibe?

Es, pues, evidente que no hay nada más provechoso que esta devoción, por lo que me pregunto si son necesarios largos discursos para que los cristianos comencemos a practicarla.

***

Nota del Editor: Todas las grandes gracias que nos vienen por la devoción al Sagrado Corazón, apuntadas por el padre Croiset, las anunció mucho antes la gran contemplativa santa Gertrudis (1256-1302).

Lo que santa Gertrudis escribió sobre este tema se ha citado con mucha frecuencia. Basta con unas pocas palabras para recordarlo. Los historiadores relatan que se le apareció san Juan, el discípulo amado, y ella le pidió que le dijera cómo es posible el que, ya que su cabeza había descansado en el adorable pecho del Salvador, mantuviera silencio sobre el palpitante Corazón del Señor; y le reconvino por no dejarnos ninguna instrucción. El santo apóstol le replicó: «Mi misión era escribir para la Iglesia, aun en su infancia, algo sobre el Verbo increado de Dios Padre, algo que por sí mismo interpela al intelecto humano hasta el final de los tiempos y que nadie llega a comprenderlo por completo. Pero hablar de esos benditos latidos del Corazón de Jesús se reserva para los últimos tiempos, cuando el mundo, envejecido y frío en el amor de Dios, necesite ser caldeado de nuevo por la revelación de esos misterios» (Lanspergio, *Revelaciones de santa Gertrudis*).

CAPÍTULO V

La inmensa dulzura de la devoción al Sagrado Corazón de Jesús

Aunque todas las prácticas devotas llenan de consuelo interior a quienes las viven, y sabemos que la mayoría de las obras buenas están acompañadas de un gusto y de una alegría inefable, y que son inseparables del testimonio de la buena conciencia, también es cierto que Jesucristo ha querido otorgar una mayor cantidad de favores a aquellos que buscan honrarle en el Santísimo Sacramento con diversos actos de piedad.

La vida de los santos está llena de ejemplos que lo demuestran. San Francisco de Asís, san Ignacio de Loyola, santa Teresa, san Felipe Neri o san Luis Gonzaga, entre otros, sentían el corazón más abrasado de amor cuando se acercaban al augusto Sacramento. ¡Cuántos suspiros de amor y dulces lágrimas derramaban al celebrar o participar de este adorable Misterio! ¡De cuántas consolaciones, de cuántos torrentes de delicias, los llenó Dios!

No hay otro lugar donde nuestro Señor nos haga sentir con más fuerza la dulzura de su presencia y de sus dones que en el Sacramento del Altar. En los demás misterios nuestro Salvador nos concede sus gracias, pero, en este, nos concede la mayor de todas las gracias, pues se nos da a Sí mismo real y verdaderamente. Es propio de un magnífico convite la alegría, y Jesucristo nos invita todos los días a uno: la Eucaristía. ¿Qué menos que le tratemos con dulzura y amor?

La devoción al Sagrado Corazón de Jesús nos convierte en verdaderos y fieles adoradores de Jesucristo en el Santísimo Sacramento y nos consagra, particularmente, a este misterio. También nos procura las mayores dulzuras. Podría decirse que nuestro Señor mide los favores que nos hace por el número de injurias que recibe: como no existe misterio que reciba tantos ultrajes, así tampoco hay otro por el que reparta tantos consuelos.

No tenemos que admirarnos de que siendo Él tan bueno, provoque dulces sentimientos a sus fieles, sobre todo en un tiempo en que se le muestra tan poco agradecimiento y tan escaso amor verdadero, pues esta devoción es muy agradable a Cristo. Del mismo modo, es imposible que si profundizamos en ella no crezca en nosotros un deseo cada vez más grande de amar a Jesucristo, y no sintamos la dulzura y el consuelo que es inseparable del amor.

Y al igual que la sola contemplación de las llagas de Jesucristo nos inspira la amplitud de su misericordia, la memoria de su Corazón nos inspira una dulzura y una alegría tan inmensas, que, aunque se puede sentir, no se puede explicar. ¡Verdaderamente, resulta extraño que al acercarnos a Jesucristo no sintamos el gusto que experimentaríamos si nos recibiesen bien los grandes personajes de este mundo!

Nuestro poco amor a Jesucristo, nuestras imperfecciones, nuestra poca fe y otras muchas faltas son las causas terribles de una desgracia mucho mayor de lo que pensamos. Pero ninguna de estas faltas se encuentra en la práctica de la devoción al Sagrado Corazón de Jesucristo, sino que son muchos los favores singulares los que parecen ser inseparables de ella.

Así lo han experimentado, felizmente, hasta hoy, todos los devotos del Sagrado Corazón de Jesús. Y así lo experimentan, todavía en nuestros días. Esto es lo que nos lleva a decir que Jesucristo no niega sus caricias a sus devotos, pues desde siempre hemos visto que los santos que con más ternura han amado al Sagrado Corazón de nuestro Salvador han sido los que han recibido los favores más señalados. Siempre que hablan de esta devoción lo hacen con palabras que nos dan a conocer las gracias extraordinarias y las dulzuras interiores de las que están llenos.

«¡Oh, qué bueno y qué dulce es», exclama san Bernardo, «el hacer morada en tu Sagrado Corazón! ¡Basta», prosigue el santo, «oh, mi amado Jesús, con acordarme de vuestro Sagrado Corazón para llenarme de alegría!»

Por medio de esta devoción, recibieron grandes favores de Jesucristo santa Gertrudis y santa Matilde. Asimismo, santa Clara aseguraba, habitualmente, que debía todas las gracias extraordinarias de las que su alma estaba llena, siempre que se ponía delante del Santísimo Sacramento, a su tierna devoción al Sagrado Corazón de Jesús; y santa Catalina de Siena se sentía abrasada, toda ella, de amor de Dios desde que comenzó a contemplar el adorable Corazón de Jesús.

Y, cuando se le apareció Jesucristo a santa Matilde, le reveló:

Hija mía, si quieres conseguir el perdón de tus negligencias en mi servicio, ten una tierna devoción a mi Corazón, porque es el tesoro de todas las gracias que te hago continuamente, y él mismo es el manantial de todos los consuelos interiores y de aquellas dulzuras inefables con las que lleno a mis fieles amigos.

San Claudio de la Colombière no se explicaba de otro modo las gracias que recibía del Señor; y, aunque Dios le había conducido durante mucho tiempo por los caminos de la sublime perfección, y no por el de las consolaciones sensibles, el Espíritu divino parece que cambió de conducta, para probar a esa alma, pues tras mostrar su fidelidad le inspiró la práctica de esta devoción. Véase cómo este santo se explica sobre esta materia en una parte de su Retiro espiritual:

Mi corazón se derrama. Siente las dulzuras que puede gustar y recibir de la misericordia de Dios, sin poderlas explicar. Eres bien bueno, Dios mío, en comunicarte con tanta bondad a la más ingrata de tus criaturas y al más indigno de tus siervos. Seas, por ello, alabado y bendecido eternamente. He reconocido que Dios quería que yo le sirviese procurando el cumplimiento de sus designios, relacionados con la devoción que ha inspirado a una persona, a quien su Majestad se comunica muy confiadamente. ¿No podré yo, Dios mío, andar por todo el mundo y publicar lo que deseas de tus siervos y amigos?

Y en otra parte:

Cesad, cesad, mi Soberano y amado Maestro, de llenarme de tus favores. Reconozco qué indigno soy de ellos. Me acostumbrarás a que te sirva por interés, porque ¿qué no haría yo, si no me obligas a obedecer a mi director, para merecer un momento de las dulzuras que me comunicas? ¡Insensato de mí! ¿Qué digo yo? ¿Merecer? Perdóname, amado Padre, esta palabra: turbado estoy con el exceso de tus bondades, no sé lo que me digo. ¿Puedo merecer estas gracias y estas consolaciones inefables con que me llenas? No, mi Dios, solo tú eres quien, por medio de tus fatigas y dolores, te has constituido en el Mediador con tu Padre de todos los favores que yo recibo; que seas, pues, eternamente bendecido, y envíame miserias y penalidades para que pueda tener alguna parte en las tuyas. No creeré, pues, que me amas hasta que me hagas sufrir mucho, y durante mucho tiempo.

Así se explica el padre De la Colombière el exceso de las dulzuras y consolaciones interiores que sentía con el ejercicio de una tierna devoción al Sagrado Corazón de nuestro Señor Jesucristo.

CAPÍTULO VI

La devoción de los santos al Sagrado Corazón de Jesús

El ejemplo de los santos es un poderoso motivo para movernos a vivir esta devoción y, asimismo, nos sirve de instrucción para aprender a practicarla bien. Es conveniente apuntar aquí los sentimientos de muchos de ellos, que mostraron una gran delicadeza hacia el Sagrado Corazón de nuestro Señor.

Santa Clara, abrasada de amor a Jesucristo y queriendo devolverle ese amor, encontró la práctica perfecta para manifestar su reconocimiento: saludar y adorar muchas veces al día, y todos los días de su vida, al Sagrado Corazón de Jesús presente en el Santísimo Sacramento; y, por medio de esta devoción, como se lee en su vida, se llenaba su alma de dulces delicias y de favores sobresalientes.

Esta oración de santa Gertrudis al Sagrado Corazón de Jesús es una prueba de cuánto estimaba esta devoción.

Oración de santa Gertrudis

Yo te saludo, ¡oh Sagrado Corazón de Jesús!, manantial vivo y vivificante de vida eterna, tesoro infinito de la Divinidad, ardiente fragua del Amor Divino. Tú eres el lugar de mi descanso y mi refugio. ¡Oh mi amado Salvador! Abrasa mi corazón con el amor ardiente que abrasa siempre el tuyo; y haz que mi corazón esté tan fuertemente unido al tuyo, que tu voluntad sea siempre la mía, y que se conforme a la tuya por toda la eternidad. Pues desde ahora deseo que tu santa voluntad sea la regla de todos mis deseos y de todas mis acciones. Amén.

El historiador de su vida, describiendo la serenidad con la que murió, dice: «Esta alma dichosa alzó su vuelo hacia el Cielo y se retiró al santuario de la Divinidad, quiero decir, al Corazón adorable de Jesús, que este Divino esposo le había abierto en un exceso de amor».

Santa Matilde tenía llena su alma de esta devoción y, a todas horas, hablaba del adorable Corazón de Jesús y de los favores que recibía todos los días. Nuestro Señor le dio su Corazón en prenda de su amor, y para que le sirviera de dulce reposo durante su vida, y le llenara de paz y de una consolación inefable a la hora de su muerte.

Santa Catalina de Siena tomó como suya esta misma devoción, de suerte que hizo una eterna donación de su corazón a su Divino Esposo, y ella, en trueque, consiguió el Corazón de Jesús. Afirmaba que, en adelante, no quería vivir ni obrar sino conforme a los impulsos y a las inclinaciones de su Corazón.

«Si no me encuentras», dice san Elceario escribiendo a santa Delfina, su esposa, «y deseas saber de mí, ve a cortejar a Jesús en la Sagrada Eucaristía; entra, entra en su Sagrado Corazón y tendrás noticias mías; allí me encontrarás todos los días, porque esta es mi morada ordinaria».

Otro ejemplo es el de san Bernardo, cuyas palabras reflejan su admirable devoción al Corazón de Jesús, así como que no es una devoción solo de nuestros tiempos. En *Vitis Mystica* escribe:

¡Oh, dulce Jesús, cuántas riquezas encierras en tu Corazón! ¿Por qué los hombres sentimos indiferencia ante la pérdida, que causa el olvido y la indiferencia, con este amable Corazón? Por mí, nada quiero omitir, por ganarlo y poseerlo. Yo le consagraré todos mis pensamientos. Sus sentimientos y sus deseos serán los míos. En fin, daré cuanto tengo por comprar este precioso tesoro. Pero ¿qué necesidad hay de comprarlo cuando verdaderamente es mío? Digo con toda seguridad que es mío, pues lo es de mi cabeza, y lo que es de la cabeza ¿no pertenecerá a los demás miembros?

El Sagrado Corazón de nuestro Señor será, pues, en adelante el Templo donde yo no cesaré de adorarle; la Víctima que continuamente ofreceré; el Altar donde haré mis sacrificios, sobre el cual las mismas llamas del Divino Amor, con que arde el suyo, consumirán también el mío. En este Sagrado Corazón hallaré un modelo para arreglar las pasiones de mi corazón, y un caudal exorbitante para pagar todo lo que debo a Dios, así como un lugar seguro, en el que estaré a cubierto de tempestades y naufragios, y, en ese lugar, diré como David: Yo he hallado mi corazón, para rogar a mi Dios. Es así, yo lo he hallado en la adorable Eucaristía, y he encontrado ahí el de mi Soberano, de mi buen Amigo y de mi Hermano, que es el de mi amable Redentor.

Y con todo, ¿cómo no voy a pedirle con confianza, sabiendo que conseguiré todo lo que pida a su adorable Corazón? Vamos, hermanos míos, entremos en este amable Corazón para nunca salir de él. Mi Dios: si se siente tanta consolación con solo el recuerdo de este Sagrado Corazón, ¿qué se sentirá si se le ama con ternura? ¿Qué provocará en los que moramos allí todos los días? Méteme por completo, Jesús mío, dentro de ese Divino Corazón que tantos atractivos tiene para mí. Pero ¿qué digo yo? Ese costado abierto... ¿no me invita a entrar? Igual que la llaga de ese Sagrado Corazón... ¿no me está convidando a que entre en Él?

El célebre Lanspergio, tan conocido por sus obras, llenas de una dulce y sólida piedad, nos dejó un escrito sobre esta misma materia; se trata de un ejercicio particular de la devoción al Sagrado Corazón de Jesús que él llama *medio eficaz para ser abrasado en breve tiempo de un ardentísimo amor de Dios*. Así nos lo refiere en sus *Epistolae Paroeneticae:*

Tened un gran cuidado de ejercitaros continuamente con actos frecuentes de constante devoción en honrar al adorable Corazón de Jesús, todo lleno de amor y misericordia para con nosotros. Por él habéis de pedir lo que queréis conseguir; por él y con él debéis ofrecer todo cuanto hiciereis al Padre Eterno, porque este Sagrado Corazón es el tesoro de todos los dones sobrenaturales y de todas las gracias; es, digámoslo así, el camino por donde más estrechamente nos unimos con Dios y por donde el mismo Dios se comunica más directamente con nosotros.

Por ello, pues, os aconsejo que pongáis en los lugares por donde pasáis con más frecuencia alguna imagen devota que represente el Sagrado Corazón de Jesús, cuya vista os haga acordaros continuamente de estas santas prácticas y, en definitiva, del Sagrado Corazón. Asimismo, esa devota imagen os moverá siempre a amarle más. Cuando os sintáis impulsados por una devoción más tierna, podréis besar esa imagen con los mismos sentimientos que si besarais verdaderamente el Sagrado Corazón de Cristo nuestro Señor. Al Corazón de Jesús tenemos que unirle el nuestro, sin querer tener otros deseos ni sentimientos que los de Jesucristo, persuadiéndonos de que su Espíritu y Sagrado Corazón se pasan, digámoslo así, al nuestro y que de los dos corazones se hace un solo Corazón.

Bebed, bebed despacio en este amable Corazón todos los bienes inimaginables, que jamás lo agotaréis. En adelante conviene, y aún es necesario, honrar con una singular devoción el Sagrado Corazón de nuestro Señor, que debe ser asilo en el cual os debéis refugiar en vuestras necesidades, con el fin de sacar el consuelo y todos los socorros que necesitáis; porque, incluso cuando todos los hombres os abandonen y olviden, Jesús es el Amigo fiel, Él os conservará siempre en su Corazón, fiaos de Él, poned en Él vuestras esperanzas. Los demás os pueden engañar y, efectivamente, os engañan. Solo el Sagrado Corazón de Jesús os ama sinceramente y jamás os engañará.

El autor del libro titulado *El cristiano interior* nos hace ver, en estas líneas cuál era su práctica y la idea sólida que tenía de la importancia de esta devoción.

El Sagrado Corazón de Jesús es el centro de los hombres. Cuando nuestra alma esté distraída o disipada, será menester llevarla dulcemente al Sagrado Corazón de Jesucristo para ofrecer al Padre Eterno las santas disposiciones de este Sagrado Corazón, para unir lo poco que nosotros hacemos con lo infinito que Jesucristo hizo. De esta suerte, sin hacer nada hacemos mucho, por medio de Jesucristo. Este Divino Corazón será, pues, en adelante, nuestro oratorio: en él y por él debemos ofrecer a Dios Padre todas nuestras oraciones, si queremos que le sean agradables.

Esa será nuestra escuela, donde iremos a aprender la sublime ciencia de Dios, contraria a las opiniones y a las infelices máximas del mundo. Ese será nuestro tesoro, donde iremos a tomar, para enriquecernos de pureza, de amor puro y de fidelidad. Pero lo que es aún más precioso y más abundante en este tesoro son las humillaciones, los sufrimientos y un encendido amor a la mayor pobreza. Y hemos de saber que la estimación y el amor de todas estas cosas es un don tan valioso, que no se halla sino en el Corazón de un Dios hecho Hombre, como en su fuente; los demás corazones, por santos y nobles que sean, tienen sus más y sus menos, según quieran beber de este tesoro, quiero decir, del Corazón de Jesucristo.

En fin, también hay que reconocer que no solamente los santos que recibieron grandes gracias tuvieron un delicado amor a Jesucristo, sino que casi todos los que tuvieron una gran delicadeza a su Majestad han tenido, también, una singular devoción a su Sagrado Corazón.

Los que han leído la vida de san Francisco de Asís, los opúsculos de santo Tomás, las obras de santa Teresa, las vidas de san Buenaventura, de san Ignacio, de san Francisco Javier, de san Felipe Neri, de san Francisco de Sales, de san Luis Gonzaga, etcétera, habrán podido observar su devoción al Sagrado Corazón de nuestro Señor. Y para que se vea que esta devoción es habitual en todas las almas escogidas, solo tenemos que leer la vida de aquella sierva de Dios, Armilla Nicolasa, que falleció con fama de santidad en 1671. Se puede leer su biografía, titulada *El triunfo del Amor Divino:*

> Si se despertaba en mí alguna afición hacia las criaturas, recurría a mi amable Salvador, quien inmediatamente me llenaba de dulces consuelos; tanto cuidaba de consolarme en todas mis penas, que diríais que parece que temía que yo tuviese algún disgusto. Muchas veces me mostraba su Corazón abierto, a fin de que yo me escondiese en él, y me hallaba, en ese mismo instante, encerrada en su Sagrado Corazón con una gran seguridad, pues todos los esfuerzos del infierno me parecían nimiedades; y muchísimo tiempo pasó en que no me podía hallar en otra parte que en este Sagrado Corazón, de manera que les decía a mis amigas: «Si queréis hallarme, no me busquéis en otra parte sino en el Corazón de mi Divino Salvador; porque yo no he de salir de él ni de día ni de noche, él es mi asilo y mi lugar de refugio contra todos mis enemigos[16]».

PARTE SEGUNDA
Medios para adquirir esta devoción

CAPÍTULO I
Disposiciones convenientes para tener una delicada devoción al Sagrado Corazón de Jesús

Las disposiciones necesarias para conseguir esta devoción se pueden reducir a cuatro: un gran horror al pecado; una fe viva; un deseo grande de amar a Jesucristo; y el recogimiento interior.

Primera disposición: Un gran horror al pecado

Como la finalidad de la devoción al Sagrado Corazón es amar a Jesús con un amor ardiente y tierno, es necesario tener el alma en gracia, así como un gran horror a todo tipo de pecado, pues el pecado es incompatible con este amor. El Sagrado Corazón, que es el origen de toda pureza, no solamente no admite ninguna mancha, sino que aquellas personas que más le agradan son las que viven la inocencia, ya que, aunque se hable y se obre por su amor y por su gloria, si no se vive la pureza se le deshonra.

La familia real de Jesús se compone de almas puras. Un solo cabello descompuesto —o sea, la mínima falta, la menor mancha— le causa horror. Pero, asimismo, ¿qué entrada no tendrá en este divino Corazón una gran pureza? Jesús amaba de un modo especial a san Juan, y ¿por qué? Porque, como canta la Iglesia, su castidad singular le había hecho digno de ello. «Le amaba extremadamente», dice san Cirilo de Alejandría, «porque tenía una extremada pureza de corazón».

Todas las almas que aspiran a conseguir una verdadera devoción al Sagrado Corazón de nuestro Señor Jesucristo son almas que anhelan ser amadas por Él, y para ello han de amarle de un modo más íntimo que el resto de los fieles. Pero, si no sienten pena por cometer pecados veniales deliberados y se cuidan solo de preservarse de los mortales, no deben esperar gustar las dulzuras inexplicables con las que Jesús colma a los que de verdad le aman.

Lo normal es que cuando queremos crecer en esta devoción procuremos, por todos los medios, conseguir una pureza de corazón superior a la de quienes profesan una virtud ordinaria. De hecho, la práctica de esta devoción es el medio para conseguir esta extremada pureza.

Segunda disposición: Una fe viva

Una fe tibia jamás produce amor. Aunque todos confiesan que Jesucristo es infinitamente amable, pocos le aman porque no creen como conviene en las obras en que se nos ha manifestado su amor. ¿Qué no se hace para hospedar a un hombre que sospechamos que tiene poder en la Corte? ¿Qué puntualidad, qué atención y qué respeto se tienen en presencia de un hombre que creemos que es el rey, aunque esté disfrazado con los andrajos del hombre más pobre? ¿Qué, pues, no tendríamos que hacer en presencia de Jesucristo, que está sobre el altar? ¿Con qué frecuencia y con qué respeto le visitaríamos? Y, sobre todo, ¿qué amor no tendríamos a nuestro amable Redentor, a nuestro único Rey y a nuestro único Juez, disfrazado bajo las especies de pan y de vino si creyésemos sinceramente que allí está, o por lo menos lo creyéramos con una viva fe?

Las reliquias de un santo infunden respeto, leer sus virtudes provoca veneración y amor a su persona, porque en ningún momento se duda de la veracidad. Pero ¿el Cuerpo vivo de Cristo y su Sangre que están sobre el altar, y contemplar las maravillas que obra para manifestarnos su extremado amor, no infunde casi ningún respeto ni amor?

El tiempo, cuando se está con la persona amada, vuela. Entonces, ¿por qué un cuarto de hora delante del Santísimo Sacramento nos cansa tanto? Un espectáculo o una representación profana siempre se hace breve, aunque haya durado tres horas. ¿Por qué una Misa en la cual Cristo, real y verdaderamente, se ofrece en sacrificio por nuestros pecados nos parece superior a nuestras fuerzas, aunque no dure más que media hora? Y, además, sabemos que en la representación de una fábula son actores los que actúan y que todo ello nos es inútil. Por el contrario, dudamos de que en el Santo Sacrificio se ofrece la misma Víctima que en el Calvario. No hay cosa más útil que esta acción, la más sublime y santa de nuestra fe.

Jesucristo está entre nosotros de la misma manera en que estaba en Nazaret entre sus parientes, sin que le reconocieran y sin hacer entre ellos los milagros que hacía en otras partes. De la misma suerte, nuestra ceguera y nuestra mala disposición para recibir a su Majestad nos impiden ver y sentir los admirables efectos con que favorece a los que Dios encuentra con buenas disposiciones. ¿Por qué nos lamentamos tanto de la brusquedad que tuvieron contra Jesús y nos indignamos por cómo le trataron? Sin duda, porque creemos la verdad de este punto de fe.

Pues ¿cómo no nos conmueve el olvido de Cristo en el Santísimo Sacramento, donde tan pocos lo visitan; y cómo, tampoco, nos conmueven los ultrajes que sufre por parte de aquellos mismos que dicen creer en Él? Se debe a que la fe de los cristianos es, verdaderamente, débil en este punto. Es, por tanto, necesario tener una fe viva para así conseguir este ardiente amor por Cristo en el Santísimo Sacramento; y, asimismo, para sentir los ultrajes y para tener finalmente una verdadera devoción a su Corazón adorable.

Para todo esto es necesario que nuestra vida sea pura e inocente. Y es necesario, también, avivar nuestra fe con la repetición frecuente de actos de amor y, sobre todo, con una profunda veneración al Santísimo Sacramento. Nos ayudará, para este propósito, realizar todo tipo de buenas obras, orar con recogimiento y, en nuestras oraciones, pedir a Dios que nos aumente la fe. En definitiva, hay que portarse como quien verdaderamente cree. Y, de este modo, pronto experimentaremos que Jesús nos ama.

Tercera disposición: Un deseo inmenso de amar a Jesucristo

La tercera disposición es tener un gran deseo de amar a Jesucristo. Es verdad que no se puede tener una fe viva y pureza de corazón sin que a la vez nos abrase un apasionado amor a Jesucristo o, por lo menos, un verdadero deseo de amarle de ese modo. Es, pues, evidente que este deseo es una disposición necesaria para alcanzar esta devoción que, mirada en sí misma —como ya hemos hecho—, no es otra cosa que un ejercicio continuo de un ardiente amor. Jesucristo no da su amor sino a los que lo desean con pasión. La capacidad de nuestro corazón en esto se mide por la grandeza de nuestros deseos y todos los santos coinciden en que la disposición más propia es desear mucho su amor: «Bienaventurados los que tienen hambre y sed de justicia, porque ellos serán saciados». Para hallar un corazón en estado de abrasarse en las llamas del amor divino, necesariamente debe purificarse primero con este ardiente deseo, que no solo dispone nuestro corazón, sino que también obliga al Señor a encender en él este sagrado fuego. Deseemos, pues, verdaderamente amarle; porque este deseo siempre es eficaz y nunca se ha oído que Jesucristo no haya concedido su amor a quien de veras lo desea.

Y como no hay ningún cristiano que no tenga por lo menos el deseo de amar a Jesucristo, ¿puede pedirse nada más razonable y sencillo? Y si es verdad que este deseo es una disposición tan propia para conseguir un ardiente amor a Jesucristo, ¿cómo es que hay tan pocos que le aman así, aun cuando todos creen tener esta disposición? Es porque tenemos el corazón poseído del amor propio; y lo que llamamos «deseo de amar a Jesucristo» no es sino una pura especulación y un conocimiento infructuoso de la obligación que tenemos de amarle: es un acto del entendimiento y no de la voluntad; y creen que este mero conocimiento —que es común a todos los que conocen los beneficios que han recibido— es un verdadero deseo de amar a Jesucristo.

Comparemos este aparente deseo con otros verdaderos. ¿Qué cuidados, qué ansias padecemos cuando deseamos con vehemencia alguna cosa? Toda el alma se ve llevada por ello: ni se piensa ni se habla de otra cosa, continuamente buscamos los medios para conseguirlo. Todo se pierde, hasta el sueño. ¿Y el deseo que pensamos tener de amar a Jesucristo ha causado en nosotros algún efecto parecido? ¿Nos ha causado mucha pena el temor de no poseer este amor? ¿Su recuerdo nos ha llevado mucho tiempo? No amamos a Jesús sino solo un poco y nos engañamos imaginando que deseamos su amor. El verdadero deseo de amar a este divino Salvador está muy cerca del verdadero amor, y ha de producir efectos similares; y quien está lleno de amor propio, es cierto que no desea amar mucho a Jesucristo, pues le ama muy poco. Hay un gran peligro en que estos deseos estériles de amar a Jesucristo que sentimos algunas veces sean solo algunas pequeñas centellas de un fuego medio apagado e indicios verdaderos de la tibieza en que vivimos. Si no tenemos este ardiente amor por Jesucristo, consideremos seriamente, por lo menos alguna vez en nuestra vida, la obligación que tenemos de amarle, y estas consideraciones harán nacer, al menos, un verdadero deseo de encendernos en este fuego celestial.

Cuarta disposición: El recogimiento interior

La cuarta disposición que se requiere para conseguir esta devoción es el recogimiento interior. Dios no se deja casi sentir entre el bullicio. Y un corazón entregado a todos los objetos, un alma que está continuamente derramada en lo exterior y ocupada continuamente con preocupaciones superfluas y con pensamientos inútiles, no está en condiciones de oír la voz de Aquel que no se comunica a las almas ni les habla al corazón sino en la soledad: «Yo mismo la seduciré, la conduciré al desierto y le hablaré al corazón» (Os 2, 16).

No se puede mantener la lucha para amar a Jesús con constancia sin recogimiento interior. Jesucristo se nos comunica de un modo particular por medio de esta devoción y, por eso, es menester hallarnos en paz, apartados del aprisionamiento y del tumulto de las cosas exteriores, y en condición de escuchar la voz de este amable Salvador y para gustar las singulares gracias que hace a un corazón libre de toda preocupación y que no quiere ocuparse nada más que de Dios.

Este recogimiento interior es el fundamento de todo el edificio espiritual de las almas, de modo que sin él es imposible adelantar en la perfección. Puede decirse que si no nos apoyamos en este cimiento, todas las gracias que recibimos de Dios son como las letras que se escriben sobre el agua o como figuras que se forman sobre la arena. La razón es porque para adelantar en la perfección es necesario unirse más y más con Dios. Y, sin este recogimiento, no se puede unir un alma con Dios, porque su Majestad no hace su asiento sino en la paz espiritual y en el retiro de un alma que no se distrae con varios objetos ni se inquieta con el tumulto de las ocupaciones exteriores. Y san Gregorio recalca que, cuando Jesucristo quiere abrasar a un alma con su divino amor, una de las primeras gracias que la hace es darle un amor profundo al recogimiento interior.

Se puede decir que el origen de nuestras imperfecciones suele ser la falta de recogimiento y de atención sobre nosotros mismos. Esto es lo que detiene a tantas almas en el camino de la virtud, y esta es la causa de que el alma no halle casi ningún gusto en las prácticas de piedad. Jamás un hombre poco recogido fue muy devoto. ¿A qué se debe, decía un hombre santo, que tantos religiosos y tantas personas buenas, de buenos deseos y que al parecer hacen todo lo que deben para llegar a ser santos, sacan —no obstante— tan poco fruto de sus oraciones, de sus comuniones y de los libros que leen y, después de haberse ocupado en tantos ejercicios de la vida espiritual durante años, apenas se conoce que hayan aprovechado algo? ¿Cómo es posible que haya directores espirituales que conduzcan a otros por el camino de la perfección pero se detengan ellos siempre en sus imperfecciones ordinarias? ¿Cuántos hombres celosos hay, cuántos que trabajan con fervor en la salud de las almas y se entregan del todo a las buenas obras, y a pesar de ello tienen las pasiones muy vivas y están siempre sujetos a las mismas faltas sin hallar casi ninguna entrada en la oración y pasan su vida en no sé qué decaimiento de espíritu, sin gustar jamás las inefables dulzuras de la paz del corazón, siempre con inquietud, en fin, en tal disposición que el pensar en la muerte les atemoriza, y la menor desgracia los desconsuela? Todo esto procede del descuido en guardar el corazón y en conservarse en recogimiento. Estos descuidan su interior y se entregan demasiado a lo exterior. De aquí nace el que cometan una infinidad de faltas: el hablar sin consideración, el dejarse arrastrar a lo loco por los instintos, por los impulsos incorrectos y por acciones puramente naturales. No les sucedería esto si se preocuparan de arreglar su interior y si pensasen un poco en cómo es el trato con sus prójimos para impedir que las pasiones que se alimentan en un tipo de incoherencia como esta no se fortalezcan tanto más peligrosamente cuanto se disfrazan bajo pretexto de celo y de virtud.

Es preciso, pues, confesar que el recogimiento interior es tan necesario para amar perfectamente a Jesucristo y para aprovechar en la vida espiritual, que no adelantaremos sino en proporción a cómo lo vivamos. Este es el camino por donde san Ignacio, san Francisco de Sales, santa Teresa, san Francisco Javier y san Luis Gonzaga llegaron a la cumbre de la perfección. Si no tenemos cuidado de vivir recogidos, aun cuando procuramos el bien de las almas, sacaremos muy poco de las mejores acciones. Guardemos silencio si queremos escuchar la voz de Jesucristo. Retiremos nuestra alma del tumulto y de la inquietud de las cosas exteriores, para poder hallar la libertad de conversar con Él más despacio y para amarle con fervor.

El demonio, que conoce muy bien las grandes ventajas que sacamos de la paz interior y de la guarda del corazón, pone todo su empeño para hacernos perder este recogimiento. Cuando desconfía de poder quitarnos la paz en los ejercicios y en las buenas obras, se sirve de estas mismas buenas obras para obligarnos a dispersarnos en lo exterior y sacarnos, digámoslo así, de la trinchera donde estábamos defendidos de sus tiros. Un alma, pues, llevada de no sé qué satisfacción que se suele hallar en este tropel de acciones exteriores, engañada con el pretexto de que hace mucho por Dios, se disipa y pierde insensiblemente esta unión con Dios y este recogimiento interior, sin el cual, aunque se trabaje mucho, se adelanta poco. Un alma disipada es como una oveja sin rumbo y descarriada a la que pronto la devora el lobo. Pensamos que nos será fácil volver a entrar dentro de nosotros mismos… Pero además de que esta presencia de Dios es una gracia que no siempre está a nuestra disposición, casi nunca tenemos la posibilidad de librarnos de tantas cosas exteriores que reclaman nuestra atención. Y después de todo el tiempo en que nos hemos detenido, digámoslo así, en un país extraño, perdemos el gusto de las cosas espirituales. El remordimiento y la inquietud que sentimos después de reflexionar sobre nosotros mismos, hacen que el recogimiento interior nos resulte una especie de auténtico suplicio; nos vemos disipados y, en fin, queremos disipación. ¡Oh, Dios mío! ¡Qué pérdida tan grande la de un alma que se derrama sin reparo en las cosas exteriores! ¡Cuántas inspiraciones y gracias desaprovecha! ¡De cuántos favores se priva por la falta de este recogimiento!

Para evitar este daño, es importante tener gran cuidado en ponernos siempre en la presencia de Dios y en conservar el recogimiento en medio de nuestras ocupaciones habituales. Es importante que, mientras trabaja el espíritu, el corazón esté en reposo y se mantenga firme en su centro, que es la voluntad de Dios, de la que no debe apartarse. Para conseguir este recogimiento, que ciertamente es un don de Dios, es necesario acostumbrarnos a considerar los motivos que deben movernos en todo lo que hacemos. Antes de comenzar una acción, reparemos siempre si está conforme con la razón, si agrada a Dios y si la hacemos por Él. Mientras la realizamos, levantemos algunas veces nuestro espíritu al Señor, purificando de nuevo nuestra intención. Para saber que lo hacemos por Dios, la señal más cierta es no sentir pena cuando tenemos que dejar de hacer algo, y si luego continuamos sin inquietud ni disgusto y no nos enfadarnos cuando nos interrumpen. Pero el medio más seguro y más eficaz para el recogimiento interior es representarnos a Jesucristo practicando alguna acción. Consideremos cómo la ejecutaría cuando estaba en este mundo, con qué modestia y con qué exactitud: qué cuidado en hacer con perfección todo lo que hacía y al mismo tiempo con qué tranquilidad y con qué sosiego. Y qué distinto era su modo de obrar al nuestro. Si aquello que estamos obligados a hacer no nos agrada, pensemos en las frívolas razones que nos damos para excusarnos y en nuestros pretextos para aplazarlo; y si lo hacemos, con cuánta desgana. Si es según nuestra inclinación, sentimos una clase de complacencia que inmediatamente causa distracción en el alma. El solo temor de no lograr nuestro objetivo nos llena de inquietud y de congoja. Propongámonos, pues, a Jesucristo y mirémosle continuamente si queremos conservar el recogimiento interior y crecer siempre en su amor.

Cuando se dice que para actuar de modo recogido es importante que el alma no se ocupe mucho de las cosas exteriores, no hay que entender que nuestras obligaciones sean un impedimento para el recogimiento interior.

Podemos trabajar con mucho recogimiento. Los santos que tuvieron una comunicación más estrecha con Dios, y que por eso vivieron mejor el recogimiento interior, se emplearon muchas veces en asuntos exteriores. Así lo hicieron los Apóstoles y todos los que trabajaron por la salvación del prójimo; sería un engaño creer que nuestras obligaciones son un estorbo. Cuando Dios nos da esos encargos, esos son los medios más propios para unirnos continuamente a Dios.

Lo que hace falta es presentar solamente, digámoslo así, el espíritu a estas ocupaciones exteriores y no entregarlas del todo el corazón. Es preciso, absolutamente, decía un siervo de Dios, escoger una de estas dos cosas: o tener vida interior o tener una vida floja e inútil, una vida llena de mil ocupaciones vanas, de las cuales ninguna nos conducirá a la perfección a la que Dios nos llama.

Y si no tuviéramos gran cuidado en conservar este recogimiento, estaríamos tan lejos de corresponder a los designios de Dios que ni siquiera los conoceremos, y por eso no llegaremos jamás al grado de santidad y perfección que nuestro estado pide. Un hombre cuyo corazón no está recogido se dispersa por todas partes sin hallar en ninguna descanso, y busca ansioso todo género de objetos sin poder saciarse con ninguno. En cambio, si se diera al recogimiento o entrase dentro de sí mismo, encontraría allí a Dios, y gustaría de Dios, y su presencia le llenaría con tal abundancia de bienes, que no iría más a otra parte a buscar con qué llenar el vacío de sus deseos. Esto se ve todos los días en las personas escogidas.

Podemos pensar que su gusto por retirarse y que su pena por tener que ocuparse en lo exterior es efecto de su melancolía. Nada de eso. La causa es que sienten a Dios dentro de sí mismas, y las dulzuras inefables que llenan su corazón hacen que todas las diversiones y placeres del mundo les sepan a poco y sin sabor, lo que les causa repulsión.

Cuando se ha gustado una vez lo que es Dios y las cosas del espíritu, todo lo que tiene sabor a carne y sangre parece desabrido. Admirable es el provecho que se saca de la vida interior después de que se ha establecido en nosotros. Se puede decir que solamente estas almas gustan de Dios y sienten las verdaderas dulzuras de la virtud. Yo no sé si es efecto del recogimiento interior o es el premio del cuidado que se tiene por andar siempre unido a Dios. Pero lo cierto es que un hombre recogido posee la fe, la esperanza y la caridad en un modo tan sublime, que nada es capaz de hacerlo vacilar. Casi sin darse cuenta, se ve superior a todos los temores humanos, siempre se mantiene en un mismo ser, y su espíritu está inmóvil, siempre en Dios. De todo lo que ve y oye toma ocasión para alzar el pensamiento a Dios. En las criaturas no ve sino a Dios, parecido a aquellos que han mirado durante un largo espacio al sol: si luego miran a cualquier objeto, les parece siempre que ven el sol.

No por esto se ha de pensar que el recogimiento interior nos hace ociosos y que alimenta la inoperatividad. Un hombre verdaderamente recogido es más activo y hace más bien y mayor servicio a la Iglesia en un día que otros cien hombres que no son recogidos lo pueden lograr en muchos años; aunque tuviesen muchos más talentos naturales.

No solamente porque la distracción impide el fruto que suele producir el celo, sino también porque un hombre no recogido que trabaja mucho es, como máximo, un hombre que trabaja por Dios. Sin embargo, por medio del recogimiento es Dios mismo quien obra a través de este hombre. Quiero decir que una persona que no vive el recogimiento interior puede tener a Dios por motivo de sus acciones, pero el temperamento de cada cual, el amor propio y la inclinación del genio tendrán generalmente la mayor parte en sus buenas obras. Y, al contrario: una persona recogida, atenta siempre a sí misma y a Dios, siempre está alerta contra los ímpetus del temperamento y contra los engaños del amor propio, y nada obra que no sea por Dios y según los impulsos del espíritu de Dios.

Si pensamos en la diferencia que hay entre un hombre recogido y el que no lo es nos basta para apreciarlo. En un hombre poco recogido se deja ver no sé qué aire de relajación que oscurece sus actos más virtuosos y que causa cierta desazón, disminuyendo nuestra estima hacia él; al contrario, ¡qué impresión nos hace la modestia, la dulzura, la paz que se muestra en el semblante de una persona verdaderamente recogida!

Su moderación, su silencio y el continuo cuidado sobre sí misma, todo causa veneración y amor a la virtud. Es bien difícil vivir largo tiempo con recogimiento interior y no ser verdaderamente devoto, pues es cierto que la falta de devoción suele provenir de la falta de recogimiento.

El medio para adquirirlo —y para conservar este don tan valioso— es tener un gran cuidado en los siguientes aspectos:

— Lo primero, en evitar actuar con demasiada prisa y en no emprender nada que nos impida cumplir con entera libertad de espíritu todos nuestros ejercicios de devoción.

— Lo segundo, en no volcar jamás nuestro corazón en ocupaciones poco necesarias, de tal suerte que se quede estéril y seco para la oración.

— Lo tercero, en velar continuamente sobre nosotros mismos y en procurar tal disposición que siempre nos encontremos en estado de poder orar.

— Lo cuarto, en hacernos dueños de nuestras acciones sobreponiéndonos, digámoslo así, a nuestros trabajos, teniendo nuestro corazón libre del estorbo y la turbación que ocasionan las obras que se hacen para el bien de las almas, la aplicación al estudio, el cuidado de la familia, el trato con el mundo y las complicaciones de los asuntos y gestiones. Que todos nuestros deberes sean medios para llegar a nuestro fin.

— Lo quinto, en el retiro y el silencio: son medios eficaces para andar recogidos y es muy difícil que una persona que habla mucho vaya muy recogida.

— Lo sexto, el recogimiento interior no solamente es señal de una gran pureza de corazón, sino también es su premio: «Bienaventurados los limpios de corazón, porque ellos verán a Dios», es decir, estarán continuamente en su presencia.

— Lo séptimo, para hacer más fácil el ejercicio de la presencia de Dios se puede tomar alguna señal que nos lo recuerde como cuando suena el reloj, cuando se oye una campanada, al empezar o acabar alguna obra, siempre que se entra en alguna sala o se sale de ella, al ver una imagen, cuando venga alguien y cosas semejantes.

— Lo octavo, la moderación y el sosiego en todo lo se hace es un gran medio para adquirir este recogimiento, especialmente si se tiene cuidado en proponer por modelo la modestia y la dulzura de Cristo.

— Lo noveno, algunas reflexiones frecuentes pueden ayudar mucho a un hombre que quiera estar recogido. El pensar que Dios está en medio de nosotros, o mejor, nosotros estamos en medio de Él, y que en todo lo que hacemos nos ve, nos oye y nos toca, ya sea en la oración, en el trabajo, a la mesa o en la conversación. El hacer muchos actos de fe, sobre la presencia de Dios, el estar uno con la misma modestia cuando está solo que cuando está acompañado.

En fin, el recogimiento interior es un don de Dios y es necesario pedírselo muchas veces y pedírselo como disposición necesaria para amar ardientemente a Jesús. Esto hace eficaces todas nuestras oraciones. La devoción a los santos que más aventajaron en esta vida interior puede servir para conseguir este recogimiento interior, como son la Reina de todos los santos, san José, san Joaquín, santa Ana, san Juan Bautista y, asimismo, san Luis Gonzaga de la Compañía de Jesús.

Los obstáculos que impiden sacar todo su fruto a la devoción al Sagrado Corazón de Jesús

Como esta devoción es tan sumamente provechosa, sólida, fácil y conforme a la razón, hay pocos a quienes no les agrade, o que no la practiquen, pero no todos llegarán a sentir un amor apasionado a Jesucristo ni las verdaderas dulzuras de Cristo, aunque estos sean los frutos de esta devoción. Todo lo que impide nuestro aprovechamiento es un obstáculo para las grandes gracias que podríamos recibir. Y estos obstáculos secan, digámoslo así, el manantial de estas grandes gracias y hacen que Dios comunique sus favores solo a unos pocos.

Muchos se quejan de que no sienten en las prácticas de piedad las dulzuras que gustaron los santos y que ayudan mucho a la santidad, aunque no siempre sean prendas seguras de ella. No experimentan sino sequedad, tibieza y disgusto; en la oración no encuentra ningún consuelo ni dulzura y no hallan ninguna devoción en la Comunión, ni en la Misa. Solo frialdad y tedio. ¿Por qué ocurre esto? Procuramos consolarnos pensando que la santidad no consiste en la devoción sensible. Es una gran verdad que uno puede ser un gran santo y no tener esta devoción sensible; pero viéndonos siempre tan flojos y tan imperfectos, tenemos motivos para temer que en castigo de nuestra flojedad Dios no nos da a gustar estas consolaciones espirituales que nos harían mucho más animosos y perfectos.

El camino de la perfección no es otro que aquel por el que todos los santos anduvieron. Todos ellos han afirmado que no se puede imaginar mayor gusto que el que experimentaron en el servicio de Dios; incluso los mayores trabajos les parecían algo delicioso, y lo que parecía áspero, causaba en ellos una alegría tan pura y perfecta, que las circunstancias más difíciles de la vida no podían apagarla. Han asegurado que, aun en las terribles pruebas que Dios les mandaba, hallaban consolación, y que solo el pecado podía turbar la paz de la que gozaban, y que es tanta la confianza que Dios les dio de su misericordia, que aun sus propias faltas no les hacían perder esta paz.

No lo dicen solo algunos santos, sino que todos los verdaderos siervos de Dios, en todo tiempo y edad, y en todas las naciones y estados, lo han experimentado así. Y así lo confesaron a la hora de su muerte, que es el tiempo en que se habla con más sinceridad. ¿Quién podría creer que personas tan sabias y de una virtud tan conocida nos hayan querido engañar o que hayan querido engañarse a sí mismas? Y después de que tantos testigos sin excepción hablan por experiencia y con tanta unanimidad a lo largo de los siglos, ¿habrá alguien que pueda dudar de la verdad de un hecho tan incontestable?

¿De dónde viene, entonces, que entre tantos que profesan la virtud y que caminan por las pisadas de los santos se hallen ahora tan pocos que reciban estos mismos favores? Sin duda, es porque hay pocos en quienes verdaderamente sea sólida la virtud. No consiste la santidad en estas devociones sensibles, es verdad; pero no es menos cierto que la alegría interior, la paz que no turba ningún acontecimiento, la perfecta sujeción a la voluntad de Dios y la dulce confianza en su misericordia, que son las características de la devoción, han sido la herencia de todos los santos, y lo es aun ahora de todos los verdaderos siervos de Dios.

Veamos cuáles son los impedimentos que estorban los frutos de esta devoción. Pueden reducirse a cuatro: una gran tibieza, un gran amor propio, una soberbia secreta y unas ciertas pasiones que no se han mortificado desde el principio de la conversión. De estos cuatro principios, como de cuatro funestos manantiales, nacen todas las faltas e imperfecciones que detienen a tantas almas en el camino de la virtud, desvanecen las mejores y más generosas resoluciones y al fin llegan a malograr el fruto de los más santos ejercicios de devoción.

Primer obstáculo: La tibieza

Como la devoción al Sagrado Corazón de Jesús es un ejercicio continuo de un ardiente amor, está claro que la tibieza es uno de los mayores impedimentos para lograr fruto. Aunque el Hijo de Dios aborrezca el pecado, no aborrece al pecador, antes bien lo llama, lo busca y tiene compasión de él. Pero su divino Corazón no puede sufrir un alma tibia. «¡Ojalá fueras frío o caliente!», nos dice el Señor. «Y así, porque eres tibio, y no caliente ni frío, voy a vomitarte de mi boca» (*Ap* 3, 15-16). El Corazón de Jesucristo pide almas puras que sean capaces de su amor. Este Sagrado Corazón es siempre liberal y generoso y quiere almas que estén dispuestas a recibir sus favores y llegar al grado de perfección al que las destina, y esto no lo hallará en quienes son tibios.

Una alma tibia se halla en un estado de ceguera causada por las pasiones que la tiranizan, por la disipación continua en la que vive, por la multitud de pecados veniales que comete y por rechazar las gracias del Cielo que le ocasiona su resistencia. Esta ceguera es causa de que se forme una conciencia falsa que provoca que, incluso, alguien que frecuenta los sacramentos persista en pecados considerables, pero ocultados o disimulados por sus pasiones, porque no tuvo voluntad o no tuvo resolución para enmendarse.

Es posible que quizá haya algunos, tanto religiosos como seglares, que incluso empeñándose en vivir de modo ejemplar mantengan ciertas aversiones secretas, ciertas envidias enconadas y ciertas aficiones dañinas. Un espíritu de acrimonia y murmuración contra los superiores, un amor propio y una secreta soberbia que se mezcla en casi todas sus acciones... y otras faltas similares. Y viven con paz en medio de ellas, persuadiéndose fácilmente o procurando convencerse de que no hay peligro de culpa grave en ello. Y buscan razones para cometer las faltas que Dios condena como pecados bien peligrosos (y que ellos mismos condenarán a la hora de su muerte, cuando la pasión no les impida ver las cosas como son en realidad).

Pero lo que hace aún más peligrosa esta situación, y lo que obliga a Jesucristo a echar de sí a un alma tibia, es su estado en algún modo incurable, porque casi nunca se cura la tibieza. Como lo pecados que comete un alma tibia no son tan groseros y escandalosos que causen horror, porque son puramente interiores y no se cometen más que en el corazón, se ocultan fácilmente en un examen de conciencia no muy delicado, y un alma poco atenta de sí misma, que no conoce la gravedad de su mal (que no quiere conocer la gravedad de su mal), no se fatiga en remediarlo.

Al contrario, un pecador grande, como conoce fácilmente sus desórdenes, está más dispuesto para que la inspiración le mueva y para concebir horror de sí mismo. En este sentido, dice nuestro Señor que más vale ser frío que tibio. Las mejores devociones apenas son de provecho para un alma en este infeliz estado; se acostumbra y tienen menos eficacia. Y las grandes y terribles verdades de la salvación, que horrorizan y estremecen aun a los mayores pecadores, no hacen casi ninguna impresión en su corazón, por haberlas considerado ya tantas veces y tan inútilmente.

Tan pronto como alguien comienza a entibiarse, se busca a sí mismo en todo, con una continua solicitud por lo que puede darle gusto, y con tal delicadeza, que algunas veces excede a los más sensuales. Y su amor propio viene a hacerse tanto más fuerte cuanto más se encierra en sí mismo, y se aplica enteramente a procurarse una vida dulce y cómoda.

Finalmente, un alma en este estado, que ni se conmueve con las más fuertes verdades y mucho menos con las evidentes pruebas del amor que Cristo nos tiene, se encuentra muy lejos de las disposiciones necesarias para poder sacar algún fruto de la devoción al Sagrado Corazón de Jesús.

Las señales por las que podemos conocer si nos hallamos en este infeliz estado de tibieza son los efectos que suele producir en el alma. Lo primero, una negligencia grande en todos los ejercicios espirituales: oración sin atención, confesiones sin propósito de enmienda, comuniones sin preparación, sin fervor y sin fruto. Lo segundo, una distracción continua de un corazón que casi nunca está atento ni a sí ni a Dios, pero que se derrama indiferentemente en todo género de objetos y se ocupa con mil impertinencias. Lo tercero, un mal hábito de actuar sin ninguna rectitud de intención, sino por inclinación o por costumbre, no habiendo apenas nada que no esté contaminado por la pasión, el amor propio y los respetos humanos. Lo cuarto, pereza en adquirir las virtudes propias de su estado. Lo quinto, no hallar gusto en las cosas espirituales y, sobre todo, una falta de aplicación para adquirir las grandes virtudes. El yugo de Jesucristo comienza a parecer pesado, las prácticas de piedad se hacen molestas, no se acaban de entender las máximas del Evangelio acerca de la aversión a sí mismo, del amor al esfuerzo y los desprecios, de la necesidad de hacerse violencia y de andar por el camino estrecho: se hace intolerable ejercitarse continuamente en la modestia, en la mortificación y en el recogimiento interior. La vida de las personas sólidamente virtuosas parece triste, y la práctica de la virtud se mira como imposible. El sexto efecto de la tibieza es un desprecio a las cosas pequeñas, no hacer caso de las faltas ordinarias ni de las recaídas y, en fin, llegar a cometer todo género de pecados veniales a ojos abiertos, con ligero motivo y con toda advertencia y deliberación.

¡Pero cuánto hay que temer que estas faltas (esta laxitud de conciencia, esta facilidad en volver a caer siempre sin enmendarse jamás, esta negligencia y desprecio de cosas leves, este desaliento para las virtudes grandes, esta inconstancia en las prácticas de devoción, este vaivén continuado de fervor y de relajación) no sean señales evidentes de una fe que está ya a punto de morir o de una caridad casi apagada, y que este infeliz estado de tibieza no pase poco a poco al de la dureza y aun al de la insensibilidad!

Este infeliz estado es tanto más peligroso cuanto es menos conocido, y se temen menos sus funestas consecuencias, a pesar de que se vive en él de modo ordinario. Así, quienes no reciben gusto en la devoción al Sagrado Corazón de Jesucristo, los que practicándola no sacan ningún fruto, tienen bastantes motivos para temer que no sea esto la causa de su disgusto y lo que les impide sacar provecho.

Como la causa de esta situación tan infeliz procede por lo común de un sutilísimo amor propio, los medios que se darán en el capítulo siguiente para desterrar, o al menos para mortificar ese amor propio, servirán de remedio a un alma tibia, pues la verdadera mortificación anda siempre acompañada del fervor.

Lo que se ha dicho de la tibieza se ha sacado en parte del *Retiro espiritual*, según el espíritu y método de san Ignacio que compuso el padre Nepveu, de la Compañía de Jesús, a lo que se pueden añadir estas reflexiones:

— Lo primero: resulta extraño comprobar que personas religiosas que habiendo mostrado una gran generosidad para dejar cosas grandes por Dios quieran privarse antes de los mayores favores de Dios que de las menudencias que las detienen y las hacen ir arrastrándose siempre en el camino de la virtud, quitándoles el gusto y la alegría de las dulzuras inefables que experimentan los que sirven a Dios con fervor.

— Lo segundo: no es menos extraño que los que han hecho tan grandes sacrificios para asegurar su salvación y para lograr una buena muerte, por no alentarse algo más, mueran con inquietud y remordimiento después de haber estado tanto y tan largo tiempo aprendiendo a morir.

— Lo tercero: ¿qué es, pues, lo que nos detiene? No es creíble que no haya mucha gente con buenos deseos, pero es de lamentar que no los pongan en práctica por no sé qué flojedad. Pensemos en el día que empezamos a servir de veras a Dios, entonces, ¿pretendíamos acaso solo el cumplir con los hombres? Si Dios era entonces verdaderamente el motivo de nuestra resolución, ¿cómo es que manteniéndose el mismo motivo no perseveramos nosotros en el mismo fervor?

— Lo cuarto: en verdad, o los santos hicieron demasiado o nosotros no hacemos lo bastante para serlo. Pero, como suele decirse: habría que ser un santo para vivir como los santos; pero habría que decir mejor que es necesario llegar a ser santo, y esto no puede ser sino viviendo como vivieron los santos.

— Lo quinto: en cuestión de riquezas, nadie cree trabajar demasiado ni que emplea demasiado tiempo para ganar dinero —que al final hemos de dejar a otros— y para conseguir la vana estima del mundo. Y, para conseguir el Cielo y la felicidad eterna, dicen que sobra tiempo. Dicen que una persona de buen natural, con un espíritu vivo y de alegre humor no puede resignarse a llevar una vida perfecta. Mas, en todas las épocas, estas admirables cualidades han sido siempre el mejor instrumento para llegar a la virtud más alta, y nunca han sido impedimento para la santidad.

— Lo sexto: ¡qué gran engaño pensar que existe una edad o un estado poco acorde para llegar a tener una virtud eminente! ¿Qué dirían quienes piensan así cuando se les muestre un número tan crecido de santos de toda edad y condición que llegaron a serlo en todos los estados y profesiones? No solamente el ejemplo de los santos sino también nosotros mismos seremos nuestros acusadores en nuestro propio juicio y para nuestra condenación, porque cuando queramos excusar nuestra tibieza y flojedad con la edad, con la profesión y el estado, se nos hará ver cómo en esta misma edad, profesión y estado hemos sufrido más y hemos trabajado más por las cosas del mundo que lo que Dios nos pedía para el Cielo.

— Lo séptimo: no hay nadie que pudiera sentirse orgulloso de que al cabo de diez años estudiando solo llegase a saber lo que había aprendido en los seis primeros meses. Pero nos encontramos con personas que hacen profesión de la virtud, en quienes su principal empleo es el llegar a ser perfectas, y a pesar de ello, después de diez y de veinte años de estudio y de ejercicio en la sublime ciencia de la salvación, no tienen empacho en decir, ni se afligen de que otros lo piensen, que se tendrían por muy dichosas si les moviera el fervor, el espíritu de mortificación y la santidad de cuando solo habían pasado seis meses de su conversión. Parece que tratamos de ofuscarnos —por decirlo así— con la disipación en las cosas exteriores y con los placeres vanos de una vida floja; pero, tarde o temprano, todo eso llegará a su fin. ¿Y qué sentiremos a la hora de la muerte?

— Lo octavo: ¿hemos considerado en profundidad las verdades de la fe? Si no creemos en ellas, probablemente estaremos haciendo demasiado; pero si las creemos, ciertamente no es bastante lo que hacemos. ¿Cuáles son, pues, nuestros pensamientos? ¡Estamos hablando de nuestra salvación, de nuestra alma y de la eternidad!

¿No es verdad que vivimos en este mundo para salvarnos? ¿No es verdad que Jesucristo se hizo hombre por este motivo? ¡Y que sea este el único negocio al que deberíamos aplicarnos los hombres! ¿No es verdad que, si se pierde este negocio, se ha perdido todo? ¿Que todo puede perderse, si se arriesga todo esto? ¿Y que vivir con tibieza es exponerse a un gran peligro de arriesgarlo todo efectivamente? ¿No es verdad que este es el negocio de la eternidad? ¿Nos engañaba Dios cuando dijo que todo lo demás no tenía más consecuencias? ¡Tan poca cosa es Dios, aquel que lo comprende todo, que es el alfa y la omega de todo, que quiera ponernos en riesgo de perderle? ¿Para qué tantos llantos, para qué tantos y tan crueles arrepentimientos en el infierno si el bien que perdieron merecía tan poco cuidado? ¿Y para qué temblar con solo el pensamiento de la eternidad si se tiene por tan poco el ser infeliz eternamente? ¿Y se puede decir que tememos mucho esta desgracia cuando ponemos tan poco cuidado en evitarla, viviendo en la tibieza y en la indiferencia en la que vivimos? ¿Es esto vivir como se debe?

— Lo noveno: si nos preocupáramos de reflexionar en esto a menudo, nos avergonzaríamos de llevar una vida tibia y de ser tan flojos en el servicio de Dios, y tomaríamos con rapidez la decisión de amar a Jesucristo. Pero, ¡oh dolor!, hacemos estas reflexiones, nos conmueven y, de allí a un instante, buscamos distraernos, como enfadados de haber caído en la cuenta de cómo somos y de haber sido tocados, dice el apóstol Santiago, como un hombre que pone los ojos en su rostro al verse en un espejo y, después de haberse visto, se va y se olvida al instante de lo que era.

Segundo obstáculo: El amor propio

Es demasiado cierto que hay muy pocos que no obren por amor propio, y la gran diferencia entre las personas espirituales y las que no lo son es que en estas el amor propio obra sin ningún obstáculo, y en aquellas es menos perceptible y algo más disfrazado. Si queremos realizar el trabajo de reflexionar sobre los verdaderos motivos de la mayor parte de nuestras acciones, aun de aquellas que parecen menos imperfectas, descubriremos cien rodeos y tretas del amor propio que impiden todo el fruto.

Es el amor propio lo que hace que no hallemos gusto en las prácticas piadosas y no aprobemos sino solo aquellas que nos vienen bien. El engañoso pretexto de conservar la salud, que tenemos siempre por muy necesario para la gloria de Dios, ocupa enteramente nuestro espíritu con mil impertinentes cuidados. Nos cuidamos y nos procuramos lo bueno; la mayor parte de las mortificaciones parecen inoportunas o poco proporcionadas a nuestra edad y a nuestro estado; tenemos por ilusiones los pensamientos y deseos que nos da Dios de tiempo en tiempo para trabajar con seriedad en nuestra perfección. Queremos persuadirnos de que Dios no pide de nosotros tanta santidad, aunque nos haya hecho muchas gracias y nos haya puesto en un estado que lleva de suyo a hacer grandes santos. Nos preciamos de que tenemos un verdadero deseo de dejarlo todo y de emprenderlo todo en el momento en que se nos manifieste la voluntad de Dios; pero es en vano el que a Dios le guste hacernos entender en lo íntimo del corazón sus inspiraciones, o que quiera hablarnos por medio de un director espiritual, de un sacerdote, por las reflexiones que hacemos, por las luces que nos da, por los ejemplos que vemos y que aun nosotros mismos alabamos: seguimos sin conocer la voz de Dios, mientras sea contraria a nuestro amor propio. La razón es que realmente no tomamos por regla de nuestra conducta la voluntad de Dios, sino que queremos que nuestra inclinación y nuestro amor propio sean la regla de la voluntad de Dios.

¿Cómo es que hay personas a las que no se las ve más inquietas, más melancólicas, más insufribles y de peor humor que cuando están más recogidas y parece que se aplican más a tener vida interior? Es porque las luces que reciben en la oración y las inspiraciones que les da Dios no se adecuan con el amor propio del que se ven llenas. Al parecer, lo que querrían, antes que dedicarse seriamente a su santificación, es que o el camino de la perfección no tuviese ninguna dificultad, o que Dios les llenase de dulzura y de consolaciones antes de dar el primer paso en aquel camino. Pero como este tipo de personas suele llevar una vida correcta y su conducta parece irreprochable tienen la desgracia de andar acongojadas toda su vida en este estado, sin corregirse jamás de una sola falta.

Sería mejor para nosotros no tener ciertas virtudes de las que nos preciamos, al menos reconoceríamos nuestra pobreza y nuestra miseria. Pero lo poco que tenemos de virtud no sirve sino para hacernos cada día más imperfectos. Nos contentamos con un exterior correcto, con una modestia natural o afectada, con una apariencia de virtud, que es, en su mayor parte, efecto de la educación y no de la gracia. Y como no recibimos los oprobios que se llevan aquellos cuya vida no es tan perfecta, nos imaginamos tener una gran virtud, porque no se ven tanto nuestras faltas.

Hay gente que se forma, así, una idea de la devoción según su humor, su forma de ser y su capricho personal. Y encuentran muchos directores flojos y muy placenteros que aprueban este sistema, sobre el que fundan toda su vida. Es por eso por lo que se hacen indiferentes a los buenos ejemplos, a las reflexiones y a las verdades que mueven incluso a los mayores pecadores. No nos debe admirar el que, estando tan llenos de amor propio, busquemos por todas partes nuestra propia comodidad. No queremos que nos falte nada, con el pretexto de estar prontos a desasirnos de todo; y si nos privamos de alguna cosa, la mayoría de las veces es para engañarnos a nosotros mismos por esta fingida mortificación y para gozar con reposo de otras cien cosas que nos son de más agrado, y de las que no queremos privarnos. Todo lo que obramos es, en su mayoría, según nuestro natural e inclinación: no tenemos dulzura sino con aquellos con quienes tenemos simpatía; no rehusamos nada a los sentidos, y si los mortificamos en alguna cosa, siempre lo hacemos en aquello que nos duele menos, o bien cuando de aquella mortificación se sigue alguna honra. Queremos hacer buenas obras, pero queremos tener la satisfacción de escoger las que queremos hacer. De esto nace que hagamos a disgusto las menores obligaciones que nuestro estado nos impone, al paso que hallamos muchos atractivos en ocupaciones más penosas, pues son de nuestra elección o porque hacen que nos dispersemos de las obligaciones más ordinarias. La enfermedad de otros la consideramos un don de Dios, pero cuando Dios nos regala este don, enseguida nos ponemos inquietos, melancólicos, impacientes y tristes. No es la enfermedad la que nos hace así, sino que en la enfermedad nos conocemos verdaderamente como somos; porque entonces nos faltan los motivos y los medios que nos daba la salud para disfrazar nuestro amor propio.

De este manantial —quiero decir— del amor propio nacen los deseos estériles y los designios quiméricos de los que se alimenta un espíritu orgulloso y con los que se hace más fuerte aún el amor propio. Hacemos determinados propósitos que pretendemos llevar a cabo más adelante, como si nuestra conversión estuviese asegurada; y, entretanto, no nos preocupamos de corregir nuestras continuas imperfecciones. Persuadidos de que la mortificación es absolutamente necesaria para ser santos, rehusamos las cruces que se nos presentan, con el pretexto de que son pequeñas, pero es sobre todo porque las tenemos más cerca; y anhelamos las cruces grandes porque las vemos de lejos. Mientras, nos entretenemos con estas vanas imaginaciones, nos contentamos con un exterior respetable, con las buenas obras de las que sacamos gusto y con las prácticas de alguna devoción en las que nos exigimos; nos quedamos embebidos en las vanas y falsas alabanzas de los que nos aplauden, llenos de la idea de una virtud de la que no tenemos sino el nombre; y llegamos al fin de una larga vida sin méritos, muchas veces solo loables sentimientos y un vano y estéril deseo de ser tan buenos, siquiera como lo fuimos al principio de nuestra conversión.

Estos son los efectos del amor propio, del que tan pocos se ven libres. ¡Que seamos tan lamentables que queramos alimentar dentro de nosotros un enemigo que es más dañino, cuanto más sutil y menos en guardia estamos! Es, pues, evidente, que Jesucristo no reconocerá jamás por verdaderos amigos de su Corazón a los que son amigos de sus comodidades y que solo se aman a sí mismos, y a quienes se contemplan a sí mismos con tanto interés. Nos lo ha dicho muy claramente, al explicarnos quiénes son sus verdaderos servidores. En vano, dice, se preciará ninguno de ser mi discípulo por haber dejado, por amor de mí, sus bienes, a sus parientes y a sus amigos, si no renuncia también a sí mismo. Es menester hacerse violencia, plantar batalla a las pasiones, destruir, o al menos mortificar, nuestro amor propio, para llegar a ser sus discípulos. No hay verdadero amor a Jesucristo sin auténtica mortificación.

Tercer obstáculo: Una secreta soberbia

La soberbia oculta no es un obstáculo menor para el amor a Jesucristo. Podría decirse que no hay mayor obstáculo para nuestra perfección (y, por consiguiente, para el amor ardiente a Jesucristo) que el espíritu de vanidad, contra el que pocos luchan. Si lo venciéramos, se debilitarían todos los demás enemigos. El adversario se hace fuerte con la soberbia: aun nuestras mismas victorias son armas del demonio para vencernos; se aprovecha de ellas para ensoberbecernos. Se puede decir que, de todos los vicios, no hay ninguno que haya detenido tantas almas en el camino de la virtud y que las haya sumergido de lo más alto de la perfección, en la tibieza e incluso en el desorden. De este espíritu de vanidad nace el deseo inmoderado de querer parecer importante a los ojos de los demás, y el anhelo extremado de tener éxito en todo lo que hacemos. En vano nos atormentamos buscando razones que nos aseguren que no buscamos otra cosa sino la gloria de Dios; bastaría con que escucháramos a la conciencia para ver que no buscamos sino nuestra propia gloria. Esta inquietud desmesurada que nos causa el miedo a no ser aplaudidos; esta tristeza y decaimiento en que caemos después de un mal suceso; esta alegría y engreimiento que nos viene cuando se nos honra y se nos alaba… son pruebas manifiestas del espíritu de vanidad que nos mueve.

Esto mismo se desliza aun en el ejercicio de las mayores virtudes: queremos ser mortificados en extremo, queremos ser corteses, honrados y caritativos. Es bueno para la edificación del prójimo —diremos— parecer así; pero también sucede que de aquí nacen casi todos nuestros defectos. Insensiblemente nos dejamos llevar por la idea de un fingido mérito que no existe, y esta sola idea sería capaz de destruirlo cuando lo hubiera. Queremos contar nuestras aventuras: siempre sacamos algún suceso de nuestras vidas para que sirva de ejemplo en lo que estamos hablando; e incluso decimos que alabarse continuamente no es un defecto, pues nos creemos personas de opinión bien formada y de méritos. Queremos que todos nos estimen y nos quieran, y por esto buscamos más dispensarnos de los propios deberes que dispensar a otros; y lo que es aún más curioso, pretendemos cubrir la ambición y la vanidad bajo pretexto de honestidad, caridad y condescendencia, persuadiéndonos, vanamente, de que para hacer la virtud menos difícil a los otros, tenemos que comportarnos así. ¡Pero qué es esto! ¿Es posible que de nuestras faltas e imperfecciones nazca la verdadera virtud? Queremos agradar a la vez a Dios y a los hombres, y por eso muchas veces ocurre que ni agradamos a Dios ni tampoco a los hombres.

De este mismo manantial nace la delicadeza que tenemos en asuntos de honra y honor. Son tristezas que tienen mucha conexión con la envidia, cuando no con la maldad. Las penas secretas que nos causan los buenos sucesos de los demás: siempre hallamos excusas y circunstancias a los que atribuimos esa buena fortuna. Se trata de hacerles de menos, no hablar de ellos sino secamente y nos enfadamos y llamamos lisonjeros a los que les elogian. ¿De dónde procede esto? De que nos hallamos llenos de vanidad y de soberbia. Nos duele la menor palabra que parece que nos hace de menos y la menor sospecha de desprecio. Creemos que al tratar con los demás podemos excusarnos de tener con ellos ciertas atenciones y cortesías… pero no les perdonamos cuando ellos se olvidan de tener con nosotros las que juzgamos que se nos deben. Y aún tenemos una ilusión más ridícula: nos imaginamos que eso va en descrédito de la honra de Dios —a quien servimos— y de la gran virtud que presumimos tener (pues aparecemos ante todo el mundo con un buen espíritu, con talentos y buenas calidades naturales y sobrenaturales). Y si hay alguien de quien no recibimos toda la estimación y veneración que esperamos, inmediatamente pensamos que aquel tal es un imperfecto, un licencioso que no tiene ningún respeto al mérito y ninguna estimación de la virtud.

Pero no son estos todos los efectos de esta secreta ambición. Amamos el prestigio, los aplausos y las alabanzas en todo lo que hacemos. Hacemos mucho por Dios, pero luego nos ponemos a contar lo mucho que trabajamos, y siempre nos mostramos apenados, ansiosos, fatigados y oprimidos que parece que lo que queremos es convidar a todo el mundo a que se compadezcan de nuestras fatigas. Lo cierto es que la vanidad tiene mucha parte en tantas penas, pues nos imaginamos muy importantes y necesarios al mundo, y queremos que nos vean así. La soberbia se desliza aun hasta en las acciones que más tienen que ver con la humildad. En ocasiones deseamos distinguirnos en la práctica de ciertas virtudes y en el ejercicio de buenas obras; pero toda esa ansia viene más por destacar que por amor de Dios. En fin, nuestra tristeza después de alguna recaída en las primeras faltas no es efecto nunca de una conciencia delicada, como podemos imaginarnos, sino solamente de la soberbia secreta que nos hace tenernos por más santos de lo que en efecto somos.

Nuestra soberbia puede dar la impresión, ante los demás, de que tenemos vida interior, y nosotros podemos llegar a creérnoslo, pero nos movemos por una prudencia mundana disfrazada bajo el nombre de buen juicio. Todo lo juzgamos con esa prudencia pero lo que realmente hacemos es intentar engañar sin escrúpulo. También ocurre que con respecto a las cosas espirituales y las maravillas de la gracia no aprobamos sino las que se acomodan a nuestros caprichos; limitamos la gracia de Dios según una sabiduría meramente humana. Y con una notable ceguera, que suele ser el castigo de los soberbios, creemos actuar con razón y buen juicio cuando realmente nos estamos alejando cada vez más del espíritu de Dios.

Y después de esto nos admiramos de no tener consolaciones espirituales, ni sentimientos de devoción, después de diez y de veinte años pasados en el ejercicio de las virtudes y en la práctica de tantas obras buenas. Nos lamentamos de no adelantar y de ser siempre tan imperfectos, y que la recepción frecuente de los sacramentos no tenga fruto, y de no saber lo que es la devoción sensible. Esta soberbia secreta que se cría en lo íntimo del corazón agota —digámoslo así— el manantial de las mayores gracias, y hace que las personas que parecen tan sabias, tan regulares y tan reservadas, que han vivido con tanta honra y que han sido propuestas como ejemplo de honestidad, y que según todas las apariencias deberían contar con abundantes riquezas espirituales; digo, pues, que estas personas llegan a la muerte con las manos vacías de buenas obras; el amor propio, la ambición y la soberbia oculta se lo han llevado todo o lo han corrompido. Este es el gusano que hace secar las encinas más altas, esta es la levadura que corrompe, tarde o temprano, toda la masa, o que, por lo menos, la hace henchirse y llenarse de viento.

Es evidente que el amor de Jesucristo es incompatible con un vicio que le es tan contrario. ¿Cómo puede ser que este Divino Salvador, que hizo de la humildad la primera de las bienaventuranzas, el fundamento de la vida espiritual y el primer paso que hay que dar en el camino de la virtud, que la escogió con preferencia al resto de virtudes para que fuese su propio distintivo y carácter; cómo cabe, digo pues, que pueda ser amigo de aquellos que se le parecen tan poco? La humildad sincera de espíritu y de corazón es el carácter distintivo de Jesucristo. Es, pues, imposible estar animado de su espíritu y hacer morada en su Corazón, si no estamos verdaderamente animados de este espíritu de humildad.

Cuarto obstáculo: Alguna pasión mal mortificada

El cuarto obstáculo o el cuarto manantial de donde nacen las faltas que impiden o que apagan el amor de Jesucristo y, por consiguiente, la devoción al Sagrado Corazón, son ciertas pasiones no mortificadas que nos hemos guardado y que, tarde o temprano, suelen ser la causa funesta de una gran infelicidad.

La mayor parte de las personas que quieren darse del todo a Dios y, consecuentemente, declaran una guerra mortal a todos los vicios se portan en esta lucha de modo similar a la que emprendió Saúl, mandado por Dios, contra Amalec. Dios había mandado a Saúl que exterminase a todos los amalecitas y que arruinase todo lo que les pertenecía, sin exceptuar nada. Saúl exterminó a este pueblo; pero se compadeció de su rey y no sacrificó todo lo que encontró de precioso en el campo. Pero esta desobediencia le costó a Saúl su reino y fue la causa de su reprobación y de su pérdida (1 *S* 15, 3-23).

Muchos siguen el ejemplo de Saúl en la guerra que emprenden contra sus vicios: quiera Dios que no tengan la misma suerte. Es bien sabido que Dios quiere que le hagamos un sacrificio de todas nuestras pasiones, y que no puede sufrir que nos reservemos ningún vicio. Y nosotros consentimos en la apariencia: declaramos —por decirlo así— la guerra contra todos los enemigos: parece que a todos queremos pasar a cuchillo. Pero hay alguna pasión dominante que nos reservamos. Siempre suele haber un no sé qué más querido y más precioso que no tocamos; y para engañarnos sin escrúpulo, siempre hay algún buen pretexto para dejar un escondrijo en el corazón a alguno de nuestros enemigos. Procuramos desterrar de nosotros el espíritu mundano; pero no nos importa que nuestros hijos lo sean. Nos vestimos con modestia; pero querremos que nuestra hija se adorne siempre de manera suntuosa. Dejamos el juego pero no las conversaciones. Moderamos nuestras pasiones, la cólera; pero nos quedamos una secreta ambición y no nos decidimos a exterminar alguna secreta envidia. Y los que hacen profesión de amar a Jesucristo y apartarse del mundo se mortifican para no dispersarse continuamente en lo exterior, pero se quedan la libertad de pasarse horas enteras en visitas y en entretenimientos inútiles, con el pretexto de que es importante hacerse amable a todos para ganarlos para Jesucristo, que es importante hacer dulce, amigable y fácil la virtud, pero de eso solo queda el nombre, una idea vacía y una apariencia de virtud.

Algunos un poco más generosos rompen las ataduras más recias que les tenían ligados al mundo, dejan a sus parientes y sus bienes, renuncian de alguna manera a su libertad, sometiéndose al yugo de la obediencia religiosa; pero no se preocupan mucho de romper con esas otras ataduras más pequeñas, por ejemplo, de deshacerse de mil aficioncillas que no dejan de detenerlos y de retardar su progreso en el camino de la perfección. ¿Y qué importa que las ataduras con las que estamos asidos a las criaturas sean pequeñas, si se han multiplicado? Solo es necesaria una sola atadura, por pequeña que sea, para impedir que adelantemos un solo paso, si no queremos romperla.

En fin, hay algunos lo bastante generosos para decidirse a vencer en todo, y se esfuerzan, pero no tocan en nada su carácter o alguna falta que se acomoda más a su inclinación: y este único enemigo que se guardan, esta única pasión no mortificada, esta única falta no corregida, esta única atadura que no se ha roto, les hace andar arrastrados toda la vida y les impide llegar a la perfección a la que están llamados: «Por haber rechazado la palabra del Señor, Él te rechaza como rey» (1 S 15, 23). Solo hace falta una pequeña grieta para perder un navío y para arruinar con el transcurso del tiempo el más bello edificio: solo hace falta una chispa para causar un gran incendio; la muerte suele ser muchas veces efecto de una ligera enfermedad despreciada; y, en fin, no hace falta más que una pincelada mal dada para deslucir un cuadro hermoso.

Resulta sorprendente que haya personas que han envejecido ejercitándose en la virtud, al parecer con una vida interior grande, extremadamente mortificadas, pero que, no obstante, tienen grandes imperfecciones que condenan en los demás pero de las que ellos no se corrigen: es porque se familiarizan —digámoslo así— con sus propias faltas, a las que han perdonado desde la juventud, las ha disimulado, han dado riendas a su propio carácter y genio más de lo que era justo. Se alaban continuamente y, siempre con buenos motivos y pretextos engañosos; acaban descuidando el ser perfectos de jóvenes, y se hallan muy imperfectos cuando ya son viejos.

Estos son los grandes obstáculos para el amor a Jesucristo y, por tanto, para la devoción a su Sagrado Corazón. Son los manantiales de las imperfecciones que se descubren en quienes nos parecen más piadosos: imperfecciones que hacen un daño imponderable a la verdadera virtud, por la falsa idea que dan de ella. El verdadero amor de Jesucristo no permite las imperfecciones de la soberbia secreta o del amor propio. En quienes tienen un verdadero amor de Jesucristo no se encuentra el efecto de estos manantiales. Y sin este verdadero y puro amor a Jesucristo no puede haber ninguna devoción perfectamente sólida, ni virtud perfecta.

«¡Dios mío!», exclamaba un gran siervo de Dios, «¡qué desorden, qué revolución es esta! Tan pronto estamos alegres como nos ponemos tristes. Hoy sentimos afecto por todo el mundo, y mañana seremos como un erizo que pincha a todo el que se nos arrime. Esto es una evidente señal de poca virtud: esto es que nuestro carácter aún reina en nosotros y que nuestras pasiones no están mortificadas. Un hombre verdaderamente virtuoso es siempre el mismo y, mientras no sea así, cuando hacemos algo bien, la mayor parte de las veces es más por nuestro estado de ánimo que por virtud».

Los medios para vencer los obstáculos que impiden sacar todo su fruto de la devoción al Sagrado Corazón de Jesús

Las fuentes principales de nuestras imperfecciones y los mayores obstáculos que impiden sacar todo el fruto de esta devoción son nuestra tibieza, nuestro amor propio, nuestra soberbia secreta y nuestras pasiones que no hemos procurado mortificar. Como nuestra caridad es débil y flaca, criamos dentro de nosotros mismos a nuestros enemigos más perjudiciales: fuera de nosotros tenemos al demonio, que nos tienta; al mundo, que nos atrae; a las cosas materiales, que nos llaman; a las tentaciones, que nos cercan; a los malos ejemplos, que nos arrastran... Por tanto, si no estamos continuamente en vela y preparados para el combate, y si no cerramos la puerta de nuestros sentidos a todos estos enemigos que nos tienen sitiados, muy pronto se harán dueños de nuestro corazón.

Dice un gran siervo de Dios:

Es sorprendente cuántos enemigos nos combaten desde el mismo momento en que tomamos la resolución de hacernos verdaderamente siervos de Dios. Parece que todo se desencadena, el demonio por sus engaños, la naturaleza por la resistencia con que se opone a nuestros deseos, las alabanzas de los buenos, las burlas de los malos, las solicitaciones de los tibios, el ejemplo de aquellos que se tienen por devotos y que no lo son. Si Dios nos visita, es de temer la vanidad. Si se retira, el desaliento: la desesperación puede llegar después del mayor fervor, nuestros amigos nos tientan con la complacencia con que acostumbramos tener con ellos, los extraños con el miedo de desagradarlos, la indiscreción es de temer en el fervor, la sensualidad en la moderación y el amor propio en todo.

¿Qué podemos hacer si a todo esto hay que añadir que la santidad no consiste solamente en ser fiel un día ni un año, sino en perseverar y crecer en ella hasta la muerte? ¿Qué haremos? ¿Abandonarlo todo? ¡Ay, Dios mío! No permitas tal desdicha en ninguno que lea este libro. Lo que hay que hacer es servirse de los medios que todos los santos y el mismo Jesucristo nos aseguran que son los más idóneos para disminuir o destruir el amor propio y la soberbia oculta, que son el origen de los obstáculos. Estos medios son la mortificación y la humildad. Es necesario decidirnos a una de estas dos cosas: o a no tener jamás un amor perfecto a Jesucristo o a ser verdaderamente humildes y perfectamente mortificados.

Primer medio. Una verdadera mortificación

La mortificación es tan necesaria para amar de verdad a Jesucristo que es la primera lección que imparte Él mismo a cuantos quieren ser sus discípulos, y sin ella no es posible serlo. Si alguno quiere venir detrás de mí, que se niegue a sí mismo, que tome su cruz cada día, y que me siga (*Lc* 9, 23). Y también dice: El que no carga con su cruz y viene detrás de mí, no puede ser mi discípulo (*Lc* 14, 27). Por eso, todos los santos afirman que la mortificación es la señal más clara de una vida virtuosa. Preguntaba san Ignacio a los que alababan a alguien si esa persona era muy mortificada, queriendo darles a entender que la verdadera mortificación era inseparable de la verdadera virtud; y no solamente porque no hay virtud que pueda subsistir mucho tiempo sin una generosa y constante mortificación, sino porque sin mortificación no puede haber ninguna verdadera virtud.

Hay dos tipos de mortificación: la exterior, que no consiste sino en las incomodidades del cuerpo; y la interior, que es propiamente la mortificación del espíritu y del corazón. Ambas son necesarias para llegar a la perfección, y la una sin la otra no puede subsistir mucho tiempo. Los ayunos, las vigilias, las disciplinas, los cilicios y otras mortificaciones semejantes del cuerpo son medios poderosos para hacernos verdaderamente espirituales y perfectos, y cuando se usan con discreción sirven maravillosamente para fortificar la naturaleza, siempre floja para el bien, y para ayudarnos a rechazar los ataques y a evitar las trampas de nuestro común enemigo. Y también es muy necesaria para obtener del Padre de las misericordias los socorros necesarios para los justos, especialmente a los que comienzan a serlo.

Es verdad que la santidad no consiste en las penitencias exteriores y que no son incompatibles con la hipocresía. No ocurre así con la mortificación interior, porque siempre es una señal cierta de verdadera virtud, y por tanto es más necesaria que la exterior y nadie puede dispensarse de ella. Esta es la violencia que continuamente debemos hacernos para ganar el Reino de los Cielos. No todos se hallan en disposición de ayunar o de llevar un cilicio, pero no hay nadie que no pueda luchar para callarse en una ocasión en que el apasionamiento nos induce a responder y la vanidad a hablar; todos pueden mortificar su carácter, sus deseos, sus pasiones. Y en esto consiste principalmente esta mortificación interior, que lleva a que disminuya nuestro amor propio. Este es el medio para irnos desnudando de nuestras imperfecciones. En vano podemos creer que amamos a Jesucristo si no nos mortificamos. Los sentimientos y las devociones más sinceras son muy sospechosas sin mortificación. A veces nos asombrarnos de vernos aún tan imperfectos, después de tantas oraciones y de tantas comuniones, de sentir todavía que las pasiones reinan en nosotros y nos oprimen continuamente el corazón. ¿Y cómo no nos damos cuenta de que es la falta de una sólida mortificación el origen de todas estas alteraciones? Es necesario, pues, decidirnos a una generosa y constante mortificación si queremos disminuir o destruir nuestro amor propio.

No basta mortificarnos solo durante algún tiempo o solo en algún aspecto. Es necesario, a ser posible, mortificarnos en todo y continuamente, siempre con prudencia y discreción. Una satisfacción no apropiada que demos a nuestra naturaleza mundana la hace más fiera —digámoslo así— y más rebelde que lo que hayamos conseguido con cien victorias sobre ella. Con este tipo de enemigos una tregua es una victoria para ellos. «Hermanos míos», dice san Bernardo, «lo que está cortado retoña, lo que está apagado se vuelve a encender, y lo que está adormecido se despierta». Para conservar la vida interior es necesario impedir que el alma se disperse en lo exterior, cercándola por todas partes con un seto de espinas, según la expresión de un profeta. Pero nosotros no nos comportamos así y esta es la causa de nuestra tibieza y de nuestra relajación. Si nos mortificamos en algo, enseguida nos damos alguna otra satisfacción. Si estamos recogidos durante un rato, en cuanto terminamos abrimos todas las puertas a los sentidos y a lo que nos pueda disipar.

El ejercicio de la mortificación interior, tan común a todos los santos, lo conocen todos los que tienen un eficaz y verdadero deseo de adquirir la perfección cristiana. No hay más aplicar el oído a las divinas inspiraciones. El amor de Jesucristo es tan ingenioso en este punto, que inspira a todas las almas los medios y los trucos para mortificarse. Es algo que excede el ingenio de los más sabios y que puede tenerse por una especie de milagro: no hay nada que no les sirva de ocasión para contradecir sus inclinaciones, no hay ningún tiempo ni lugar que no les parezca adecuado para mortificarse, sin apartarse jamás de las reglas de la verdadera prudencia. Basta con tener muchas ganas de ver algo o de hablar para obligarse a bajar los ojos o a aplacar el deseo de saber cosas nuevas o de saber lo que pasa o lo que se dice o lo que se hace… Todo les es un continuo motivo de mortificación, más meritoria cuanto más ordinaria y con el único testigo que es Dios. Una palabra dicha a propósito, una inocente burla ejecutada con viveza puede hacer divertida una conversación pero también puede ser materia de una hermosa mortificación y hasta de un admirable sacrificio. No hay casi hora del día en que no se presente alguna ocasión de mortificación. Tanto si estamos sentados o de pie, jamás dejará de hallarse un lugar o una postura menos cómoda sin que los demás lo vean; cien veces que nos interrumpan en una ocupación muy seria, cien veces podremos responder con tanta dulzura y cortesía como si no tuviésemos nada que hacer. El mal humor de aquellos con los que tratamos, las imperfecciones de los que conviven con nosotros, la ingratitud de alguien a quien le hemos hecho un bien... pueden ejercitar mucho la paciencia del que es sólidamente virtuoso. En fin, todas las incomodidades, las propias del lugar, del tiempo y de las personas, podemos sufrirlas de modo que no se echen de ver, son pequeñas ocasiones de mortificarse pero no es una pequeña mortificación; es más, tiene un gran mérito y puede decirse que las gracias más grandes y la mayor santidad dependen muchas veces de la generosidad que tenemos en mortificarnos constantemente en estas pequeñas ocasiones. Tampoco es pequeña la mortificación de no querer evitar ninguna de las obligaciones de una comunidad y conformarnos con todo lo que tiene la vida común, sin reparar en nuestras inclinaciones naturales, nuestras responsabilidades o nuestra edad; y esta mortificación es más considerable cuanto menos se sujeta a la vanidad y cuanto más se conforma al espíritu de Jesucristo.

Así, si en el exterior no hallamos muchas ocasiones para mortificarnos, nunca faltan dentro de nosotros mismos. No sabremos estar largo tiempo recogidos, ni actuar con modestia, sin mortificación. La honestidad, la dulzura y la cortesía pueden ser efecto de la educación, pero normalmente son señales sobre todo de alguien constantemente mortificado, y sin esta virtud ¿cómo podremos estar siempre en paz, sin altibajos, haciendo siempre con perfección todo lo que hacemos y estando siempre contentos con lo que Dios quiere?

Segundo medio. Una sincera humildad

El segundo medio es una sincera humildad. «Jesucristo», dice san Agustín, «no nos dice: *Aprended de mí a hacer milagros*, sino *aprended de mí, que soy manso y humilde de corazón* para darnos a entender que sin humildad no hay verdadera virtud». Ya hemos hablado mucho de la necesidad de esta virtud, la dificultad está en saber en qué consiste. Muchos piensan que son verdaderamente humildes si no se tienen en gran consideración; pero se engañan si resulta que no les gusta que los demás piensen así de ellos. No basta para ser verdaderamente humildes con reconocer que no tenemos ninguna virtud ni méritos. Es menester también creérselo de verdad y no disgustarse de que otros lo crean así. El primer paso para conseguir esta virtud es pedirla a Dios con insistencia. Después debemos convencernos a nosotros mismos, reflexionando de modo serio y con frecuencia, acerca de nuestra pobreza y de nuestras propias imperfecciones. Hacer memoria de lo que hemos sido y el considerar lo que podríamos haber sido sirve mucho para humillarnos. Los sólidamente virtuosos piensan poco en los demás, pues les es perfectamente notoria su flaqueza. Se ven a sí mismos tan cerca del precipicio, temen tanto la caída, que no se espantan de que los otros caigan. Lo menos que hablemos de nosotros mismos es siempre lo más conforme a la verdadera humildad. Los discursos afectados, con los que procuramos hacer creer a los demás que nos estimamos en poco, la mayor parte de las veces son una manera de buscar nuestra propia estimación, que nos alaben y que nos tengan por buenos. Las señales más ciertas de una sincera humildad pueden ser el amar especialmente a los que nos desprecian, y no evitar ninguna de las humillaciones que nos llegan, el no complacernos con los pensamientos vanos y con ideas sobre lo que vendrá, pues solo sirven para crear en nosotros una soberbia secreta, el no hablar nunca de nosotros mismos con estima, el no quejarnos jamás de todo lo que Dios permite que nos suceda, el no querer que otros se compadezcan de nosotros, el disimular las faltas del prójimo y el no turbarnos con nuestras propias caídas, el preferir en todo a los demás, el no emprender nada sino desconfiando de nosotros mismos, el estimar en poco todo lo que hacemos. En fin, rezar mucho y hablar poco.

Cuando uno se considera tan miserable como es, no lleva mal que le desprecien porque conoce que es justo. Un hombre humilde, por malo que sea el tratamiento que se le da, cree que se le hace justicia. «¿Los hombres no me estiman?», dice. «Pues tienen razón, y en esto coinciden con Dios y con los ángeles». Un hombre que ha merecido el infierno puede conocer bien que se le debe el desprecio. No queremos decir con esto que recibamos con un consuelo sensible las humillaciones, pues el desprecio es, naturalmente, desagradable; pero no quejarse, tolerarlo, agradecérselo a Dios y aun pedirle por aquellos de quienes se sirve para humillarnos, por más repugnancia que sienta la naturaleza orgullosa en someterse a su Providencia, son señales de una sincera humildad, sin la cual en vano creeremos que tenemos una verdadera y sólida virtud. Dice san Pablo que tenemos enemigos dentro y fuera de nosotros mismos que nos ponen trampas continuamente y por todas partes. El amor a la humildad y a la vida retirada, el que no nos importe que nos desprecien, son un gran remedio a tantos males. Nadie gozará de una paz segura y tranquila sino en el olvido de sí mismo. Si queremos alcanzar la perfección cristiana, es importante proponernos firmemente olvidar todos nuestros intereses, aun tal vez hasta los espirituales, para buscar únicamente la gloria de Dios.

La alegría y la verdadera dulzura son inseparables de la verdadera mortificación y de la sincera humildad

No puede haber verdadera devoción sin una mortificación generosa y constante y sin una sincera humildad. Pero ¿podremos hablar de humildad y de mortificación sin horrorizar a los tímidos y pusilánimes que tienen el deseo de amar a nuestro Señor? Pero ¿cómo no llenarse de temor al considerar una vida tan incómoda? ¿Se puede contemplar, quizá, toda una vida toda llena de cruces sin sentir miedo? Contradecir en todo nuestras inclinaciones naturales, negar a los sentidos todos los gustos no necesarios, vivir retirados, vivir en silencio, sin solicitar la estima de los hombres, despreciando sus alabanzas y no afligiéndose por los desprecios… ¿todo esto no es algo realmente cargante? ¿Vivir así no es vivir una vida triste, melancólica y en cierto modo infeliz? No, cristianos. Todos los que viven así afirman que solo entonces se han visto alegres, tranquilos y perfectamente dichosos. Es verdad que el mundo dice que este tipo de vida es insoportable, pero el mismo Jesucristo nos dice que es dulce, fácil y llena de alegría y de consuelo. Lo dice el mundo, o sea, los necios y los ignorantes; pero todos los que lo han experimentado dicen lo contrario. San Francisco de Sales llama a este tipo de vida la dulzura de las dulzuras. San Efrén, mientras llevaba una vida extremadamente mortificada, estaba lleno de consuelos interiores y prorrumpía en

estas voces: «Basta, Dios mío, basta, no me oprimas con tus beneficios, modera tu generosidad, si no quieres que yo muera, porque
tus dulzuras inefables que gusto en tu servicio son capaces de hacerme morir». «Me hallo», dice san Francisco Javier escribiendo
desde el Japón a los jesuitas que estaban en Europa, «en un país
donde faltan todas las comodidades de la vida. Por lo demás, siento tantas consolaciones en mi vida interior, que me veo en peligro
de perder la vista por las lágrimas que derramo continuamente
de puro consuelo». ¿Tendremos que creer que tantos millones de
santos, de los que decimos que han sido tan sabios y tan sinceros,
se hayan puesto de acuerdo para decirnos todo lo contrario de lo
que pensaban y experimentaban?

Y si los mundanos tienen por infeliz a quien se mortifica,
¿cómo es que no se hallan sobre la Tierra personas perfectamente
contentas, perfectamente dichosas, sino aquellas que más se mortifican? Y si esta vida mortificada no es la que produce por sí misma esta alegría inalterable, decidme: ¿en qué engaño viven toda
su vida estas personas?, ¿con una paz tal que no pueden turbar todos los acontecimientos de la vida? Si están disimulando, ¿cómo
es que los mundanos, que tanto saben del arte de disimular, no
han podido disimular sus inquietudes y sus melancolías cuando
la mayor parte de su vida la han pasado en medio de placeres y
diversiones? ¡Ah!, solo la virtud, dice san Agustín, por austera que
parezca, es la que hace saborear los verdaderos placeres; y no hay
felicidad perfecta en este mundo sino para aquellos que trabajan
empeñándose en santificarse, porque solo ellos se ven exentos del
alboroto de las más crueles pasiones que tiranizan a los que viven
engolfados en el mundo, sedientos de sus placeres. Ellos son los
que tienen más dulzura en esta vida y menos tristezas, y sometiéndose perfectamente a la voluntad del Señor gozan de tal serenidad y profunda paz, que no la puede dar el mundo. Este dulce
reposo de la conciencia es el fruto ordinario de la virtud. Cuanto
menos nos unimos a Dios, menos hay de esta alegría.

¿Y qué diremos de aquella secreta dulzura con la que Dios
aligera su yugo? ¿De aquellos dichosos momentos en que se deja
sentir en el fondo de las almas? ¿De aquella dulce esperanza con

la que nos hace sentir anticipadamente las alegrías del Cielo? ¿De aquellos rayos de luz con que nos hace ver como en un día claro y hermoso la locura y la vanidad del mundo? Y, en fin, ¿de aquellas lágrimas de consuelo que vertimos alguna vez a los pies de Jesús crucificado, donde encontramos un alivio más puro y delicioso que en las fiestas más agradables y en los placeres más exquisitos? Estas delicias y dulzuras interiores, que sobrepujan a todo sentido y a todo pensamiento, son misterios escondidos para las almas tibias o mundanas, para ellas es como un lenguaje extraño. Pero, dice san Agustín, dadme un alma fervorosa que solo anhele salvarse, una persona verdaderamente humilde y mortificada, un corazón penetrado del amor de Jesucristo… Comprenderá bien lo que yo digo. Es cierto que, no por ser justos nos convertimos en insensibles a lo que ocurre en la vida diaria. Las desagracias pueden causar alguna agitación, pero no serán capaces de confundir al justo, siempre hallará refugio en su virtud. Cuando el camino ancho que siguen los imperfectos no tenga cruces, todo contribuye a que se las encuentren, y bien pesadas, mientras que en la carrera que llevan los que aman ardientemente a Jesucristo se ve que el Cielo y la Tierra, digámoslo así, se dan prisa en hacérselas dulces y llevaderas. El propio Hijo de Dios las quiere llevar con nosotros para que nos pesen menos. En fin, el pensamiento de la muerte atemoriza a los más dichosos de los mundanos, y este mismo pensamiento consuela y alegra a los virtuosos. ¿Se ha hallado alguno que, a la hora de la muerte, en aquellos momentos últimos en que tan sanamente se juzga de todo, se haya tenido por infeliz por haber sido mortificado y por haber vivido una vida verdaderamente devota y cristiana? ¡Es mucho más cierto que se hubiera visto en un tremendo peligro de desesperación si no hubiese vivido de ese modo!

La mortificación perfecta ha de tener ciertos atractivos que no conocemos nosotros, por no ser perfectamente mortificados. Somos tan flojos que no hacemos más que lo que basta para sentir las dificultades, pero no lo suficiente para poder gustar las dulzuras. Parece que desconfiamos de lo que nos dicen los buenos y los santos, y hasta de lo que nos promete el mismo Jesucristo.

Quisiéramos que su Majestad nos pagase por adelantado, porque no sabemos que todo consiste en dar el primer paso con generosidad y resolución, esto es, que toda la dificultad reside en decidirse de veras a abrazarse a la cruz de la mortificación. *Gustad*, dice el profeta, *y luego veréis qué suave es el Señor.* En esto se engañan los ojos, es necesario juzgar por el gusto. Los que no vieron la Tierra Prometida sino de lejos quedaron horrorizados y decían que les devorarían sus habitantes; pero los que la habían visto de cerca decían todo lo contrario y afirmaban que era una tierra que producía leche y miel. Un gran siervo de Dios dice lo siguiente: «Hagamos por lo menos durante quince días este sacrificio perfecto; de poca monta había de ser algo para no merecer que se hiciese la experiencia, y si después de quince días de una continua y perfecta mortificación no saboreamos estas dulzuras, consentiré en que se diga que la vida de los que aman verdaderamente a Jesucristo es engañosa y que el yugo del Señor pesa».

Por cierto, es digno de admiración que les cueste tanto a los hombres mundanos convencerse de que la mortificación pueda producir tan buenos frutos, ¡cuando, por otra parte, ven a cada paso tantas personas inquietas y desasosegadas en medio de las mayores diversiones! Si hay males invisibles, es imposible que no haya también dulzuras secretas. Las hay, ciertamente, y no depende sino de nosotros mismos el que las gustemos. San Claudio de la Colombière había hecho voto, con permiso de sus superiores, de cumplir todas sus reglas y, en particular, se obligó a una mortificación continua en todo. ¿Qué pensarían de este gran santo aquellos a quienes ya los tres votos de los religiosos se les hace un yugo insoportable? ¿No le tendrían por alguien destinado a una vida extremadamente triste y desconsolada? Pues merece la pena detenerse, no obstante, en lo que él mismo dejó escrito en el diario de sus ejercicios espirituales, donde iba apuntando las inspiraciones que Dios le daba y las gracias que le había hecho para acordarse de agradecérselas y animarse más y más todos los días a amarle:

En el sexto día, pensando sobre el voto particular que he hecho, me hallé movido por un gran reconocimiento hacia Dios, que me concedió la gracia de hacer este voto; jamás lo había pensado tan a placer y tan despacio. Tuve una gran alegría de verme estrechado con mil lazos a hacer la voluntad de Dios. La memoria de esta obligación me consoló en vez de atemorizarme; y me parece que, bien lejos de hacerme esclavo, he entrado en el reino de la libertad y de la paz.

Cuando lo pienso bien me siento, por la misericordia infinita de Dios, con tal libertad de corazón, que me causa una incomparable alegría. Me parece que no hay nada que pueda hacerme infeliz. No hallo mi corazón apegado a cosa alguna, al menos por ahora. Y aunque no por esto dejo de sentir todos los días los movimientos de casi todas las pasiones, con un solo momento de reflexión los calmo y aquieto.

Muchas veces he gustado de una gran alegría interior al pensar que me hallo al servicio de Dios, y he reconocido que esto vale mucho más que todos los favores de los reyes. Las ocupaciones mundanas me han parecido muy despreciables en comparación con aquello que se hace por Dios. Me hallo elevado sobre todos los reyes de la Tierra, por la honra que tengo de ser de Dios.

Siento continuamente un deseo enorme de aplicarme a la observancia de mis reglas; tengo un particular gusto en practicarlas; y cuanto en esto me voy haciendo más exacto, tanto más me parece que entro en una perfecta libertad.

Es cierto que nada de esto me apena ni me aflige; antes bien, por el contrario, este yugo se me va haciendo cada día más llevadero. Yo la considero como la mayor gracia que jamás he recibido.

Es indudable que este gran santo practicó una continua mortificación después de hacer ese voto. En sus últimos días, cuando la enfermedad no le permitía quedarse en cama, pasaba muchas horas cada día sobre una silla, sin recostarse ni reclinarse en el respaldo, perseverando en una mortificación continua hasta los últimos momentos de su bendita muerte. Esta vida tan mortificada le llenó de tantas consolaciones y de una alegría interior tan grande, que él mismo confesaba que la sentía bien pero que le resultaba imposible explicarlo.

Mirar a Jesucristo me hace tan amable la Cruz, que me parece que sin ella no puedo ser dichoso. Miro con respeto a aquellos a quienes Dios visita con humillaciones y adversidades de cualquier suerte. Sin duda, son sus favorecidos. Cuando me vea en prosperidad, para humillarme no tengo más que compararme con ellos.

Estas son las palabras que continuamente ocupan mi espíritu: luz, paz, libertad, dulzura y amor, y con ellas me parece que vienen la sencillez, la confianza, la humildad, el completo abandono, ninguna reserva, la voluntad de Dios y mis reglas.

La experiencia de san Claudio nos hace ver que no solamente los santos de otras épocas hallaron muchas dulzuras al mortificarse, sino también los hay contemporáneos que experimentan los mismos sentimientos.

Los medios concretos para amar a Jesucristo y conseguir una tierna devoción a su Sagrado Corazón

Primer medio. La oración

Una vez que hemos visto los obstáculos que hemos de vencer y las disposiciones que debemos tener para amar a Jesucristo y conseguir una tierna devoción a su Sagrado Corazón, es oportuno hablar ahora de cuáles son los medios concretos para ello.

La oración es el primer medio con el que contamos. Resulta notable que los cristianos no seamos —por decirlo de alguna manera— todopoderosos para lograr todo lo que deseamos, pues contamos con un medio infalible, que consiste en pedir como se debe. El Señor se ha obligado, en numerosas ocasiones, a escuchar nuestras oraciones y no hay nada que le agrade tanto como le pidamos su amor. Se halla muy obligado a concedérselo a todos los que se lo piden; y me parece que, aunque no se hubiera comprometido, nuestra petición le obligaría.

Jesucristo ha hecho todo lo imaginable, y aun más, para obligarnos a amarle. Está en sus manos darnos este amor, ¿y podemos llegar a creer que va a negárnoslo si se lo pedimos? ¡Pero, ay! ¡Qué poco estimamos este amor, ya que nos causa muy poca pena vernos privados de él! Y esto es algo patente, porque no se lo pedimos más ni con más insistencia. Nos admiramos de no amar más ardientemente a Jesucristo, cuando es algo tan justo y tan apropiado; pero deberíamos admirarnos más de que apenas se lo pedimos, siendo este amor el mayor de todos los dones.

De todos los medios para conseguir el amor a Jesucristo, no hay ninguno más eficaz que la oración, ni tampoco hay ninguno más fácil, porque ¿quién puede encontrar excusas para no hacer oración? No obstante, nos olvidamos. Casi podríamos decir que este medio tan poderoso para llegar a amar a nuestro Señor, nos aleja más de Él, nos da miedo. Y eso que Él nos dijo: «Pedid y se os escuchará».

Pero, Dios mío, no es esto lo que nos da miedo. Infelices de nosotros, nos da miedo el que, si nos escuchas, tu amor nos obligará a hacernos más buenos, más recogidos y más santos de lo que queríamos ser. Nos da miedo el que, si te amamos ardientemente, no tendremos sino disgusto en todo lo que hemos amado hasta entonces y en todo lo que aún amamos. Parece que nos da miedo llegar a comprender que no tenemos excusas. Pero no mires, oh Salvador mío, estos primeros sentimientos que detestamos en el mismo momento en que nos damos cuenta de ellos; danos solamente tu amor y tu gracia y seremos suficientemente ricos. Si nos abres tu corazón y nos haces gustar solo una vez las dulzuras que supone amarte, rápidamente todo lo demás nos disgustará. Roguemos, pues, roguemos y pidamos muchas veces este amor, porque es imposible pedirlo con insistencia y constantemente y no conseguirlo. Es un medio fácil y eficaz, y puede decirse que pedirlo de veras es lo mismo que haberlo conseguido.

No hemos de tener miedo a hacer grandes peticiones o de modo apremiante, creyendo que vamos a molestar a Jesucristo con nuestra indiscreción o con nuestra inoportunidad. No nos tiene que dar temor porque ocurre todo lo contrario. La razón por la que conseguimos tan poco de Dios es porque somos muy escasos en nuestros deseos o poco confiados en nuestras oraciones, y Jesucristo nos mostró en el Evangelio la parábola de aquel hombre que consiguió lo que pedía para enseñarnos que, si queremos lograr lo que pedimos, hemos de ser inoportunos (*Lc* 11, 5-10). Conseguimos poco porque pedimos muy poco, y lo poco que le pedimos no se lo pedimos las veces necesarias. No nos contentemos con pedirle menos que su amor, un amor puro, ardiente, generoso y perfecto. Y es necesario pedirle este amor con ansia y a todas horas. Como Jesucristo nos ha prometido solemnemente no rechazar nada de lo que le pidamos, podemos estar seguros de que nos escuchará y no faltará a su promesa.

Nosotros no sabemos muchas veces lo que pedimos, pero ofenderíamos a Jesucristo si, pidiéndole su amor, dudásemos de que va a escucharnos, sobre todo si se lo pedimos con sinceridad y con verdadera fuerza. Puede ocurrir que Jesucristo, para castigarnos o para humillarnos, y siempre para que consigamos más méritos, quiera dejarnos a veces con ciertas faltas y ciertas imperfecciones, a pesar de pedirle que nos libre de ellas; pero hemos de convencernos de que después de haberle pedido con ilusión y con sinceridad su ardiente amor, no nos lo puede negar e incluso nos concederá más de lo que le pedimos.

Señor, tú has traído este hermoso y divino fuego a la Tierra, y ¿qué deseas sino que se encienda? (*Lc* 12, 49). ¿De qué depende el que yo me inflame con él? Concédeme, Señor, por tu inefable bondad, tu amor; esta será de ahora en adelante mi oración de todos los días; lo pediré por la mañana, por la tarde, cuando descanse, cuando trabaje, a todas horas, y no cesaré jamás de decir: Dame, Señor, solo tu amor y tu gracia, que solo eso me basta para ser feliz, dichoso y bienaventurado.

Segundo medio. La Comunión frecuente

El segundo medio es recibir los sacramentos, en especial, la Comunión frecuente. Basta con saber lo que es la Comunión para darnos cuenta de que no hay otro medio más seguro que comulgar muchas veces para llegar en poco a tiempo a ser una persona abrasada por un ardiente amor a Jesucristo. Como dice el Sabio, no es posible llevar fuego en el interior sin quemarse. El amor divino, podríamos decir, ha encendido un gran brasero sobre el altar en la adorable Eucaristía. ¿Y no sabemos que todos los santos se han abrasado de un amor ardiente y delicado a Jesucristo acercándose a este Sagrado Fuego? Y eso era algo que podía verse muchas veces en su rostro cuando comulgaban. ¿Cuántas veces ha sido preciso, aun en lo más riguroso del invierno, buscar algo frío que moderara aquellos divinos ardores? Solo el nombre o alguna imagen de Jesucristo bastaban en muchas ocasiones para transportarles en raptos y éxtasis asombrosos, y resulta claro que el gran amor que tenían a Jesucristo los primeros cristianos era efecto de la Comunión frecuente.

Los que por la inocencia de su vida y por su virtud se hacen dignos de comulgar con frecuencia experimentan los admirables frutos que produce. Cada día aman más a Jesucristo, su amor crece en la medida de la frecuencia con que se alimentan con este Pan de ángeles. Y bien lejos de que esto les moleste, crece sensiblemente su hambre y va aumentando su amor a Jesucristo.

Todos los demás sacramentos son consecuencia del amor que el Hijo de Dios nos tiene, y todos ellos hacen que nazca en nuestro corazón un verdadero amor a nuestro Salvador como efecto propio; pero el Sacramento del altar, dice san Bernardo, es el amor de los amores. Es decir, la Eucaristía es el resultado del gran amor que Jesús nos tiene, y al mismo tiempo es el manantial más profundo de donde brota el amor apasionado que debemos tener nosotros a Jesucristo. Todo contribuye en este misterio a infundir y aumentar este amor: tanto el gran regalo que nos hace como el modo con que nos lo hace, y también el fin, por qué nos lo hace. Jesucristo nos da su Cuerpo adorable y su preciosa Sangre, que se convierten en nuestro alimento. ¿Qué sería capaz de encender el fuego divino en nuestro corazón si no lo consigue este manjar? Y el modo con que nos hace este presente nos obliga más a amarle. Este divino Salvador, que fue el esperado del pueblo de Israel, el deseado de las naciones, se hizo rogar y solicitar cuarenta siglos hasta que vino al mundo, pero ahora es Él quien ruega a los hombres y les insta y aun les hace violencia para obligarlos a que le reciban. Obligadles, dice el Evangelio, obligadles a entrar al convite que les he preparado (*Lc* 14, 23).

Su amor es impaciente y es enemigo de dilaciones, no sabe de tardanzas ni sabe usar de reservas. Pero ¿qué pretende nuestro Salvador con tanto empeño? Pretende hacerse amar por los hombres, nos da su Cuerpo y su Sangre, se convierte Él mismo en manjar, para ganarnos el corazón, para apoderarse de él, sin dejarnos en cierto modo ninguna posibilidad de resistirnos. «La primera intención que debemos tener al comulgar», dice san Francisco de Sales en *Introducción a la vida devota*, «debe ser adelantar y hacernos fuertes en el amor de Dios, porque solo debemos recibir por amor lo que solo por amor se nos da. No podemos imaginarnos a nuestro Señor en una acción ni más amorosa ni más tierna que esta en la que se aniquila y se reduce a alimento para penetrar en nuestras almas y unirse íntimamente a nuestro corazón y a nuestro cuerpo».

Nos causa admiración ver el fervor de algunas almas puras que cada vez que se acercan al altar aumenta de modo patente su amor a Jesucristo. Estos ardores divinos cada vez son más raros. ¿Pero no es un prodigio todavía más sorprendente comprobar que aunque se comulga cada vez con más frecuencia, sin embargo estas maravillas suceden muy contadas veces? Vuestros pecados, vuestras recaídas y vuestras flaquezas os afligen, almas inconstantes. Sí que parece que deseáis corregiros y vencer esa repugnancia y esa tibieza, y romper la pequeña atadura que os detiene en el camino de la virtud. Sí que parece que queréis amar apasionadamente a Jesucristo. ¿Cuál es entonces el prodigio? Sencillo: En que es poco eficaz vuestro querer.

Hace un año, o diez años, que celebráis Misa todos los días, habéis recibido el Cuerpo y la Sangre preciosa de Jesucristo miles de veces en vuestra vida, y desde hace un año, o diez, combatís contra una imaginación, contra un no sé qué que decís que os impide daros del todo a Dios y gustar la paz y la dulzura que se experimenta en su servicio... pero no acabáis de vencerlo e incluso podría ocurrir que quizá vuestro amor a Jesucristo vaya a menos.

«¡Dios mío! ¿Son herejes o infieles los que dicen estas cosas?», se lamentaba san Claudio de la Colombière. «¿Cómo puede un cristiano que se alimenta tantas veces con el Cuerpo de Jesucristo desear algo en vano? ¿Cómo creer que todo un Dios que se ofreció como precio de las gracias que se le piden no sea capaz de conseguirlas? ¿Y que Jesucristo, que instituyó este misterio para hacerse amar, rehúse su amor a aquel por quien ya se ha dado a Sí mismo todo entero, sin reserva y por completo?».

Pero si nos sucede la desgracia de que comulgando con frecuencia, incluso a diario, o celebrando Misa todos los días, no sacamos ningún fruto de este sacramento, y pensamos que no tenemos enmienda y que abusamos de la Comunión, en fin, que no amamos más a Jesucristo y que sentimos todos los días la misma tibieza, las mismas flaquezas, ¿hemos de dejar por esto de comulgar? ¿Habrá que dejar de celebrar la Misa todos los días? No. Pero debemos arreglar nuestra vida, debemos hacer desaparecer nuestros vicios y las faltas que impiden que aprovechemos las gracias de nuestro Señor. La falta no proviene de comulgar a menudo, sino de no comulgar como debemos. Si no tomamos los alimentos, por buenos que sean, en su justa proporción, ¿qué consejo tendríamos que seguir: no comer nada o comer con la debida precaución para que nos sea de provecho? Si una persona no prepara ni cocina adecuadamente el alimento que va a tomar, y a causa de ello cae enfermo; y después se juntan todos los médicos y académicos de todas las universidades del mundo: ¿habrá quien le ordene al enfermo que deje de tomar alimentos? No, es preciso que coma, pero ha de hacerlo con las precauciones necesarias, es necesario que en adelante sea menos imprudente. Podría objetarse, que si no come, por lo menos no se corrompería el alimento en su estómago. Eso es verdad, pero moriría de debilidad. Se destruirían rápidamente todas sus fuerzas y le harían caer antes de veinticuatro horas en un mortal desfallecimiento. No moriría de indigestión, pero moriría de hambre. En definitiva, sería un error privarle del medio del que vive para librarle de lo que le hace algún daño. Es fácil aplicar este ejemplo a los que no sacan ningún fruto de la Comunión.

Estas personas tienen muchos motivos para pensar en que no llevan un modo de vida muy apropiado, en que su conciencia no está limpia, en que su fe no es muy fuerte y, por último, en que sus confesiones fallan por poco sinceras o por poco contritas o por poco decididas a cambiar de vida. Si sois, pues, malos, cambiad cuanto antes para comulgar a menudo; y si sois imperfectos, comulgad muchas veces para cambiar.

El Hijo de Dios llama a este misterio adorable «el pan nuestro de cada día» para enseñarnos con cuánta frecuencia debemos recibirle. Invita a su banquete a los pobres y a los ciegos para darnos a entender que, en cualquier necesidad y en cualquier enfermedad que se padezca, si todavía estamos vivos, no debemos dejar de comer de este Pan de Vida.

El poco fruto que muchos, y principalmente los eclesiásticos, sacan de la Comunión frecuente puede hacerles dudar de si es conveniente o no el comulgar a menudo. Para responder a esta duda copiemos lo que san Francisco de Sales explica sobre este asunto en el libro más arriba citado:

> Comulgar todos los días, no siendo sacerdotes, ni lo apruebo ni tampoco lo rechazo. Pero exhorto a todos, y se lo aconsejo a cualquiera, comulgar todos los domingos, siempre y cuando no reine en su corazón ningún apego al pecado. Es lo mismo que dice san Agustín, que ni rechaza ni alaba absolutamente comulgar a diario, sino que lo deja a la discreción del director espiritual. Porque así como las disposiciones necesarias para la Comunión frecuente no se deben aconsejar generalmente a todos, así también, como estas disposiciones, aunque elevadas, pueden hallarse en muchas buenas almas, tampoco sería acertado disuadir a todos de comulgar con frecuencia.
>
> Hay que tener en cuenta el estado interior de cada uno en particular. Sería una gran imprudencia aconsejar indistintamente a todos el comulgar a diario; y también lo sería si censuráramos a los que lo hacen siguiendo el consejo de un sabio y prudente director. La respuesta de santa Catalina de Siena fue graciosa, cuando le dijeron, al verla que comulgaba a menudo, que san Agustín ni rechazaba ni alababa esa costumbre. Ella respondió: «ya que san Agustín no lo censura, le ruego que tampoco usted lo rechace».
>
> Ves, Filotea, cómo san Agustín exhorta y aconseja comulgar todos los domingos. Hazlo, pues, siempre que puedas, pues no tienes ninguna afición al pecado mortal ni al pecado venial, y así tienes verdaderamente la disposición que pide san Agustín, y aun más excelente, y así debes comulgar todos los domingos y aún más a menudo si tu director espiritual cree que es bueno.
>
> Si la gente te pregunta por qué comulgas tan a menudo, responde que es para aprender a amar a Dios, para purificarte de tus imperfecciones, para librarte de tus miserias, para consolarte en tus aflicciones y para apoyarte contra tus flaquezas. Dile que hay dos tipos de personas que deben comulgar a menudo: los perfectos, por-

que al estar bien dispuestos harían muy mal si no se acercan al manantial y a la fuente de la santidad y la perfección; y los imperfectos, para llegar a hacerse perfectos; los fuertes, para que no se debiliten, y los débiles, para que se fortifiquen; los enfermos, para que sanen, y los sanos, para que no enfermen. Y en cuanto a ti, como imperfecta, débil y enferma, es necesario comunicarte a menudo con quien es tu perfección, tu fuerza y tu médico. Diles a los que no tienen muchos negocios mundanos que deben comulgar a menudo porque tienen esa posibilidad, y a los que tienen muchos, porque tienen mucha necesidad y porque aquel que trabaja mucho y tiene a su cargo muchas personas también debe comer alimento sólido y con frecuencia. Diles que recibes el Santísimo Sacramento para aprender a recibirle bien, porque es casi imposible hacer bien algo si no nos hemos ejercitado muchas veces. Comulga a menudo, Filotea, y lo más a menudo que puedas, con el consejo de tu director espiritual, y, créeme, que las liebres se vuelven blancas en invierno porque no beben ni toman sino nieve[17]. Así tú, a fuerza de adorar y comer la hermosura y la misma pureza en este Divino Sacramento, también te volverás perfectamente hermosa, perfectamente buena y perfectamente pura.

Estos son los consejos que da san Francisco de Sales a todos los que, sintiendo un verdadero horror a toda suerte de pecados, especialmente los mortales, desean avanzar en la santidad. Es cierto que los que tienen una fe viva y aman verdaderamente a Jesucristo muestran por lo común un gran deseo de comulgar. Y, al contrario, a medida que en una persona va enfriándose en su amor a Jesucristo, cada vez siente menos deseos de acercarse a la Sagrada Comunión. Y así no hay que exhortar a los alejados de Dios a que se aparten de la Comunión, porque ya lo hacen por sí mismos, y se corrompen y se hunden en diferentes desórdenes en vez de apetecer este alimento celestial que encierra las delicias de las almas puras y de todas las que aman de verdad a Jesucristo.

***

Nota del editor: El siguiente extracto del «Decreto sobre la Comunión frecuente y cotidiana» de Pío X, del 20 de diciembre de 1905, muestra las similitudes entre las enseñanzas sobre la Comunión frecuente que pueden leerse en este capítulo y las del Magisterio:

Nuestro Señor Jesucristo mismo indicó repetidas veces, con claridad suma, la necesidad de comer a menudo su carne y beber su sangre, especialmente con estas palabras: *Este es el pan que ha bajado del cielo, no como el que comieron los padres y murieron: quien come este pan vivirá eternamente* (*Jn* 6, 58). De la comparación del Pan de los Ángeles con el pan y con el maná, fácilmente podían los discípulos deducir que, así como el cuerpo se alimenta de pan diariamente, y cada día a los hebreos se les recreaba con el maná en el desierto, del mismo modo el alma cristiana podría diariamente comer y regalarse con el Pan del Cielo. Además de que casi todos los Santos Padres de la Iglesia enseñan que *el pan de cada día*, que se manda pedir en la oración dominical, no tanto se ha de entender del pan material, alimento del cuerpo, cuanto de la recepción diaria del Pan Eucarístico.

Por ello, Su Santidad, deseando sobre todo, dado su celo y solicitud, que el pueblo cristiano sea llamado al sagrado convite con muchísima frecuencia y hasta diariamente, y disfrute de sus grandísimos frutos, encomendó el examen y resolución de la susodicha cuestión a esta Sagrada Congregación.

Y así, la Sagrada Congregación del Concilio, en la sesión plenaria del día 16 de diciembre de 1905, examinó detenidamente este asunto, y, ponderadas seriamente las razones en pro y en contra de una y otra opinión, determinó y declaró lo que sigue:

«*1º*. Dese amplia libertad a todos los fieles cristianos, de cualquier clase y condición que sean, para comulgar frecuente y diariamente, pues así lo desean ardientemente Cristo nuestro Señor y la Iglesia Católica: de tal manera que a nadie se le niegue, si se halla en estado de gracia y tiene recta y piadosa intención.

»*2º*. La rectitud de intención consiste en que el que comulga no lo haga por rutina, vanidad o respetos humanos, sino por agradar a Dios, unirse más y más con Él por el amor y aplicar esta medicina divina a sus debilidades y defectos.

»*3º*. Aunque convenga en gran manera que los que comulgan frecuente o diariamente estén libres de pecados veniales, al menos de los completamente voluntarios, y de su afecto, basta, sin embargo, que estén limpios de pecados mortales y tengan propósito de nunca más pecar; y con este sincero propósito no puede menos de suceder que los que comulgan diariamente se vean poco a poco libres hasta de los pecados veniales y de la afición a ellos.

»*4º*. Como los sacramentos de la Ley Nueva, aunque produzcan su efecto *ex opere operato*, lo causan, sin embargo, más abundante cuanto mejores son las disposiciones de quienes los reciben, por eso se ha de procurar que preceda a la Sagrada Comunión una preparación cuidadosa y le siga la conveniente acción de gracias, conforme a las fuerzas, condición y deberes de cada uno.

»*5º*. Para que la Comunión frecuente y diaria se haga con más prudencia y tenga más mérito, conviene que sea con consejo del confesor. Tengan, sin embargo, los confesores mucho cuidado de no alejar de la Comunión frecuente o diaria a los que se hallen en estado de gracia y se acerquen con rectitud de intención».

Con respecto al concilio Vaticano II, aunque la constitución sobre la liturgia no menciona tan explícitamente la Comunión cotidiana, está, sin embargo, fuertemente inculcada por el decreto conciliar sobre las Iglesias orientales católicas. Así se puede decir: «Se recomienda vivamente a los fieles recibir la santa Eucaristía inclusive todos los días». Este texto está en perfecta armonía con otra recomendación conciliar hecha, esta vez, a los sacerdotes: se les recomienda, en efecto, celebrar cada día el sacrificio eucarístico, acto supremo de su ministerio sacerdotal.

Dos documentos posteriores han completado, en el plano pastoral, el acento puesto por el concilio Vaticano II sobre la Comunión cotidiana:

—En 1967, la Santa Sede, en la instrucción Eucharisticum Mysterium, pedía, siguiendo a san Pío X, a los sacerdotes, confesores y predicadores exhortar frecuentemente al pueblo cristiano a la Comunión cotidiana. La Instrucción recordaba también que conviene dar la Comunión fuera de la Misa a los fieles que estuvieran impedidos de participar en ella en razón de un horario incómodo. Insistía, finalmente, sobre la necesidad de hacer accesible a toda hora la Comunión cotidiana a los enfermos y a los ancianos, inclusive si no hubiera peligro de muerte.

—En 1973, la Santa Sede publicó un ritual para la distribución de la Comunión fuera de la Misa, previendo un rito más largo y otro más breve. Estos dos ritos tenían un punto común. Hacía falta que la proclamación de la palabra ilumine y acompañe la Comunión del Pan Eucarístico, lo que constituye una aplicación particular de un principio general de la reforma litúrgica operada recientemente: el pan de la palabra y el pan de la Eucaristía constituyen conjuntamente el pan específicamente cristiano de la Nueva Alianza.

Tercer medio. Las visitas al Santísimo Sacramento

El tercer medio consiste en visitar frecuentemente al Santísimo Sacramento. Conservamos la amistad con otros hombres, y la aumentamos, si les visitamos con frecuencia y conversamos con ellos: del mismo modo, conseguimos también amar cada vez con más hondura a Jesucristo. Como se ha quedado en el altar para estar continuamente con nosotros, consideremos cuáles serán sus sentimientos, su afecto por los que ve junto a él muchas veces. No hay nada que gane más su Corazón que las visitas frecuentes y la adoración. Es entonces cuando suele distribuir sus gracias con más abundancia; y, de todos los presentes que nos da entonces, la gracia más habitual es la de darnos su amor.

Hay visitas de cortesía y también hay visitas que son de pura amistad. Si no cumplimos con las que marca la cortesía, cometemos una falta. Pero solo en las visitas de amistad es cuando se suelen merecer los favores especiales. Al igual que hay que hacer determinadas visitas de cortesía a los personajes notables, así son con Jesucristo las fiestas grandes, la Misa de los domingos y el oficio divino. Sería una falta si dejásemos de asistir a ellas. Pero las visitas que hacemos a ciertas horas del día en las que apenas nadie está con Jesucristo, y en las que la mayor parte de la gente lo olvida, estas son propiamente visitas de amigos. Son en estos tiempos, en especial, cuando Jesucristo conversa —digámoslo así— de un modo más familiar con sus favorecidos, se comunica con ellos de un modo más confiado, les abre su Corazón y derrama sobre ellos los tesoros de sus gracias, hasta abrasarlos con su amor. Y quizá a causa de la indiferencia de aquellos que le olvidan, tiene todavía más valor la fidelidad de los que le visitan. Es cierto que todos los santos han experimentado que no hay medio más infalible para conseguir enseguida un gran amor a Jesucristo que visitarle a menudo en las iglesias, sobre todo a ciertas horas del día en que tan pocos le honran y tan pocas veces le visitan. En la tercera parte del libro hallaremos cómo hacer estas visitas y por qué las aprovechan tan poco los que las hacen. Bastará con advertir aquí que, si tenemos una fe viva de que es Jesucristo a quien visitamos, estas visitas son un medio infalible para llegar a amarle profundamente.

Cuarto medio. La fidelidad en las prácticas de esta devoción

El cuarto medio consiste en la fidelidad en cumplir las pequeñas prácticas que Jesucristo nos ha dado a conocer y que le son muy agradables y muy propias para honrar su Sagrado Corazón y para que nos abrasemos en su ardiente amor. Se reducen a algunas visitas al Santísimo Sacramento, a ciertas oraciones y ciertas comuniones algo más frecuentes y más devotas, y todo esto por ciertos motivos que podrán verse en el primer capítulo de la tercera parte. Los que por una falsa idea de virtud consideran minucias insignificantes todas estas prácticas, porque les parecen muy fáciles y las tienen en poco, quizá sea porque no contienen nada extraño ni extraordinario. Imaginarán, por tanto, que como lo puede hacer todo el mundo no puede ser un medio tan eficaz para llegar a algo que tan pocos consiguen. Pero, sin examinar aquí la verdadera causa de ese engaño, podríamos responderles lo mismo que a Naamán, que pensaba algo parecido. Si propusiéramos algo muy difícil para conseguir estas grandes gracias, no rehusarían llevarlo a cabo. Por eso mismo: mirad con cuánta razón se debe por lo menos intentar probar si es eficaz lo que proponemos y que cuesta tan poco y es tan fácil.

Debemos tener un especial cuidado con ser perseverantes y exigentes para cumplir muy bien estas pequeñas prácticas. Esta fidelidad es habitualmente lo más agradable a Dios y lo que tiene más mérito, porque es siempre la señal más clara de que se hace por amor. Sería mucho mejor hacer menos y ser más constantes en aquello poco que hacemos. Nuestras buenas obras serán tanto más perfectas cuanto menos tengan de voluntad propia. Los que cambian continuamente, bien sea las devociones, o el tiempo que les dedican, suelen ser personas que no obran más que por su propia voluntad.

La perseverancia es fruto de una generosa fidelidad, que es la prueba más evidente de un amor profundo a Jesucristo. Si consideramos seriamente que lo hacemos todo por Dios, comprobaremos que las dificultades son poco cosa, y no haremos caso a los cien pretextos y razones legítimas que se nos presentan cada día para cambiar o, por lo menos, para interrumpir nuestras prácticas. Que estemos tristes o alegres, que nos hallemos a gusto o fatigados, que estemos en paz o inquietos… hemos de ser siempre los mismos, siempre constantes para ofrecer a Jesucristo estas pequeñas obligaciones a las que nos comprometemos por amor. Esto es verdaderamente serle fiel, y esto es de verdad amar a Jesucristo.

Quinto medio. Una cariñosa devoción a la Virgen Santísima

El quinto medio para encenderse en amor a Jesucristo es tratar a la Virgen con una cariñosa devoción, pues tiene un poder absoluto sobre el Sagrado Corazón de su Hijo.

La Virgen Santísima es, de entre todas las criaturas, la que más amó a Jesucristo y la más amada por Él. Y es también la que más ardientemente desea que su Hijo sea perfectamente amado. Ella es la Madre del Amor perfecto y hermoso: *Mater pulchrae dilectionis.* A ella debemos encaminarnos para abrasarnos en este amor. Los Sagrados Corazones de Jesús y María son tan conformes y están tan unidos, que no se puede entrar en el uno sin entrar en el otro: con una diferencia, que el Corazón de Jesús solo admite a las almas extremadamente puras; y el de María purifica por las gracias que consigue a las que no lo son y las pone en estado de ser recibidas en el Corazón de Jesús.

Aunque todos los demás medios de los que hemos hablado son fáciles y eficaces, la devoción a María Santísima les parecerá más fácil a muchos. Hay pocos con las disposiciones necesarias para ser abrasados del Divino Amor; pero no hay ninguno que no pueda conseguirlas fácilmente por medio de la Santísima Virgen. Los grandes pecadores tampoco deben desesperar, por supuesto. María es la esperanza de los pecadores, María es el asilo de todos los miserables, es el remedio universal de todo el mundo. Jesucristo le concede a ella fácilmente lo que nosotros somos indignos de recibir. San Bernardo dice: «Porque tú eras indigno de recibir el don, se le dio a María el que tú pudieras recibir de ella todo lo que quisieras tener». A ella la hizo dispensadora de sus gracias y dispuso, siguiendo a san Bernardo, que ninguna pase si no es primero por sus manos. Tengamos un creciente amor a María, porque pronto nos reavivará el amor a su Hijo. Es evidente que no se desea mucho el amor del Hijo cuando no se tiene una extremada ternura con su Madre. Y sin esta extremada ternura hacia la Santísima Virgen, no hay que esperar jamás estar dentro del Sagrado Corazón de Jesús.

No ha habido nadie que, mostrando solo indiferencia hacia la Santísima Virgen, no hubiese experimentado a la vez verdadera aversión hacia Jesucristo. Y de esta misma aversión a Jesucristo provienen la indiferencia y la aversión hacia la Virgen Santísima. Jesús dijo: «El que me odia a mí, también odia a mi Padre». (*Jn* 15, 23). Y por la misma razón se puede decir que todo hereje es un enemigo declarado de la Virgen, precisamente porque aborrecen a Jesucristo. Estos enemigos, declarados o disimulados, de Jesucristo, que buscan destruir todo lo que nos hace amable y cercano al Hijo de Dios, no solo no han inspirado ninguna devoción hacia la Virgen Santísima sino que han procurado por todos los medios posibles arrancar del corazón de los fieles esta arraigada devoción.

Esto es lo que observó oportunamente uno de los más grandes y celosos prelados de este tiempo, el ilustrísimo Humberto Guillermo de Precipiano, arzobispo de Malinas[18], en la admirable carta pastoral que escribió para remediar los desórdenes ocasionados en su diócesis por ciertas doctrinas, que fue elogiada por el papa Inocencio XII en el breve que expidió a este prelado. Es un escrito lleno del espíritu y del celo ardiente que animaba a un san Carlos Borromeo y a un san Francisco de Sales, y puede considerarse una obra de gran interés. En ella, explica el falso celo de aquellos que, lejos de inflamar a los fieles en la devoción hacia la Santísima Virgen, parece que intentan desacreditarla:

> Una cosa hay que escandaliza a los católicos: ver cómo se procura, secreta y maliciosamente, desacreditar la devoción a la Santa Virgen, esto es, aquella devoción que mamaron con la leche en que siempre fueron tan instruidos y que tan cuidadosamente siempre se les ha

recomendado. Ver el poco aprecio que se hace de las sagradas imágenes; ver cómo se disuelven las peregrinaciones y que, para burlarse de ellas, se emplean los giros ridículos y poco cristianos compuestos por Erasmo sobre este asunto; ver que en las conversaciones particulares y también en libritos escritos sin firma se habla contra las hermandades establecidas en honor de la Santa Virgen… Todas las personas adheridas a las piadosas y santas prácticas de sus padres salen en su defensa y quieren que todo esto sea, aun en el día de hoy como en el tiempo de sus abuelos, la señal y el distintivo por el cual se distingue a un verdadero católico de un hereje.

Y en otra parte, recomendando a todo el mundo la devoción a la Santísima Virgen, dice así:

Nosotros queremos que empleéis vuestro saber para que su culto sea cada día más célebre y floreciente: que se vayan a visitar con devoción sus imágenes, especialmente las más milagrosas, que se lleven por lo común en las procesiones, que se enciendan cirios delante de ellas, que allí se canten himnos y letanías y se haga oración, que se hable con respeto de las hermandades y congregaciones erigidas en su honor, como también de los privilegios que los papas les han concedido, que se exhorte a entrar en ellas a los que no están dentro, que se levanten y funden de nuevo en aquellos lugares donde aún no las hay y que se restablezcan en aquellos donde no hubiesen sido destruidas. ¿Quién no ve que la menor falta en cualquiera de estas cosas es preciso que nos hiera en la parte más sensible? ¿Cuánto más el inflamarlas y destruirlas?

Nosotros heredamos de nuestros ascendientes estos sentimientos de ternura y de piedad hacia la Santísima Virgen y, a pesar de los herejes que nos tienen rodeados, los hemos conservado con felicidad. Yo deseo con todo mi corazón que cada día se vayan arraigando más y más en el alma de los fieles. Nosotros mismos nos hallamos impulsados a esto por los consejos y ejemplos de muchos santos, personajes que no hay necesidad de nombrar aquí en particular, porque se puede libremente asegurar que todos los que en los siglos pasados se distinguieron por una extraordinaria santidad dieron durante el curso de su vida señales bien ilustres de esta devoción a la Reina del Cielo.

Deben, pues, despreciarse sobre este asunto los vanos escrúpulos de los herejes y de otros enemigos del culto de María que pretenden decir que el honor que se rinde a la Madre perjudica de alguna manera a los derechos del Hijo. Los fieles no están tan faltos de instrucción, que no sepan muy bien lo que deben al Hijo y que no faltan a ese deber; al contrario: lo cumplen por los honores que rinden a la Madre. Todo el mundo está de acuerdo en que es por el amor del Hijo el honor que se le da a la Madre, o por decirlo mejor, que en la Madre se honra al Hijo, el cual vengará también rigurosamente todo aquello que hiere el honor de su Madre. Los santos nos lo dicen, frecuentemente, y la caída deplorable de algunos cristianos nos hace ver con los mismos ojos que, cuando se afloja en la devoción a la Madre, indefectiblemente la devoción al Hijo disminuye, y hasta viene enteramente a apagarse.

El celo de san Carlos Borromeo para extender la devoción a la Santísima Virgen y los estatutos que hizo a fin de honrarla pueden verse en las diversas reuniones celebradas en Milán bajo su cuidado y autoridad. Apenas hay ninguna en que este santo prelado (ya mediante palabras, ya mediante monumentos estables y sólidos) no haga brillar su ardiente celo hacia esta Reina de los Serafines.

Los libros del glorioso obispo de Ginebra están llenos de estos mismos sentimientos, y su vida rebosa de acciones que testifican esta misma devoción, y hasta llega a gloriarse de ser uno de los hermanos de la Cofradía del Rosario, como lo eran casi todos los demás de la ciudad donde vivía. No digo nada de san Anselmo, san Bernardo, san Norberto, etcétera. Escuchen, pues, los pastores a estos santos que se les proponen como ejemplos, y pónganlos también ellos a sus ovejas como unos excelentes modelos a los que se deben parecer.

Hay pocas almas que no tengan ternura o que sean indiferentes al amor que todos le debemos a esta Divina Virgen y Madre de Dios. Puede decirse que la devoción a esta gran Reina es hoy en día universal y será siempre cierto que la devoción a la Madre no será jamás desacreditada sino por los enemigos de su Hijo.

Nosotros, pues, que pretendemos amar ardientemente al Hijo, hagamos todo lo posible por amar a la Madre, persuadiéndonos de que solo por medio de la Madre podremos entrar fácilmente en Jesucristo y ser recibidos dentro de su Corazón.

Por esta misma razón debemos también tener una devoción especial a la Sagrada Familia: a san José, san Joaquín y santa Ana, los cuales han amado más ardientemente y más tiernamente a Jesucristo que nadie y pueden servirnos de gran ayuda.

Sexto medio. Una especial devoción a san Luis Gonzaga

El sexto medio que proponemos es la devoción a san Luis Gonzaga, mucho más ilustre por el ejemplo de su vida que por la familia noble en la que nació. En el Cielo los santos se interesan por todos los de la Tierra que les aman y les honran de modo particular, y la gracia que suelen conseguirles es aquella virtud en la que ellos mismos sobresalieron. Así solía decirlo también él mismo, y se halló escrito de su propio puño y letra después de su muerte:

> Como los hombres en la Tierra suelen favorecer a aquellos que tienen sus mismas inclinaciones, del mismo modo los bienaventurados en el Cielo, que sobresalieron en alguna virtud, interceden con mayor gusto delante de Dios en favor de aquellos que tienen una inclinación más particular a la misma virtud, y que trabajan eficazmente en conseguirla.

El carácter que distinguió a san Luis Gonzaga fue su devoción al Sagrado Corazón de Jesús, así que está fuera de toda duda que se interesará de un modo más particular por aquellos que se toman en serio esta devoción. Hay muchos que han experimentado con dicha los poderosos efectos de su intercesión en este sentido. Casi puede decirse que no es posible tenerle verdadera devoción sin sentir luego enseguida una verdadera ternura a Jesucristo. Su devoción inspira un no sé qué de alta estima y de amor por la vida interior, y acaso no tengamos tantos santos que puedan proponerse más universalmente como modelo para llegar a una alta y sólida virtud que a san Luis Gonzaga.

Si juzgamos solo sus acciones exteriores, no encontraremos aparentemente nada muy extraordinario en su vida: murió en lo mejor de su edad, sin haber tenido grandes responsabilidades y sin distinguirse por acciones muy relevantes. Al revés: siempre tuvo sumo cuidado de vivir sin llamar la atención. No obstante, el sublime grado de gloria al que se ve elevado tiene que haber sido recompensa de sus grandes méritos, que fueron fruto de su extremada pureza de corazón y de su gran vida interior, de su continua presencia de Dios y de su gran amor a Jesucristo; en fin, de la perfección consumada que consiguió en pocos años gracias a su tierna devoción al Sagrado Corazón de Jesucristo en el Santísimo Sacramento. Y sin duda fue realmente providencia de Dios el que muriese como lo había predicho y deseado: el día de la fiesta del Sagrado Corazón. En este adorable Corazón —por así decirlo— fue donde recibió desde su infancia el don de una sublime contemplación y continuas lágrimas; tan abundantes, especialmente en la Misa, después de la Consagración, que mojaba todas sus vestiduras. Del mismo manantial nacía aquella tranquilidad de corazón que conservó inalterable en medio de todos los acontecimientos y de todas las ocupaciones de su vida. El historiador de su vida dice que en este Sagrado Corazón llenaba el Espíritu Santo su alma de un ardor tan violento y de tantas consolaciones, que su rostro parecía todo de fuego y su corazón palpitaba con tanta fuerza que parecía querer salirse de su lugar.

De este modo se unía tan íntimamente a Dios, que, cuando por alguna razón se veía obligado a distraerse, sentía su corazón un dolor semejante al que se siente cuando uno se disloca un miembro del cuerpo.

Para poder imaginarse la sublime gloria de la que goza en el Cielo, como fruto de su vida interior, no hay más que ver el testimonio de santa Magdalena de Pazzi. Esto escribe el autor de la vida de esta religiosa carmelita:

> El 4 de abril de 1600, hallándose santa Magdalena en uno de sus acostumbrados éxtasis, vio en el Paraíso la gloria de san Luis Gonzaga, y, como sorprendida por algo que le pareció extraordinario, comenzó a hablar pausadamente: «¡Oh, qué gloria la de Luis, hijo de Ignacio! Jamás me lo hubiera creído si Nuestro Señor no me lo hubiese mostrado. Me parece que no debe haber en el Cielo una gloria igual a la suya. Luis es un gran santo. Hay muchos santos en la Iglesia que no creo que estén tan altos. Yo quisiera anunciar por todo el universo que Luis, hijo de Ignacio, es un gran santo y mostrar su gloria para que sea Dios glorificado. Ha sido tan encumbrado porque tuvo vida interior. ¡Quién podrá, pues, explicar el precio y el valor de la vida interior! No hay ninguna comparación entre lo interior y lo exterior. Mientras Luis estuvo en la Tierra, tuvo sus ojos siempre fijos en el Verbo Divino. Luis fue un mártir oculto porque

quien te conoce, Dios mío, te considera tan grande y tan amable, que es un gran martirio comprobar que no te amamos tanto como deseas, y que las criaturas, en vez de amarte, te ofenden. Fue también mártir porque se hizo sufrir a sí mismo, ¡y cuánto amó Luis! Por eso goza ahora de Dios en el Cielo en una gran plenitud de amor. Cuando estaba en esta vida mortal, lanzaba continuamente flechas de amor al Corazón del Verbo; ahora que está en el Cielo, estas mismas flechas vuelven a su propio corazón y se clavan en él. Porque los actos de amor y caridad que hacía entonces le causan ahora una extremada alegría».

Aquellos que deseen de verdad ser devotos del Sagrado Corazón de Jesús y conseguir un tierno amor a Jesucristo y el don de una vida interior y de una continua presencia de Dios deben tener en gran estima a este gran santo que pronto les hará sentir los dulces efectos de su intercesión a Jesús y María.

***

Nota del editor: Los siguientes dos milagros confirman lo que el padre Croiset asegura sobre la devoción a san Luis Gonzaga.

Los dos tuvieron lugar en el transcurso de unos pocos meses y ambos sucedieron en Roma. El primero ocurrió el 3 de febrero de 1765, pocos días después de que el papa Clemente XIII emitiera el decreto de la Congregación de Ritos que autorizaba la devoción pública al Sagrado Corazón de Jesús. Un novicio jesuita llamado Nicolás Celestini estaba muriéndose y los médicos habían perdido toda esperanza de salvarle. Cuando le pusieron un cuadro de san Luis Gonzaga ante él, el santo se le apareció y le dijo: «El Señor te concede la vida para que te apliques en la perfección, y para que durante los años que te quedan en la Tierra te dediques a propagar la devoción al Sagrado Corazón de Jesús, que tanto complace en el Cielo». Las autoridades eclesiásticas declararon como verdadero este milagro y contribuyó mucho a la difusión de la devoción al Sagrado Corazón.

El segundo milagro se obró a finales de junio, también en aquella ciudad. Un niño huérfano, de unos doce años, que vivía en una casa fundada por san Ignacio sufría de epilepsia y le sobrevenían ataques tan violentos, que había que sujetarle. Este chico tenía una gran devoción a san Luis Gonzaga y solía rezar un padrenuestro, un avemaría y un gloria todos los días en su honor. Durante uno de sus violentos ataques, se le apareció san Luis con una imagen de la Virgen María en la mano. El chico lo reconoció, le llamó por su nombre y bajó la cabeza en señal de respeto. San Luis le dijo: «Te curarás pero con la condición de que reces diariamente un padrenuestro, un avemaría y un gloria en honor de los Sagrados Corazones de Jesús y de María, y urjas a otros a hacer lo mismo». El chico prometió hacerlo y quedó inmediatamente curado.

Tomado de *Le Petit Messager de Marie*. Tomo XVII, junio de 1891.

***

Devoción a santa Margarita María y a san Claudio de la Colombière

Todo lo que ha dicho el padre Croiset sobre la devoción a san Luis Gonzaga como un gran medio para llegar a una verdadera devoción al Sagrado Corazón de Jesús se aplica también con más fuerza a santa Margarita María de Alacoque y a san Claudio de la Colombière.

Nuestro Señor eligió a santa Margarita María como apóstol de esta devoción. Vivió consumida en el deseo de que el mundo conociera, amara y honrara el Sagrado Corazón de Jesús. Cuando supo que había cumplido su misión, que iban a publicarse sus revelaciones gracias a un sacerdote que Nuestro Señor le había puesto cerca como colaborador, el deseo de esa religiosa era morir para que su presencia en la Tierra no fuera ningún obstáculo.

Mientras vivía, tuvo una visión del padre De la Colombière en el Cielo, y contempló que había ganado más gloria por su trabajo difundiendo esta devoción del Sagrado Corazón de Jesús que por el resto de cosas que había hecho, y que a él se le había encomendado la misión de propagarla en la Tierra.

¿Quién puede dudar de que santa Margarita María, gran discípula del Sagrado Corazón, ahora que está en el Cielo no use toda su influencia para difundir esta devoción, y que estos dos apóstoles no acudan rápidamente para asistir a todos los que le recen para obtener un ardiente amor a Jesucristo y una verdadera devoción al Sagrado Corazón de Jesús?

Séptimo medio. Un día de retiro cada mes

El séptimo y último medio es quizá más útil y necesario porque sin él los otros servirían de poco, tanto por superficialidad como por dejadez. Por sincera que sea nuestra voluntad, muchas veces nos decidimos a amar mucho a Jesucristo a causa de algún suceso trágico del que hemos sido testigos, o a causa de algún peligro del que nos libró milagrosamente la Providencia, o, como suele ser más frecuente, a causa del fuego que brotó en nuestra alma al oír la Palabra de Dios. Con todo eso tenemos necesidad de renovar, cada cierto tiempo, aquellas reflexiones que excitaron nuestra voluntad y, con ellas, el fervor que suele ser su fruto.

No se trata ahora de intentar mostrar todas las ventajas de esta práctica, tan oportuna para inspirarnos verdadero horror al pecado y para hacernos amar con más fuerza a Jesucristo. Es algo que podemos leer en el libro sobre el retiro espiritual del padre De la Colombière: su necesidad y los maravillosos frutos que produce esta práctica, tan sencilla y tan conveniente para todo tipo de personas, no solo para conservarse en gracia, sino para hacer nuevos progresos en la virtud, hasta llegar a tomar el camino para entrar muy adentro del divino y adorable Corazón de Jesucristo.

Sabemos que Jesucristo es infinitamente amable, lo sabemos bien a pesar de nuestra ingratitud, y tenemos vergüenza, y a veces gran dolor, por no amarle más. ¿Cómo puede ser que amemos tan poco? El tumulto del mundo, los afanes y los negocios, la disipación de nuestro corazón que tan fácilmente se desparrama en las cosas exteriores, no nos dejan pensar, más que en contadas ocasiones, y de paso, en estos grandes misterios. Es, pues, muy conveniente retirarnos en soledad de vez en cuando, como solía hacer nuestro Divino Salvador, al menos durante algunas horas, a fin de volver a encender nuestro amor a Jesucristo, que si no está del todo extinguido, por lo menos se encuentra medio apagado.

Este es el fin, y el fruto habitual, del día de retiro que se debe hacer una vez al mes. No es necesario (para que nadie pretenda excusarse) buscar la soledad fuera de su propia casa. Se puede incluso hacer este retiro sin interrumpir los negocios, ni omitir las menores obligaciones del propio estado. No se trata más que de sustraerse por algún tiempo del día, o de la diversión, o de esas visitas menos necesarias, y encontrar ratos para examinar sinceramente si se ha aflojado en la práctica de la virtud, si se han practicado con puntualidad los deberes propios del estado, si se ha crecido en el amor a Jesucristo, si se ha hecho algún progreso en la virtud, si hemos corregido por lo menos algún defecto y, en fin, qué fruto se ha sacado del uso de los sacramentos.

En el libro citado podemos encontrar cómo hacer bien este retiro y las meditaciones sobre las verdades más importantes de nuestra fe, divididas por meses y con las consideraciones que pueden hacerse cada uno de los días. No hay medio mejor para perseverar en la virtud. Solo se pide dedicar un día al mes en la forma sugerida, y cada uno ha de juzgar cuál es el mejor. Poco amor al Señor se tiene si no se le quiere consagrar siquiera un día al mes.

Y a todos a quienes tienen encomendado el cuidado de las almas han de saber que si se esfuerzan en introducir y extender esta sólida devoción, se les concederá el don de abrir con su predicación los más duros corazones. El autor de esta devoción a su Corazón es el mismo Jesucristo, mandando al padre De la Colombière que la difundiese, y recalcó que era su voluntad que se publicase por todo el mundo, para ganar para sí un gran número de almas. Podría decirse que echó en ella como el último resto de su misericordia, reservándola para estos últimos tiempos, como tantos años antes se lo había dado a entender a santa Gertrudis.

PARTE TERCERA
La práctica de esta devoción

CAPÍTULO I

El fin y los sentimientos con los que debemos practicar esta devoción

El mérito de nuestras acciones depende de la intención con que las realicemos y del espíritu que nos mueva; así, la devoción al Sagrado Corazón nos será muy provechosa si nos mueve su finalidad propia. Y esta finalidad es, como ya hemos dicho, reparar con nuestro amor y con actos de adoración los ultrajes y los sacrilegios que Jesucristo ha sufrido, y sufre todos los días, en el Santísimo Sacramento.

Pero como no es fácil recordar todo lo leído, resulta conveniente explicar ahora las principales reflexiones que pueden inspirarnos este espíritu y estos sentimientos. Así, se repetirán adrede algunas ideas ya dichas, algo necesario para sacar más provecho.

En primer lugar, debemos considerar en profundidad cómo nos trata Jesucristo en la Eucaristía y cómo le tratamos nosotros en este Misterio de amor. Hemos de pensar en el ansia con que nos ofrece este celestial alimento, y el disgusto con que nosotros lo recibimos. Su amor es ilimitado, pero también es verdad que no puede ser mayor la ingratitud con que recibimos el testimonio de su amor. Si hubiésemos podido pedirle a Jesucristo la señal más evidente del amor que nos tiene, ¿habríamos podido imaginar un prodigio semejante? Y, cuando nos hubiese ofrecido este prodigio, ¿nos habríamos atrevido a pedírselo?

En fin, Él obró este prodigio. Este fue el medio que escogió para manifestarnos su exceso de amor. Después de haberlo hecho todo, y después de habérnoslo dado todo, para que veamos lo mucho que nos ama, nos da Dios su propio Cuerpo, su propia Sangre, todo cuanto es, todo cuanto tiene, sus perfecciones, sus atributos y su divinidad en el Santísimo Sacramento del Altar. Y si hubiera tenido otra cosa mejor, o más preciosa, también nos la habría dado. No hay nada que se interponga a su amor, no hay hombre, por miserable que sea, que pueda disgustarle, ni tiempo que le obligue a aplazarlo; y, a pesar de una condescendencia tan maravillosa, un beneficio tan extraordinario y un amor tan prodigioso, que llena de admiración a todo el universo, no ha sido bastante para eximirle de la ingratitud y de los ultrajes de los mismos hombres. En primer lugar, se deshonró la Comunión con el sacrilegio más horrible, y a este le sucedieron todos los ultrajes y las profanaciones que pudo inventar el infierno. No solamente se ha perdido todo el respeto a Jesucristo en el altar. No solamente se le ha tratado como a un rey de farsa o una divinidad ridícula. No solamente han saqueado, quemado y demolido los templos y los altares en los que quería tener su continua morada. No solamente han quebrado, fundido para otros usos y profanado los vasos sagrados que habían servido mil veces al sacrificio de la Misa. También se le ha arrastrado por tierra, se ha atropellado su Cuerpo sacrosanto en las formas consagradas, arrojándolas a los perros, echándolas a los caballos, al estiércol…

¡Cuánto has sufrido Señor! Pensar en ello nos hace temblar. En todo esto vemos a lo que te has expuesto por amor. Vemos cómo hemos respondido los hombres a una maravilla tan grande. Hasta los más duros de corazón se compadecerían de alguien, por vil o criminal que sea, a quien le trataran con menos desprecio y ultrajes. ¿Y es posible que solo nos quedemos insensibles a los ultrajes que recibe Jesucristo? ¿Qué mal nos ha hecho al amarnos con tanta generosidad? Si eso es un delito, perdóname, Dios mío, esta expresión. Si es delito el habernos amado con exceso, entonces Jesucristo es culpable por este exceso de amor. ¿Pero es un delito tan fuerte, que deba granjearle el odio de los hombres? ¿Es motivo para olvidarlo y para no tener ningún respeto a su presencia? ¿Y para quedarnos más insensibles que el bronce o la piedra ante las injurias tan horribles que se le hacen? Es cierto que la mayor parte de estos sacrilegios son efecto de la rabia y del furor de los herejes. Pero, Salvador mío, ¿cuántos católicos hay que te tratan casi de la misma manera? La abominación se da ya todos los días hasta en los lugares sagrados y no sé quién trata a Jesucristo con más ingratitud e impiedad, si el hereje, que profana las iglesias donde no cree que está Jesucristo realmente, o el católico, que haciendo profesión de creerlo se pone delante de Jesucristo con tan poco respeto...

Los cristianos estamos pendientes de nuestros negocios y de nuestros asuntos personales hasta el momento mismo de poner un pie en la iglesia. Esto es así, Dios mío, para nuestra vergüenza. Pero aún es peor: se tienen conversaciones abominables, infames e impías en un lugar santo. Nos comportamos con mayor inmodestia en presencia de Jesucristo que delante de un hombre honrado, y lo que no permitiríamos en nuestras casas a nuestros hijos lo toleramos en las iglesias. Los ornamentos y adornos del altar ¿son quizá tan limpios, tan ricos y brillantes como los vestidos de muchos fieles? No hay más que fijarse en muchas iglesias para comprobar la negligencia o la falta de reverencia de los que cuidan de ellas. Las tratan con menor decencia que los cuartos no tan principales del menor caballero. Se asiste a Misa como si se asistiera a un espectáculo, y tal vez se pone más atención y se está con menos inquietud en las representaciones profanas que en la celebración de los sagrados misterios. Después de hincar la rodilla en tierra y hacer lo imprescindible, precisamente para que no se diga que no somos devotos, nos sentamos o nos reclinamos y nos ponemos a hablar. Esta es la sumisión, la adoración y el reconocimiento que Jesucristo recibe de la mayor parte de los fieles.

Los sacerdotes, por su sublime dignidad, están por encima de los demás hombres. Su estado y su ministerio les obligan a acercarse más y con más frecuencia a Jesucristo, de quien son singularmente amados y... ¿podríamos decir que todos los sacerdotes aman de verdad a Jesucristo? Y al igual que están por encima de los mismos ángeles por su carácter sacramental, ¿aman a Jesucristo igual que ellos? ¿Corresponde su vida a la más alta perfección de su estado? Jesucristo los ha distinguido por su misericordia del resto de los fieles, ¿y puede decirse que se diferencian del conjunto de los cristianos tibios por su virtud y su fe? Por supuesto que hay muchos sacerdotes que por su modo de vida, su ejemplo y sus costumbres son la edificación y la salud de los pueblos. Mas, ¡ay dolor!, ¡ay dolor!, ¿y cuántos sacerdotes vemos que tratan el Cuerpo de Jesucristo como si tuvieran en sus manos un instrumento indigno del que se valen para unas ceremonias atropelladas? ¿A cuántos les parece que el tiempo que dedican a celebrar la Misa siempre se les hace largo? ¿Cuántos hay que pasan de una ocupación profana al altar, y del altar pasan no pocas veces a las diversiones y a las superficialidades? En ocasiones, celebran la Misa solo por costumbre o, lo que es peor, solo por interés económico. A muchos, tocar el Cuerpo del Señor les es lo mismo que tocar el misal que están leyendo. ¿Es esto fe? ¿Es esta la santidad que se exige a los sacerdotes por su dignidad? Un sacerdote que hace bajar todos los días a Jesucristo al altar, que lo toca, que lo distribuye al pueblo, que lo recibe todos los días dentro de su pecho, un heredero del sacerdocio de Jesucristo, mediador entre el Cielo y la Tierra, ¿no ha de tener una fe viva, no ha de ser ejemplo para el pueblo? Y después de diez, de veinte, de treinta años de sacerdocio; después de ocho o de diez mil comuniones, ¡aún puede tener algún resabio de mundo, ser aún menos puro que los ángeles, no estar más abrazado al amor de Jesucristo que los serafines, no estar deificado! Un sacerdote que se alimenta todos los días con el Pan de los ángeles, que moja todos los días su lengua en la Sangre de Jesucristo, ¿será posible que se sirva de esta misma lengua para la murmuración, para estar de cháchara? ¿La hará instrumento de cólera y de venganza? ¿Sustentará dentro de su pecho algo de odio, de soberbia, de avaricia? ¿Tendrá apego a los vicios, podrá dar motivo de escándalo? ¿Podrá ser un demonio encarnado y visible? ¡Oh Dios! ¡Oh vergüenza de la Iglesia y escándalo del cristianismo!

Y si pasamos al resto de los fieles y extendemos la vista sobre todos los que componen hoy en día el Pueblo de Dios, no habrá menos motivos para llorar nuestra ingratitud y nuestra poca fe. Muchos comulgan a menudo; pero hay muy pocos que sean verdaderos siervos de Jesucristo, como se colige del poco fruto que se les ve sacar de las comuniones, señal evidente de la mala disposición con que lo hacen. Al pensar con qué poca devoción se recibe el Cuerpo de Jesucristo, ¿quién no dejará de conmoverse e indignarse? Al desprecio de los que le aman poco se unen la indiferencia y el olvido de los que dicen amar a Jesucristo. Parece que no hay ninguna visita que se haga más a disgusto que las que hacemos a Jesucristo en este Sacramento. Y si el Espíritu Santo nos anima mediante su inspiración, encontramos cien excusas que nos detienen. Y los que por su estado han de visitarle con alguna frecuencia, ¿cómo lo hacen? Como de ceremonia, por costumbre, sin fe, sin devoción y sin respeto.

¿Y qué diremos de cómo entran muchos en la Iglesia? Lo hacen de la misma manera que si pasaran a cualquier habitación: se ponen delante del Señor como si se pusieran solo delante de una simple imagen. Por su poca educación, por la postura tan poco respetuosa y por mirar a todos lados… parece que aquella visita es más un gesto que otra cosa. Muestran tan poca reverencia por la poca fe que tienen… y lo uno y lo otro impiden el fruto.

Así es, Señor, cómo te pagamos tu mayor beneficio y hasta dónde ha llegado nuestra ingratitud. Casi podríamos decir que trataríamos menos mal a Jesucristo si no nos hubiera amado tanto, o por lo menos si se hubiera mantenido con aquel aire de Majestad que le hace formidable, aun ante los mismos ángeles caídos. O si castigase de inmediato a los que le ultrajan. Entonces seguro que sería más respetado, pero también sería más temido, y esto es lo que no permite su amor. Prefiere exponerse a los ultrajes de los impíos, y sufrir tanto, que mostrarse severo y dar ocasión a que se retire de él uno solo de sus queridos hijos. Prefiere —digámoslo así— los ultrajes que sufre a la falta de confianza que haría nacer por el terror de sus castigos; y este exceso de bondad, que bastaría para granjearle nuestro amor, nuestro respeto, nuestra veneración y nuestro cariño, es lo que le acarrea todos los días nuevos desprecios y lo que le hace ser menos amado. ¡Oh, asombro de ingratitud!

Y si esto no nos conmueve, ¿qué otra cosa podrá hacerlo? La gente se conmueve al oír que han maltratado a alguien a quien no conocen. Se tiene lástima y compasión de un miserable cuando se le ve injustamente ultrajado: ¡y es posible que solo nos quedemos insensibles ante los ultrajes que se hacen a Jesucristo! Salvo al Santísimo Sacramento, no hay nadie más a quien se le mire sin dolor si le desprecian o maltratan. ¿Qué ultraje no se le ha hecho? ¿Qué injuria no ha sufrido? Y todo, por habernos amado con tanta generosidad. Eso está claro: Jesucristo nos ha amado sin límites. ¿Y cuál es la razón de que eso hiele los corazones de los hombres? ¿Cómo se comportan tantos impíos y tantos ingratos, cuyo número aumentamos quizá tú y yo, sin que se nos parta de dolor el corazón al ver lo que olvidamos a Jesucristo? No sé cómo podemos quedarnos tan tranquilos al considerar tanta impiedad y tanta ingratitud. Es cierto que por este motivo la Iglesia ha instituido una de las festividades más solemnes, en la que se saca a Jesucristo en triunfo, para desagravio de las injurias recibidas en la Eucaristía. Pero hasta esta fiesta misma es causa de nuevos ultrajes por el poco respeto, por la irreverencia y por los escándalos que se cometen en un día tan sagrado, y durante la octava, en presencia del Santísimo Sacramento. ¿Qué siente nuestro Señor a la vista de estos ultrajes, cometidos por los mismos fieles y en un día destinado únicamente al triunfo de su amor?

Nos los hizo saber cuando se le apareció un día del Corpus, mientras pasaba la procesión por las calles de Écija, a la venerable doña Sancha Carrillo[19]. Se le mostró con la misma apariencia de dolor y afrenta que cuando había sido llevado por las calles de Jerusalén, coronado de espinas y con la Cruz sobre sus hombros. Enterneciéndose ante aquella vista, se postró a sus pies y le preguntó: «¿Qué es esto, Señor? ¿Qué es esto, Jesús mío y Dios mío, con esa apariencia en este día?». *Sí, Sancha*, le respondió, apartando con su mano el cabello teñido en la sangre que fluía por su rostro desfigurado y que le quitaba la vista: *Mira, Sancha, cómo me tratan en este día los cristianos. Estas son para mí las fiestas del Corpus.* Por este motivo, y para reparar de alguna manera los ultrajes que recibe, ha elegido el Señor el viernes primero después de la octava del Corpus para otra segunda fiesta particular, en la que su Sagrado Corazón pueda hallar verdaderos adoradores. La primera fiesta es de su preciado Cuerpo, y la segunda quiere que sea la de su Sagrado Corazón. En la primera triunfa el amor que Jesucristo nos tiene, y en la segunda debe triunfar el que nosotros le tenemos. En una nos hace ver solemnemente la Iglesia lo mucho que Jesucristo nos ama y en otra debemos nosotros mostrar ante el Cielo y la Tierra, en presencia de los ángeles y los serafines, lo sinceramente que amamos a Jesucristo.

Por la fiesta del Sagrado Corazón de Jesús quiere su Majestad —digámoslo así— diferenciar a sus amigos más queridos de los que no le aman sino en apariencia o con frialdad. Quiere que los que sienten un gran dolor por los malos tratos recibidos en el Santísimo Sacramento le desagravien honrosamente y traten de estimar su amor y de manifestárselo de alguna manera, consagrando en honor de su Sagrado Corazón todo aquel día. Estos son los sentimientos con los que hemos de vivir todas las prácticas de esta devoción: por este motivo y con estos afectos hay que comulgar, visitar el Santísimo Sacramento, orar y hacer todas las buenas obras que podamos si queremos ser colmados de grandes gracias.

CAPÍTULO II
La práctica de la devoción al Sagrado Corazón de Jesucristo para todos los años

El Señor ha querido que haya ciertos días del año que se le consagren de un modo especial. Así, ya en el Antiguo Testamento estableció determinadas fiestas solemnes y por esta misma razón la Iglesia también ha señalado unas fiestas y unas fechas que destacan por su mayor solemnidad. A Jesucristo debemos amarle en todo momento, pero nuestro Salvador ha querido que haya un día señalado en que sobresalga más este amor. Y así como existe un día que se destina a honrar su precioso Cuerpo en el Santísimo Sacramento, y hay otros consagrados a sus sagradas llagas, ha dispuesto que haya uno singularmente dedicado a honrar su Sagrado Corazón. La fiesta del Corpus Christi se celebra con la exposición del Santísimo Sacramento, con procesiones solemnes y otros actos destinados a honrar al Señor. La solemnidad de la fiesta del Sagrado Corazón se debe ver en nuestras visibles señales del más sincero, del más afectuoso y del más ardiente amor a Jesucristo en el Santísimo Sacramento del Altar.

No está de más volver a repetir cómo fue nuestro Señor quien estableció esta fiesta. Un día de la octava del Corpus, mientras santa Margarita María se hallaba delante del Santísimo Sacramento, colmada de más gracias que de ordinario y movida del deseo de devolver amor por amor, se le apareció el Hijo de Dios y le dijo que para corresponderle debía hacer lo que tantas veces le había pedido:

Y entonces, el Señor, descubriéndome su divino Corazón, me dijo: *He aquí el Corazón que tanto ha amado a los hombres y que no ha aho-rrado nada hasta agotarse y consumirse para testimoniarles su amor. Y, en compensación, solo recibe, de la mayor parte de los hombres, ingratitudes y desprecios. Pero lo que más me duele es que se porten así los que se me han consagrado. Por eso te pido que el primer viernes después de la octava del Corpus se celebre una fiesta especial para honrar a mi Corazón, reparan-do, de algún modo, tantos ultrajes; que se comulgue dicho día para reparar el trato indigno que ha recibido mientras se encuentra expuesto en el altar. Y yo te prometo que mi Corazón se dilatará para esparcir con abundancia su Divino amor a los que le honren así.*

Estas palabras nos ayudan a entender bien cuál ha de ser la finalidad de esta fiesta, qué motivos han de movernos y cuál es su fruto. Para recibir infaliblemente las grandes gracias que Dios no promete es oportuno puntualizar y poner con claridad cómo llevarla a la práctica.

La fiesta ha de comenzar la víspera, es decir, el último día de la octava del Santísimo Sacramento: ese día se pueden leer algu-nos capítulos de este libro, sobre todo el primero, el segundo y el tercero de la primera parte y el primero de la segunda, con el ob-jetivo de impregnarnos bien de los motivos que deben movernos, las disposiciones que hemos de tener y los sentimientos con que debemos practicar todos los ejercicios de esta devoción. Intenta-remos pasar todo el tiempo que podamos delante del Santísimo Sacramento con un profundo respeto, rezando las oraciones que pueden leerse en este libro y otras, cada uno según su devoción. Por la tarde puede dedicarse una hora —o, al menos, media—, a leer con aplicación y meditándolo el primer capítulo de esta ter-cera parte, lo que nos servirá para prepararnos para la fiesta del día siguiente. Hemos de tener un cuidado especial para conser-var lo meditado durante todo el día, si fuese posible en silencio, pues el recogimiento interior es una disposición necesaria. Y por la noche, antes de acostarnos, sería bueno emplear, si se puede, como un cuarto de hora para reflexionar sobre la fiesta del día si-guiente y sobre los afectos que hemos de promover, ponderando lo apropiado que es amar ardientemente a Jesucristo y reparar en todo lo que esté de nuestra parte los ultrajes que recibe en el más adorable de todos los misterios. Luego, hemos de manifestarle a Jesucristo nuestros deseos de pasar la noche entera, a ser posible y si se pudiera, delante del altar, rogando para ello a nuestro ángel custodio que supla nuestra falta. Para que se trate de un deseo sincero, al día siguiente hemos de procurar acercarnos temprano, y con toda diligencia, a la iglesia a saludarle. Hemos de procurar recogernos con estos buenos sentimientos, y si nos despertamos durante la noche, es menester adorar inmediatamente a Jesucristo en la Sagrada Eucaristía y renovarle nuestros deseos de cortejarle.

Si podemos, sería muy bueno intentar consagrar todo el día siguiente para honrar al Sagrado Corazón de Jesús en el Santísimo Sacramento, desplazando a otro día los asuntos poco importantes que puedan diferirse. Es importante evitar la ociosidad, pues los menores momentos de este día son infinitamente preciosos. Tras levantarnos, nos postraremos para adorar a Jesucristo, juntando en este acto de adoración todos los afectos que caben en un corazón herido y abrasado de amor, ofreciéndole todo lo que vayamos a hacer en honor de su Sagrado Corazón. Los que tengan la dicha de albergar a Jesucristo en su propia casa deben darse prisa, más que nunca, en hacerle la primera visita, y los demás deben procurar también visitarle cuanto antes. En lo posible, nuestra confesión debe venir acompañada de un dolor mayor y más perfecto que otras veces, a causa de la ingratitud que recibe, y sería bueno que nos acusáramos este día de nuestras propias irreverencias, si no en particular, por lo menos de modo general.

Hemos de hacer todo lo posible para disponernos bien para la Santa Comunión. Y como en este día hemos de suplir y remediar las faltas que hubiéremos cometido en las demás comuniones, podemos imaginarnos con qué devoción debemos comulgar. Es menester que nuestro profundo respeto ante Jesucristo sea una prueba clara de nuestro gran deseo de satisfacer las irreverencias pasadas. Y nuestro amor ardiente, nuestra afectuosa devoción y nuestra fe viva al comulgar han de ser también señales de nuestros deseos sinceros de remediar la tibieza y la irreverencia con que tantos otros comulgan y, no pocas veces, nosotros mismos hemos comulgado. Movidos de dolor, debemos recibirle como a un Dios enojado al que deseamos aplacar por esta acción; como a un Salvador rechazado al que queremos ganarnos; o como a un Esposo disgustado con nuestra mala correspondencia a quien queremos amar perfectamente de ahora en adelante. Así hemos de acercarnos al santo convite, con una extraordinaria modestia y con una profunda humildad. Y el mismo amor de Jesucristo nos inspirará a cada uno los afectos y las acciones más apropiadas para esos momentos tan valiosos.

Después de comulgar, considerando el gran amor de Jesucristo y nuestra inmensa ingratitud, postrados humildemente en espíritu a sus pies, haremos el acto de desagravio, con un vivo deseo de devolverle la honra. Aquí, el corazón debe tener más parte que los labios, o mejor dicho, los labios no deben ser sino el intérprete de los sentimientos del corazón. A continuación haremos el acto de consagración al Sagrado Corazón de Jesús y el del ofrecimiento, que se recogen en el capítulo cuarto de esta tercera parte. Tenemos que procurar emplear el resto del día muy recogidos, y pasar, a ser posible, toda la mañana, o su mayor parte, delante del Santísimo Sacramento, y todo el día en la práctica de buenas obras y, sobre todo, en una continua muestra de amor hacia Jesucristo.

Por la tarde, haremos la meditación señalada para este día, si nuestra salud u obligaciones no nos lo impiden. También podemos rezar las oraciones que se hallan en esta tercera parte en algún momento del día o leer algo más de este libro.

Los que tengan la ventaja de albergar a Jesucristo en sus propias casas deben acercarse a adorarle este día con más frecuencia, y pasar todos los ratos libres ante el Santísimo Sacramento. El resto ha de procurar visitarle durante más tiempo que los demás días; y es necesario que todos procuren visitarlo con una especial devoción, por lo menos unas cinco veces ese día.

I. La primera visita ha de ser para agradecer a Jesucristo el amor infinito que nos manifestó instituyendo este Misterio.

II. La segunda en acción de gracias por todas las veces que lo hemos recibido en la Sagrada Eucaristía, y en particular por todos los beneficios que nos ha hecho.

III. La tercera, para mostrarle nuestro pesar por todas las infamias que ha recibido de los infieles y de los herejes.

IV. La cuarta, para reparar, en lo que esté de nuestra parte, las irreverencias, las impiedades y los sacrilegios que Jesús ha sufrido, incluso de sus propios fieles.

V. La quinta debe ser expresamente para adorar a Jesucristo en todas las iglesias del mundo, donde casi todos se olvidan del Santísimo Sacramento, le abandonan o le visitan tan poco.

Como lo que nos mueve es el amor a Jesús, muchas personas añaden algunas buenas obras que se orientan a la misma finalidad: Algunos suelen visitar en este día todas las iglesias o, al menos, muchas, en las que se expone al Santísimo Sacramento, y procuran reparar el menosprecio que sufre en ellas. Otros procuran que se confiesen y comulguen este día algunos pobres, a quienes dan limosna, instruyéndolos bien. Muchos añaden algunas mortificaciones. Y todos, en general, debemos esforzarnos por hacer lo de cada día con una fe viva, con una intensidad y una devoción especial y con un apasionado amor a Jesucristo.

La práctica de la devoción al Sagrado Corazón de Jesús, para todos los meses, para todas las semanas, para todos los días y para determinadas horas de cada día

Aunque no sería necesario concretar por días y horas algunas prácticas devotas, pues, como dice san Agustín, quien ama mucho continuamente da pruebas de su amor, no nos salimos de nuestro propósito el señalar ciertos tiempos más apropiados para manifestar de modo especial nuestro amor. Y de esto trata este capítulo.

El primer viernes de cada mes

El primer viernes de cada mes es el día especialmente destinado a honrar al Sagrado Corazón de Jesús. Podemos hacer lo mismo que lo señalado para el día de la fiesta. Es importante disponerse ya desde la víspera, leyendo —por ejemplo— el primer capítulo de la tercera parte de este libro y pasando algún rato el jueves por la tarde delante del Santísimo Sacramento. El día siguiente, tras levantarnos, nos ofreceremos a Jesucristo y consagraremos en honor a su Sagrado Corazón todas las acciones de la jornada, procurando acercarnos a una iglesia cuanto antes. También es recomendable confesarse, acusándonos de todas las faltas que hemos cometido en presencia de este amable Salvador Sacramentado y de la negligencia con que le hemos recibido y visitado. Hemos de comulgar con la misma preparación, y por el mismo fin, que el día de la fiesta.

Debemos procurar ir recogidos con estos sentimientos el resto del día y rezar las oraciones en honor del Sagrado Corazón de Jesús. A ser posible, podemos dedicar por la tarde, o por la mañana, una hora, o media, de oración meditando lo señalado para el primer viernes de cada mes. Se han de hacer también en este día las cinco visitas de las que hablamos en el capítulo precedente. A nuestras buenas obras habituales, debemos añadir alguna limosna o penitencia, a fin de reparar, en lo que esté de nuestra parte, todas las injurias y ultrajes a Jesucristo en el Santísimo Sacramento. Hemos de pensar mucho, durante este día, en los sentimientos de su Majestad al ver nuestra ingratitud y en la admirable disposición de su Sagrado Corazón para favorecernos, a pesar de ellas. Para ello, es fácil darse cuenta de lo necesario de mantener el silencio y el recogimiento interior.

Debemos visitar también al Santísimo más a menudo y con más respeto que otros días y debemos ejercitarnos, durante toda la jornada, en amar a Jesucristo con mucha ternura. Y esto lo podemos hacer sin olvidar nuestras ocupaciones ni nuestros trabajos, rogando a nuestro Señor que nos abra su Corazón y nos haga pasar en él el resto de nuestra vida.

Además, la caridad obliga a todos los devotos del Sagrado Corazón a que recen cada mes por todos aquellos a los que están más estrechamente unidos por esta devoción. Los sacerdotes que la practiquen deben celebrar una Misa todos los meses por todos los devotos al Sagrado Corazón de Jesús, ofreciéndola por sus necesidades y pidiendo al Señor que aumente su número. Los laicos han de aplicar una Comunión al mes, por lo menos, por esta intención. Aparte del mérito propio de este acto de caridad, es muy importante para todos los que practican esta devoción asegurarse de que hay un gran número de almas virtuosas que rezan por ellos. Esto vale también por los fallecidos, en cuyo sufragio ha de ofrecerse el santo Sacrificio y la Comunión.

Todo esto sirve también para otros días, pues Jesucristo se merece que le amemos en todo tiempo y lugar; y como los hombres le menospreciamos y maltratamos a todas horas, es muy justo honrarle y desagraviarle continuamente. Por lo tanto, los que no pudiesen, por distintos motivos, ajustarse a las prácticas del primer viernes de cada mes pueden hacerlo cualquier otro día del mes.

Para cada semana

El viernes de cada semana es también un día muy apropiado para honrar de un modo especial al Sagrado Corazón de Jesús. Es un día en el que nuestro Señor nos dio grandes pruebas de su amor y nos ha hecho saber cuánto le agrada que le consagremos de modo particular todo el día. Por lo tanto, es importante ofrecérselo desde la mañana y consagrarle todo lo que vamos a hacer, deseando hacer más y, sobre todo, hacerlo todo lo bien que pudiéramos.

Como siempre, ha de movernos el deseo de reparar los desprecios y ultrajes que sufre nuestro Señor en el Santísimo Sacramento, procurando mostrarle que nosotros sí le amamos. Los sacerdotes pueden ofrecer la Misa por esta intención, y los laicos pueden comulgar ese día, o al menos asistir a Misa con más respeto y devoción con el deseo de reparar. Y quien no pueda asistir a Misa, por alguna ocupación inexcusable, es importante suplirla con otra devoción. Pero de los tres puntos siguientes, no debe dispensarse ninguno.

El primero es concebir durante todo el día un dolor grande al ver a Jesucristo tan olvidado, tan poco amado y tan indignamente tratado en aquello mismo en que nos manifiesta más visiblemente su gran generosidad y amor.

El segundo es visitar en este viernes al Santísimo Sacramento más a menudo y con más respeto y devoción. Si no podemos hacerlo personalmente debemos adorarle por lo menos en espíritu desde el lugar en que nos hallamos, supliendo con actos interiores y entrando de cuando en cuando —digámoslo así— en el adorable Corazón de Jesucristo. Es importante guardar algo más de silencio, andar menos disperso y algo más recogido.

El tercer punto que debe observarse en este día es hacer alguna obra buena, o alguna mortificación, ya sea interior o exterior.

Hemos de rezar, a ser posible, las oraciones al Sagrado Corazón de Jesús y procurar leer algunos capítulos de este libro. Y procurar dedicar un tiempo en la meditación que se señala para todos los viernes de cada mes.

Para cada día

Además de los ejercicios propuestos, es importante también que haya ciertas horas al día en las que nos ocupemos más especialmente en pensar en Jesucristo y en honrar su Sagrado Corazón, mostrándole de un modo más particular nuestro amor y reconocimiento. Por la mañana, tras levantarnos, en la Misa, a ciertas horas de la tarde y un poco antes de acostarse parecen ser los tiempos más apropiados.

Lo primero que debemos hacer al levantarnos por la mañana es postrarnos, como muchos santos, dirigiéndonos en nuestro interior a la iglesia más próxima donde sabemos que está el Señor Sacramentado; y en esta postura, hacer un acto de fe, de amor y de adoración a Jesucristo. Y después de agradecerle la institución de este misterio de amor y manifestarle nuestro deseo sincero de ir cuanto antes a visitarle, podremos ofrecerle las obras del día, llamando a nuestro favor a María Santísima, contándole que durante toda la jornada no queremos tener deseos ni sentimientos que no se adecuen a los de estos dos Corazones.

La Misa es, ciertamente, el mejor momento para honrar y amar el Corazón de Jesucristo. No hay ningún acto concreto, porque el amor de Jesucristo, que debe ocuparnos del todo durante la Misa, nos inspirará a cada uno lo más apropiado. Basta únicamente con considerar con fe viva lo que es una Misa para asistir con un profundo respeto. Se puede repetir el ofrecimiento en honor del Sagrado Corazón de Jesús. Y un poco antes de la Comunión del sacerdote se puede hacer el acto de consagración. Los que no comulguen deben hacer una *comunión espiritual*, con un gran deseo de recibir a Jesucristo. El resto del tiempo daremos gracias a Dios por habernos amado tanto hasta querer instituir este misterio y le pediremos perdón por la ingratitud de los hombres.

Los sacerdotes, si se acuerdan de ofrecer el Santo Sacrificio para reparar las ofensas que recibe el Señor en el Santísimo Sacramento, vivirán cada día con más devoción, su fe se hará cada día más firme, Jesucristo les colmará de mayores gracias y ellos amaran más cada día a Jesucristo. Todos los que asisten a Misa o los que hagan una visita al Santísimo Sacramento deben hacer lo mismo. Hemos de tener presente que es fácil sentir devoción cuando estamos con respeto en presencia de Jesucristo, cuando creemos que nos encontramos ante el más amoroso y también el más tremendo de todos los sacrificios, con el único deseo de devolverle el honor y reparar las ofensas que sufre.

La tarde es también un tiempo muy propio para honrar el Sagrado Corazón de Jesús y para manifestarle nuestro amor. Como son unas horas en que se piensa menos en Él, y le visitan muy pocos, quienes se acercan a adorarlo entonces serán muy bien recibidos. Siempre podremos desocuparnos un cuarto de hora para ir a adorar al Santísimo. Y como no se trata de una obligación, ni tampoco es la costumbre la que nos lleva, muchas veces es evidente que estas visitas son efecto de un amor puro y, por consiguiente, son manantiales de innumerables gracias, porque nunca se deja vencer Jesucristo en generosidad.

Es conveniente antes de acostarse por la noche adorar el Sagrado Corazón de Jesús, considerándolo como un refugio donde reposar. Debemos darle de nuevo las gracias por haber instituido el Santísimo Sacramento y hacer muchos actos de contrición. Así hacía san Luis de Gonzaga, que solía rezar todas las noches antes de acostarse tres avemarías, para ponerse bajo la protección especial y como en el Corazón de la Virgen Santísima, y luego hacía una profunda reverencia hacia la iglesia para adorar al Santísimo Sacramento, rogando al Sagrado Corazón de Jesús que velase por toda la Iglesia y, en particular, por todos los que le amaban con ternura, y que les preservase de todos los engaños del enemigo, diciéndole que solo quería tener su reposo en Él, como el salmista: «En paz me acuesto y enseguida me duermo, porque Tú solo, Señor, me haces vivir seguro» (*Sal* 4, 9).

Aún quedan dos cosas que hay que tener en cuenta. La primera, que jamás seamos unos descuidados y adoremos al Sagrado Corazón de Jesús del modo más tierno y afectuoso posible. La segunda, que además de visitarle con una frecuencia mayor y con mucho respeto, hemos de ser muy activos para difundir esta devoción a un gran número de personas, pues si amamos a Jesucristo querremos también que sea más conocido, que se le adore y ame con más veneración y que se le visite con más frecuencia.

CAPÍTULO IV

Ejercicios de la devoción al Sagrado Corazón de Jesús

Estos ejercicios son el *Sentimiento honorífico*, o acto de desagravio, el *Acto de Consagración* y las demás *Oraciones* previstas para determinadas fechas del año dedicadas especialmente para honrar el Sagrado Corazón de Jesús, junto a las *Meditaciones* que pueden hacerse en esos momentos. Hay que advertir que estos pueden servir para cualquier tiempo siempre que se hagan con devoción.

SENTIMIENTO HONORÍFICO
o acto de desagravio de los ultrajes e injurias que se hacen al Sagrado Corazón de Jesús en el Santísimo Sacramento

(Se ha de hacer este acto delante del Santísimo Sacramento, el primer viernes después de la octava del Corpus, y es bueno renovarlo todos los primeros viernes de cada mes).

¡Oh!, muy adorable y amantísimo Jesús, siempre lleno de amor hacia nosotros, siempre herido por nuestras miserias, siempre ansioso de hacernos partícipes de tus tesoros y de darte tú mismo. Jesús, mi Salvador y mi Dios, que por un exceso de amor te quedaste como víctima en la Eucaristía, donde te ofreces en sacrificio por nosotros un millón de veces cada día. ¿Cuáles serán tus sentimientos al hallar en el corazón de la mayor parte de los hombres solo dureza, olvido, ingratitud y desprecio? ¿No bastaba, ¡oh Salvador mío!, con haber seguido el camino más trabajoso para salvarnos cuando podrías habernos manifestado tu gran amor a un precio menor? ¿No bastaba con haber sido entregado una sola vez a la agonía y el desfallecimiento, que te causó el horrible espectáculo de nuestros pecados, que quisiste cargar con ellos? ¿Por qué, pues, quieres exponerte todos los días a los ultrajes y al trato indigno de que es capaz la malicia de los hombres y hasta de los demonios? ¡Ay, dulcísimo Redentor! ¿Cuáles fueron los sentimientos de tu Sagrado Corazón ante toda nuestra ingratitud y todos nuestros pecados? ¿Cómo sería la amargura en que quedó anegado vuestro divino Corazón por tantos sacrilegios y tantos ultrajes?

Herido de un dolor muy intenso a causa de esta ingratitud, me ves aquí, postrado y reducido al abismo de mi nada, a tus pies, para mostrar mi dolor a la vista del Cielo y de todo el mundo, por todas las irreverencias y ultrajes que has recibido en el altar desde la institución de este Sacramento tan digno de adoración. ¡Te pido, con un corazón humilde y deshecho de dolor, una y mil veces perdón de todas estas indignidades! ¡Que no pueda yo, Dios mío, bañar con mis lágrimas y lavar con mi sangre todos los lugares en que tu Sagrado Corazón ha sido tan horriblemente ultrajado, en los que las señales de tu divino Amor han sido recibidas con desprecio! ¡Que no pueda mediante mi veneración, mi sumisión, mi humillación o mi aniquilación, reparar tantos sacrilegios y profanaciones! ¡Que no pueda yo, por un momento, tener el dominio del corazón de todos los hombres, para satisfacer de algún modo, con el sacrificio que te haría de todos, ellos el olvido y la insensibilidad de cuantos no han querido hasta ahora conocerte, o que, habiéndote conocido, te han amado tan poco!

¡Pero, ay, Salvador mío!, lo que me llena de confusión, lo que más me obliga a gemir es que yo mismo he sido de estos ingratos. Dios mío, que estáis viendo lo más escondido de mi corazón, sabes bien el dolor que siento por mi ingratitud y mi pesar de verte tratado de modo tan indigno. Tú conoces mi disposición para sufrir y hacer lo que pueda, para repararlas. Me veis aquí, Señor, con el corazón atravesado de dolor, humillado y postrado, dispuesto cuanto antes a recibir de tu mano todo lo que quieras hacer conmigo para desagraviar tantos ultrajes. Castígame, Señor, que yo bendeciré y besaré cien veces la mano que ejecute sobre mí tan justo castigo. ¡Ah! ¡Que no sea yo una víctima apropiada para satisfacer tantas injurias! ¡Que no pueda yo regar y lavar con mis lágrimas y hasta con mi sangre todos los lugares por donde han arrastrado tu sagrado Cuerpo! Sería muy feliz si pudiese por medio de todos los tormentos posibles desagraviar tanta impiedad. Y ya que no merezco esta gracia, acepta al menos mis buenos deseos. Recibe, ¡oh Padre Eterno!, el ofrecimiento que te hago en unión del que el Sagrado Corazón de mi dulce Jesucristo te hizo en el Calvario, y del que la Virgen María te hizo también a los pies de su Hijo Crucificado. Te ruego que perdones mis irreverencias y que hagas eficaz mi resolución de hacer todo lo posible, a partir de ahora, para amar ardientemente y para honrar a mi Salvador, a quien yo creo realmente presente en la adorable Eucaristía. Y de ahora en adelante quiero que se vea mi fe por el respeto con que me comportaré en su presencia y por la frecuencia con que le visitaré. Y así como hago profesión de honrar de modo especial su Sagrado Corazón, así también es solo en este mismo Corazón donde deseo pasar el resto de mi vida. Concédeme, Señor, esta gracia que pido: dar en este mismo Corazón el último suspiro en la hora de mi muerte. Amén.

ACTO DE CONSAGRACIÓN
al Sagrado Corazón de Jesucristo

(Por consagración o donación, términos que se usan algunas veces, no hay que entender que se hace algún voto, sino solamente un propósito).

Corazón adorable de mi amado Jesús, asiento de todas las virtudes, manantial inagotable de todas las gracias, ¿qué has podido hallar en mí para empeñarte hasta llegar a amarme con tanto exceso, mientras que ensuciado con mil pecados mi corazón no te ha mostrado más que tibieza, insensibilidad y dureza? Pues, Señor, la evidencia de estas pruebas de tu amor hacia mí, aun cuando yo no te amaba, es los que me hace ahora esperar que aceptaréis las señales con las que quiero dar testimonio de que ya sí os amo. Acepta, pues, de buena voluntad, ¡oh mi amable Salvador!, mi deseo de consagrarme enteramente a la honra y gloria de tu Sagrado Corazón: admite la donación de todo lo que soy. Yo te consagro mi persona y mi vida, mi acciones, mis trabajos y sufrimientos, y no quiero ser en adelante sino una víctima consagrada a tu gloria, ahora abrazada, y algún día del todo consumada, siendo de tu agrado, en las llamas sagradas de tu Amor. Te ofrezco, pues, ¡Señor mío y Dios mío!, mi corazón con todos los sentimientos que caben en él, deseando que siempre se conformen a los tuyos. Me ves aquí, Señor, entregado por completo a tu Corazón y todo tuyo. ¡Oh mi Dios, qué grande es para mí tus misericordias! ¡Pero, oh Dios de Majestad infinita! ¿Y quién soy yo para que te dignes aceptar el sacrificio de mi corazón? En adelante, será todo tuyo y no tendrán parte en él las criaturas. Tú lo hiciste para que fuera únicamente tuyo, y solo tuyo será. A partir de ahora quiero que seas ya, amable Jesús mío, mi Padre, mi Amigo, mi Maestro y todas mis cosas. Ya no quiero vivir más que para ti. Recibe, amable Salvador de los hombres, el sacrificio que el más ingrato de todos hace a tu Sagrado Corazón, para reparar los agravios que hasta este mismo momento no he cesado de hacer, correspondiendo tan mal a su Amor. Poco le doy. Pero, en fin, le doy todo lo que puedo dar y todo lo que sé que desea. Yo le consagro y le doy mi corazón, jamás se lo volveré a quitar.

Enséñame, ¡oh mi amable Salvador!, el perfecto olvido de mí mismo, porque este es el único medio que puede abrirme la puerta a tu Sagrado Corazón. Y como a partir de ahora, todo lo haré por ti, ayúdame para todo cuando haga sea digno de ti. Enséñame lo que debo hacer para llegar a la pureza de tu Amor, puro, ardiente, generoso: concédeme una profunda humildad, sin la cual no es posible agradarte, y que se cumpla en mí plenamente tu santa voluntad en el tiempo y la eternidad. Amén.

OFRECIMIENTO
AL SAGRADO CORAZÓN DE JESÚS

(El padre De la Colombière, tras conocer por experiencia propia qué oportuna era la devoción al Sagrado Corazón para encender cuanto antes el corazón de los hombres en un amor grande a Jesucristo, y

para llegar en poco tiempo a la plenitud del Amor, compuso él mismo este Ofrecimiento, que solía renovar muchas veces al mes con especial entrega).

Con este ofrecimiento se quiere honrar el Divino Corazón que es el asiento de todas las virtudes, el manantial de todas las bendiciones y el refugio de las almas santas. Las principales virtudes que se desean honrar en él son, en primer lugar, un amor ardiente a Dios Padre junto con un profundo respeto y la mayor humildad que pueda vivirse. En segundo lugar, una paciencia infinita en los males, una contrición y un extremado dolor de los pecados. En tercer lugar, una compasión muy sentida por nuestras miserias y un amor inmenso en medio de estas mismas miserias.

El Corazón de nuestro Señor siempre se encentra ardiendo de amor por los hombres: y, a pesar de ello, no halla en nuestros corazones más que dureza, olvido, desprecio e ingratitud. Ama y no es amado, y no conocemos su amor, porque no nos dignamos recibir su dones ni escuchar las secretas lecciones que quiere darnos.

En desagravio por tantos ultrajes y por tanta ingratitud, ¡oh adorable y amabilísimo Corazón de mi dulce Jesús!, y para evitar caer en semejante desdicha, yo te ofrezco mi corazón con todos los movimientos de que es capaz: yo me entrego enteramente a ti y desde este mismo instante te digo con toda sinceridad que deseo olvidarme de mí mismo y de todo lo que puede tener relación conmigo, para apartar cualquier obstáculo que me impida la entrada en tu Divino Corazón, donde quiero entrar para vivir y morir en él en compañía de tus más fieles siervos. Abrazado por tu amor ofrezco al Sagrado Corazón todos los méritos y los frutos de todas las Misas, de todas las oraciones, de todas las mortificaciones, de todas las prácticas de piedad, de todas las acciones de celo, de humildad, de obediencia y de todas las demás virtudes que yo practique hasta el último momento de mi vida. Todo esto no será solamente para honrar el Sagrado Corazón de Jesús y sus admirables disposiciones, aún le ruego humildemente que acepte la completa donación que hago de todo para que lo disponga del modo que más le agrade y en favor de quien le parezca. Y como ya lo tengo cedido a las benditas almas del purgatorio, todo cuanto haya en mis acciones capaz de satisfacer a la divina justicia, deseo que les sea distribuido según el beneplácito del Corazón de Jesús.

Todo ello no me impedirá cumplir con mi obligación de decir Misas y de rogar por ciertas intenciones que la obediencia me señala. Ni dejaré de aplicar por caridad algunas Misas a los pobres o a mis hermanos y amigos que me lo pidan. Pero como yo he de valerme entonces de un bien que no me pertenece, quiero, como es justo, que la obediencia, la caridad y las demás virtudes que yo practique en estas acciones, sean todas del Corazón de Jesús, donde hallaré el valor para llevarlas a cabo, por lo que entonces le pertenecerán sin reserva.

Sagrado Corazón de Jesús, enséñame el perfecto olvido de mí mismo, enséñame qué debo hacer para llegar a la pureza de tu amor, cuyo deseo has inspirado en mí: siento un gran impulso para agradarte, pero al mismo tiempo una imposibilidad gigante de ponerlo por obra sin una luz grande y sin una ayuda especialísima, que solo puedo esperar de ti. Haz, Señor, en mí según tu voluntad: ya sé que yo me opongo a ella. Pero ya no quiero resistirme más. Tú todo lo puedes, divino Corazón de mi amable Jesús; hazlo, Señor, que solo Tú tendrás la gloria de mi santificación, si es que yo me santifico: más claro me parece esto que la luz. Que sea para ti una honra grande y por ella solamente debo yo desear y deseo mi propia perfección. *Amén.*

ACTO DE AMOR AL SAGRADO CORAZÓN DE JESÚS

(Se puede rezar cuando se visita al Santísimo Sacramento, después de haber hecho alguna reflexión sobre el amor inmenso que Jesucristo nos muestra en este Misterio, y sobre el olvido y la ingratitud que tienen los hombres con Jesucristo).

Permite que me dirija a ti, ¡oh Corazón Divino y adorable de Jesús mi Salvador, abismo de amor y de misericordia!, y que te pregunte lleno de confusión y de asombro a la vista de tus gracias y mis ingratitudes, por qué motivo has inventado este nuevo modo de sacrificarte por mí en la divina Eucaristía. ¿Te parece poco, Señor, que te hicieran preso, ofrecerte a los azotes, a los dolores, a los insultos y a la muerte de Cruz? ¿Era preciso, también, que estando ya glorioso e inmortal te viésemos incesantemente expuesto a los oprobios en el Sacramento del amor, en que con tanta frecuencia te desprecian, te injurian y ultrajan, hasta aquellos tendrían que amarte con más ardor? ¿Y será posible que, viéndome yo a mí mismo en el mismo número de estos miserables ingratos, no muera de confusión y dolor? ¡Ay Dios mío! Hiere mi corazón y acaba con mi ingratitud: acuérdate de que tu adorable Corazón, llevando el peso de mis pecados al Huerto de los Olivos y sobre la Cruz, fue por ellos afligido y gimió ante el espectáculo de mis miserias. No permitas que tu tristeza, tus dolores, tus lágrimas, tu sudor y tu sangre se malogren en mí. Hiere mi corazón de un modo eficaz, Divino Salvador mío. Por más ingrato y más indigno que sea de vuestro amor, no por eso has dejado de amarme. Me has amado, aun cuando yo no te amaba nada, ni tampoco quería que me amases: ahora, pues, que lo deseo, no me niegues tu amor. Yo te doy mi corazón, mételo en el tuyo. Que este momento sea el de mi verdadera conversión y que comience a amarte, para no cesar jamás de hacerlo, ya que me consagro por completo a tu amor en calidad de esclavo perpetuo. Que muera yo a mí mismo para no tener más vida, ni más intenciones, que por ti y para ti. *Amén.*

ACTO DE ADORACIÓN
AL SAGRADO CORAZÓN DE JESUCRISTO

(Se puede rezar a todas horas, especialmente por la mañana, a la vez que se hace alguna oración, y por la noche antes de acostarse).

Señor mío Jesucristo y mi Dios, que creo que estás real y verdaderamente presente en el Santísimo Sacramento del altar, recibe este acto de profundísima adoración para suplir mi deseo de adorarte sin cesar, y en acción de gracias por el amor que tu Sagrado Corazón me tiene. Te ofrezco todos los actos de adoración, de aceptación de tu Voluntad, de paciencia y de amor que tu Sagrado Corazón hizo en la Tierra durante tu vida mortal y todos los que aún hace y hará por toda la eternidad en el Cielo, a fin de adorarte, de amarte y de alabarte cuanto me sea posible por ese mismo Corazón durante todo el tiempo de mi vida. Ábreme, pues, tu Sagrado Corazón, para que sea en adelante el lugar de mi refugio y descanso.

ACTO DE CONTRICIÓN

¡Oh Salvador mío y Dios mío, cuyo Corazón herido de amor y de dolor concibió tanta pena por todos los pecados del mundo, que no pueda yo sentir ese mismo dolor que te causaron mis pecados! Te ruego que suplas con tu dolor el que a mí me falta: imprime en mi corazón el horror y el temor hasta por las más pequeñas faltas, reforma mi corazón según tu modelo, infinitamente puro, soberanamente santo y siempre lleno de amor a tu Padre Celestial. De ahora en adelante, no quiero amar que lo que Él ama y detesto todo lo que le desagrada. *Amén.*

OFRECIMIENTO
QUE SE HA DE HACER DURANTE LA MISA

(Como la Misa es el sacrificio del amor, en el cual el Corazón de Jesucristo se ofrece y se santifica continuamente por nosotros a su Padre, durante ese tiempo debemos amar y adorar este Sagrado Corazón, especialmente y sobre todo después de la Consagración, considerando los pensamientos que puede tener Jesucristo: a saber, la disposición de su Sagrado Corazón, sus deseos, sus designios… Y penetrados de un verdadero sentimiento de agradecimiento y de ternura, podemos hacer el acto que se sigue).

Padre Eterno, ten a bien que yo te ofrezca el Sagrado Corazón de Jesucristo, tu Hijo muy amado, como Él se ofrece a sí mismo en sacrificio. Dígnate, Señor, recibir por mí todos los deseos, todos los sentimientos, todos los afectos, todos los propósitos y todos los actos del Sagrado Corazón, que son todos míos, puesto que por mí se sacrifica son también míos, puesto que no deseo tener otros en adelante que los suyos: recíbelos para concederme por sus méritos todas las gracias necesarias y sobre todo la gracia final. Recíbelos finalmente como otros tantos actos de amor, de adoración y de alabanza que le ofrezco a tu Divina Majestad, porque solo por Él eres dignamente amado, honrado y glorificado: *Quoniam per ipsum, et cum ipso, et in ipso est tibi Deo Patri Omnipotenti in unitate Spiritus Sancti omnia honor et gloria.*

ORACIÓN DE SANTA GERTRUDIS

(Oración que rezaba todos los días para honrar al Sagrado Corazón de Jesús).

Yo te saludo, ¡oh Sagrado Corazón de Jesús!, manantial vivo y vivificante de la vida eterna, tesoro infinito de la Divinidad, ardiente fragua del Divino amor. Tú eres el lugar de mi descanso y mi refugio. ¡Oh mi amado Salvador! Abrázame el corazón con aquel ardiente amor con que está siempre abrazado el vuestro: derrama sobre mi corazón las grandes gracias de que es manantial el tuyo y haz que mi corazón esté tan unido al tuyo, que tu voluntad sea siempre la mía y que esta se conforme con la tuya por toda la eternidad, puesto que deseo que, en adelante, tu santa voluntad sea la regla de todos mis deseos y de todas mis acciones. *Amén.*

ACTO DE AMOR

Nada tengo, ¡oh mi amado Salvador y mi Dios! Nada tengo capaz de agradarte; nada puedo hacer: yo soy nada; pero yo tengo un corazón y esto me basta: me pueden quitar la salud, la honra, la vida misma, pero nadie podrá quitarme el corazón. ¡Yo tengo un corazón y con este corazón te puedo amar, oh mi adorable Jesús! ¡Pues con este corazón te quiero amar, Dios mío! Yo te quiero amar y jamás quiero dejar de amarte, sino para amarte siempre más.

MEDITACIONES PARA LOS DÍAS DEL AÑO CONSAGRADOS ESPECIALMENTE A LA ADORACIÓN DEL SAGRADO CORAZÓN DE NUESTRO SEÑOR JESUCRISTO

Las dos meditaciones siguientes se explican con gran detalle para facilitar que puedan usarla todo tipo de personas, incluso quienes no han aprendido a meditar. Pedimos a estos últimos que las lean con mucha atención, que se paren y reflexionen sobre lo que han leído, y confiamos en que obtendrán mucho fruto con su lectura, y como esta lectura vendrá acompañada de sentimientos de amor a Jesucristo, que con toda seguridad inspirará la gracia de Dios, será una oración verdadera.

Aquellos familiarizados con la meditación pueden limitarse a analizar el tema de cada punto.

MEDITACIÓN PARA EL PRIMER VIERNES DESPUÉS DE LA OCTAVA DEL CORPUS CHRISTI, FIESTA DEL SAGRADO CORAZÓN

El amor incomprensible que Jesucristo nos muestra en el Santísimo Sacramento del altar

El tema de esta meditación es el amor incomprensible que Jesucristo nos muestra en el Santísimo Sacramento, donde tan poco lo conocen los hombres y los que le conocen le aman tan poco. La finalidad de esta meditación, y que debería ser su fruto, es entristecerse por la ingratitud de los hombres, insensibles a las pruebas evidentes del amor que habita en el Sagrario, para reparar en la medida de nuestras posibilidades, devolviendo amor mediante nuestros actos de adoración y nuestras demostraciones de afecto por todas las ofensas que recibe el Sagrado Corazón en el Santísimo Sacramento.

El tema para los tres puntos de esta meditación procede de los tres motivos, o deseos, del Sagrado Corazón al instituir este misterio:

1) El ardiente deseo de Jesucristo de estar siempre con nosotros.

2) El deseo que tiene de compartir todas sus posesiones con nosotros.

3) El deseo que tiene de unirse a nosotros íntimamente, a pesar de que permanecemos insensibles a las pruebas tan excepcionales de su amor.

Primer preludio— Nos imaginamos la habitación de la Última Cena donde el Hijo de Dios, sentado en medio de sus apóstoles, instituyó este gran misterio. No permitió que el desprecio al que iba a estar expuesto le impidiera instituirlo. Tampoco la presencia de Judas, el traidor, que iba a hacer la primera Comunión sacrílega de sus manos divinas, retrasó ni un solo instante la institución del *Misterio de su Amor*.

Segundo preludio— Habiendo hecho un acto de fe en la verdad de este misterio y habiéndonos dispuesto por medio de un acto de contrición para recibir la luz y la gracia que Dios está dispuesto a darnos en toda ocasión, le pedimos al Espíritu Santo en nombre de Jesucristo, y por medio de la intercesión de la bienaventurada siempre Virgen María y de nuestro propio ángel de la guarda, la gracia de arrepentirnos por tanto dolor y tanta ingratitud, mientras ahondamos en los sentimientos de amor del Sagrado Corazón en el Santísimo Sacramento.

Primer punto— *El deseo ardiente de Jesucristo de estar con nosotros.*

Considera que, en cuanto estuvo formado en el vientre de la Virgen María, el Sagrado Corazón de Jesús se llenó de un amor inmenso por todos los hombres. Pero, como es propio del amor desear estar siempre con el ser amado, una vida de treinta y tres años le pareció demasiado corta para satisfacer el mayor de todos sus milagros. El Sagrado Corazón no pudo poner ningún límite a su amor que se desbordaba. «No os aflijáis, apóstoles míos», dijo nuestro Salvador, «si me tengo que marchar para ascender a los Cielos. Mi Corazón desea con locura permanecer con vosotros, más de lo que vosotros deseáis estar conmigo. Mientras quede un solo hombre sobre la Tierra, estaré con vosotros todos los días, hasta el fin del mundo».

Todos los motivos que habían llevado al Hijo de Dios a revestirse de nuestra naturaleza habían acabado: la Redención se había completado. Fue el deseo de permanecer siempre con nosotros el que le movió a obrar este milagro continuo, este compendio de todos los milagros, por el que su inmenso amor le colocó en la posición de ser incapaz de separarse de nosotros. Jesús ha ascendido al Padre. ¿Por qué vuelve todos los días a la Tierra *disfrazado*, si no es porque no puede separarse de los hombres y porque le encanta estar con nosotros? ¿Podríamos haber imaginado que Jesucristo nos amaría hasta ese extremo? Es desde el punto más alto de su gloria desde el que piensa en venir a alojarse en nuestros corazones, como si le faltara algo para completar su felicidad si permanece lejos de nosotros. Este deseo debe ser muy intenso, ya que continúa existiendo en el Cielo, donde todos los deseos están satisfechos. Jesucristo ama de forma apasionada a los hombres, puesto que sin poder contentarse con la inmensa gloria que disfruta desde su Ascensión, se ofrece todos los días en un estado humilde y oscuro en nuestros altares para satisfacer el exceso de su amor, cumpliendo así lo dicho por el Profeta: «Me deleitaba con los hijos de Adán» (*Pr* 8, 31).

REFLEXIONES

1) Estos son los sentimientos que el amor de su Corazón inspira a Jesucristo. ¿Pero qué debe sentir al ver la indiferencia de aquellos a quienes Él ama hasta el extremo, y que a cambio le aman tan poco?

2) Jesucristo no tiene necesidad de los hombres. Sin embargo, nos ama tanto, que no da importancia al hecho de estar encerrado en una Hostia consagrada hasta el final de los tiempos, con tal de poder estar con nosotros. Los hombres, por el contrario, no podemos nada sin Jesucristo, y a pesar de eso, lo amamos tan poco, que no valoramos este prodigio de su amor ni la felicidad de poder conversar con Él.

3) ¿Qué sentiría Jesucristo al verse abandonado por aquellos sobre los que había derramado sus dones, incluidos sus discípulos? ¿Cuáles deben ser sus sentimientos en el Santísimo Sacramento

del altar, donde los hombres lo dejan solo, la mayor parte del día? Incluso muchos religiosos que lo tienen dentro de su propia casa le visitan muy poco.

4) ¿No es extraño que Jesucristo habite en cuerpo y alma entre nosotros, y que no haya multitudes ansiosas de fieles en los sitios donde se encuentra? Todos los lugares de ocio y diversión están llenos de personas. Hay multitudes en las casas de los poderosos, y las personas encuentran tiempo para rendirles pleitesía, aunque con frecuencia están de tan mal humor, que ni siquiera reconocen los servicios prestados. Sin embargo, se deja a Jesucristo solo en la iglesia, a pesar de que Él nunca rechaza a nadie y recibe con inmensa alegría y con dulzura a todos los que le visitan. Se queja de este trato por boca del Profeta: «Me encuentro insomne y gimiendo; estoy como pájaro solitario en el tejado» (*Sal* 102, 8). «Se me deja solo en la iglesia. Mis fieles no pasan ni siquiera unos minutos en mi compañía en el Sacramento de mi amor».

5) Son frecuentes las visitas entre las personas. Es solo nuestro querido Jesús quien recibe pocas visitas.

6) Si la dulzura de una conversación, o el interés personal nos atrae, ¿qué conversación puede ser más dulce o más útil que la que mantenemos con la persona más capacitada y poderosa del mundo, y la que más nos quiere? Su conversación no es triste ni aburrida, tal y como declaran los que se llenan de consuelo en su presencia, y que están deseando pasar días enteros, con sus noches, a los pies del altar (*Sb* 8, 16).

7) Querido Jesús, ¿cuáles deben ser los sentimientos de tu Corazón a la vista de la insensibilidad y la ingratitud de los hombres? Tú te ofreces en sacrificio cada día en el altar, y media hora empleada en la Misa les parece demasiado, mientras que están dispuestos a dedicar toda la noche a diversiones inútiles y perjudiciales.

8) ¡Hombres desagradecidos! No conocéis a quien habita entre vosotros (*Jn* 1, 26). La vida eterna estriba en conocer a Jesucristo. Sin este conocimiento, estamos perdidos. Pero no es suficiente con conocerle: también tenemos que amarle.

9) ¿Podemos decir con plena sinceridad que amamos a Jesucristo? ¿Estaríamos satisfechos si Él no nos amara más de lo que

le amamos nosotros a Él? ¿O de que los hombres nos amaran como nosotros amamos a Jesucristo? ¿O de que nuestros amigos no nos mostraran más amistad de la que le mostramos a Cristo? ¿Permitiríamos a nuestros empleados o a los niños que mostraran tan poco respeto en nuestra presencia como a veces mostramos nosotros en presencia de Jesucristo en el Santísimo Sacramento?

10) Los ángeles rodean el altar para adorar y amar a Jesucristo, a pesar de que no es por ellos por quienes está presente en el Santísimo Sacramento. Los hombres, por quienes Él ha obrado este milagro, son los únicos que no se molestan en visitarle. «Estoy olvidado como un muerto» (*Sal* 31,13).

Oh, Señor, que para satisfacer tu deseo de estar siempre conmigo has ideado este milagro de amor, ¿qué piensas de la ingratitud que te he mostrado hasta ahora? ¿Es así como correspondo a tu amor? Ningún hombre que hubiera sido amable conmigo habría recibido tan pocas visitas mías. Te he olvidado, Señor, y hasta ahora no te he amado de verdad. ¿Cómo puedo yo, miserable y desagradecido como soy, esperar que pienses en mí? ¿Pero cuándo has dejado de pensar en mí? ¿Debo esperar que el abandono en el que te tengo, que la dureza de mi corazón y mi ingratitud te obliguen a no pensar en mí nunca más? Mi amado Salvador, no lleves cuenta de esas cosas. En el pasado, en innumerables ocasiones, te he dado motivos para olvidarme, despreciarme y no pensar en mí sino para enviarme al infierno. Te agradezco que no lo hayas hecho, Dios de misericordia. He decidido visitarte con mayor frecuencia en el futuro. Humildemente pido tu perdón por mi ingratitud. Con la ayuda de tu gracia, espero visitarte con frecuencia en este Sacramento para reparar y desagraviar por el dolor que te ha provocado mi indiferencia. Si no es posible para mí hacer de tu templo mi morada, espero al menos tener un refugio asegurado en tu Sagrado Corazón que, desde este momento, elijo como mi morada y de la que no deseo irme nunca más. «Aquí habitaré porque la prefiero» (*Sal* 132, 14).

Segundo punto— En la Santísima Eucaristía, Jesucristo desea compartir todas sus bendiciones con nosotros.

Considera que Jesucristo, que es la fuente de toda bendición, se ha dignado quedarse con nosotros porque desea estar presente a todas horas para compartir sus dones. Y no solo se ha dignado a compartir con nosotros en este Santo Sacramento todas las bendiciones de las que Él es origen, sino que, dándose Él mismo, ha accedido a darnos la propia fuente de esas bendiciones: «Te mostraré todo tipo de bendiciones, pero ¿en qué otro lugar, si no es en la Santísima Eucaristía, puedes encontrar todas las bendiciones?» (san Bernardo).

Los príncipes de este mundo otorgan sus bienes solo en ciertas ocasiones, y a determinadas personas. Jesucristo en el Santísimo Sacramento otorga sus bienes a todas horas y a todo el que se le acerca. «Venid a mí todos los fatigados y agobiados, y yo os aliviaré» (*Mt* 11, 28). Uno puede pensar que es suficiente con ser pobre o estar triste para tener el derecho a acercarse a esa fuente de todas las bendiciones y gracias, y que es suficiente con ser desgraciado para ser bien recibido. «Venid a mí todos los que estáis cansados...». Este Dios generoso, previendo nuestras enfermedades y debilidades, se nos da como alimento para devolvernos las fuerzas y ser el remedio de todos nuestros males: «... y yo os aliviaré». «¿Por qué lloras y no comes? ¿Por qué se aflige tu corazón? ¿No soy yo para ti mejor que diez hijos?» (1 *S* 1, 8). «¿Por qué lloras?», pregunta nuestro Salvador en el Santísimo Sacramento, «¿y por qué estás afligido con la pérdida de tu salud, de tus hijos, de tus bienes? ¿No encuentras en Mí todas esas cosas y aún más?». Nuestro Salvador no se queda satisfecho con abrirnos su Sagrado Corazón como muestra de su amor, y con derramar sobre nosotros sus dones y gracias, desea ser Él mismo nuestra fuerza y defensa contra los ataques de nuestros enemigos. Por último, ¿qué podría haber hecho Jesucristo por nosotros, qué regalo podría habernos dado, que no nos dé cuando se nos entrega? «El que no perdonó a su propio Hijo, sino que lo entregó por todos nosotros, ¿cómo no nos dará con Él todas las cosas?» (*Rm* 8, 32).

REFLEXIONES

1) El Salvador viene a nosotros lleno de bondad y de amor. Nosotros, en cambio, acudimos a Él todos los días con frialdad y con indiferencia. Viene cargado de gracias y tesoros para enrique-

cernos. ¿Cuánto tiempo continuaremos acudiendo e Él con las manos vacías de buenas obras, y nuestros corazones tan llenos de las cosas de este mundo que no podemos participar de la generosidad de nuestro Salvador?

2) No hay ningún tipo de bendición que Jesucristo no nos conceda cuando se nos entrega en la Eucaristía. Y, sin embargo, no hay ninguna irreverencia o crueldad que los hombres no cometan contra Él en este sacramento.

3) Nos ha dado su Cuerpo santo como alimento, y su Sangre como bebida. Y, sin embargo, se ha convertido en el oprobio de los hombres… Es despreciado por ser demasiado bueno y por amarnos sin límites.

4) Las casas y posesiones de los peores criminales no reciben tantos ataques como las iglesias y ni siquiera su Cuerpo sagrado escapa al insulto.

5) El amor ha inducido a Jesucristo a *disfrazarse* para venir sobre el altar. Pero ¿a qué trato se ha expuesto bajo ese disfraz? ¡Qué desprecios, qué ofensas cometidas por los impíos e incluso por los cristianos! ¿Cuántos paganos le tratan como si fuera un dios falso y renuevan todas las atrocidades que sufrió en su Pasión, porque se llamó a sí mismo *Hijo de Dios*?

6) El pueblo judío que negó a Jesús fue menos cruel con su persona de lo que lo son los paganos con su Cuerpo Sagrado, presente en el Santísimo Sacramento. Han pisoteado las formas consagradas, las han atravesado con cuchillos, las han quemado, por no hablar de otras acciones abominables cuyo mero pensamiento nos hace estremecer.

7) La aceptación de los insultos e injurias que Cristo recibió en Jerusalén les quitó parte de la amargura. Pero ¿nos atrevemos a pensar que el Sagrado Corazón de Jesús, presente en el altar para dejarse conocer y honrar mejor por los hombres, soporta con agrado el desprecio que se le muestra?

8) Las personas sienten compasión cuando a alguien lo desprecian y maltratan. Es solo con las injusticias cometidas contra Jesucristo ante las que se muestran insensibles. Los hombres retorcidos parecen encontrar placer en maltratarle.

9) A los niños se les ordena callar y portarse bien cuando se les lleva de visita, pero se les permite hacer lo que quieran en las iglesias: correr, jugar e incluso hablar durante el Sacrificio de la Misa. Algunas personas muestran más educación en una reunión y prestan mayor atención en sus ratos de ocio que durante la Misa. Algunos jóvenes muestran rebeldía a los pies del altar y hasta presumen de eso; y, sin embargo, los musulmanes no se atreven a alzar los ojos en las mezquitas, y sería un crimen punible con la pena de muerte reírse o hablar allí.

10) ¡Cuántas casas están amuebladas con mayor lujo que algunas de nuestras iglesias! ¡Los paños del altar en los que reposa el Cuerpo de Cristo están algunas veces tan raídos, que muchas personas se negarían a llevarlos puestos!

11) ¿Qué respuesta pueden dar los católicos a los no creyentes, si estos últimos les reprochan su falta de respeto en la iglesia? Nos dicen que los católicos creemos que Jesucristo está verdaderamente presente en el altar, y si nos lo creemos, ¿cómo no mostramos más respeto? Despreciamos vuestros sacramentos, podrían decirnos, pero ¿no nos enseñáis vosotros mismos a despreciarlos?

12) Muchos paganos tratan sus ceremonias con un gran respeto. Los católicos atesoramos los misterios más santos, y, a pesar de eso, muchos se comportan con una gran falta de respeto. ¿Quién merece un juicio más severo: los paganos que practican con respeto la superstición, o aquellos católicos que tratan los misterios más reales y más santos con poco respeto y en ocasiones cometiendo sacrilegios? ¿No tienen muchos católicos razones para temer que los propios paganos les juzgarán y condenarán?

13) Jesucristo siempre siente compasión por nuestras miserias, pero Él mismo se enfrenta al rechazo, las ofensas y profanaciones diariamente en manos de todo tipo de personas. Y a pesar de eso, ¡qué pocos son los que se afligen por ese trato e intentan reparar como se debe!

¡Qué increíble es la dureza y la insensibilidad de los corazones de los hombres! ¡Corazón amado de mi querido Jesús! ¡Corazón digno del respeto y la adoración de los hombres y de los ángeles! Corazón digno de poseer todos los corazones y de reinar sobre ellos, ¡cuáles serán tus sentimientos cuando te tratamos con tanta ingratitud! Pero ¿cuáles son los sentimientos de mi corazón al verte tratado tan indignamente? Señor, ya ves que estoy profundamente apenado ante tanta ingratitud. Humildemente me postro ante ti. Deseo reparar y humildemente pido tu perdón. ¡Si yo pudiera reparar de modo proporcionado a las ofensas que has recibido, o al menos evitar que se cometieran contra ti! Pero, ay, mi querido Salvador, mis deseos son vanos porque, incluso aunque yo derramara toda mi sangre, no podría ni hacer la debida reparación por el pasado ni prevenir que volviera a ocurrir en el futuro. Al menos, tengo un corazón capaz de amarte, capaz de honrarte, y ese pensamiento me consuela. Tengo un corazón, y ese corazón te amará: de ahora en adelante, no amará a nadie más que a ti. Con este corazón te ofrezco todos los deseos y las actividades de las que es capaz. Te ofrezco, Salvador mío, todo lo que puedo hacer con la ayuda de tu gracia, todo lo que puede complacerte. Invito y pido humildemente, a todos tus ángeles, a todos tus santos y a tu Madre Santísima, que te adoren del modo que deseo, pero del que soy incapaz. Les ruego que te honren, alaben, adoren y amen en mi nombre y en el de todos los hombres. Como honor apropiado y homenaje a ti, concédeme ofrecerte a ti mismo. De ese modo podré decir que Tú me perteneces, y que de ahora en adelante todos tus deseos son míos. Yo te alabo, Salvador mío, y daré a conocer a todos que solo Tú mereces ser amado, servido, alabado y honrado eternamente.

Tercer punto— El deseo ardiente de Jesucristo de unirse a nosotros.
Considera que la unión de los corazones es la finalidad última de Jesucristo. Esta unión de los corazones era el objetivo que tenía en mente cuando instituyó la Santísima Eucaristía. En este misterio, actúa como alguien lleno de amor a los hombres, porque en él el Amor se obliga a salir de sí mismo para vivir únicamente en el objeto de su amor. «En esta mesa sagrada», decía san Agustín, «Jesucristo ha consagrado el misterio de unión con nosotros».

Este sacramento es un misterio de unión. Mediante la Encarnación, Dios se unió a nuestra naturaleza humana, pero la *unión hipostática* no era el objetivo de la Encarnación, mientras que la *unión sacramental* sí era el objetivo de la institución de la Eucaristía. Se unió a nuestra naturaleza humana para tener un cuerpo capaz de soportar los sufrimientos que deseaba padecer por nuestra causa, pero se nos da a sí mismo en la Santísima Eucaristía con el propósito de unirse íntimamente a nosotros. Nos invita a este banquete celestial a través de sus promesas: «Venid a mí todos los fatigados y agobiados, y yo os aliviaré» (*Mt* 11, 28). Emplea amenazas para inducirnos a venir: «El que come mi carne y bebe mi sangre tiene vida eterna» (*Jn* 6, 54). Recomienda usar la coacción para hacer que los hombres acudan a su banquete: «Sal a los caminos y a los cercados y obliga a entrar» (*Lc* 14, 23). Utiliza todos los medios para encender en nosotros un gran deseo de acudir a Él, para que nada pueda impedirle ir a nosotros y unirse íntimamente a cada uno. ¿Ha existido alguna vez una prueba de amor mayor?

Pero, Salvador mío, ¿no preveías a qué ofensas te expondría este exceso de amor? Es cierto que, gracias a ti, el corazón de un buen católico es una morada agradable, pero ¿cuántos encuentras así? ¿Cómo puedes soportar la frialdad, el desdén y la falta de fe de la gran mayoría de tus fieles y, sobre todo, la terrible corrupción de muchos corazones? Esto son obstáculos, especialmente para un Corazón que no soporta ninguna mancha. Pero la grandeza de tu amor supera todos esos obstáculos. Imagina, si es posible, la aversión de Dios al pecado: es infinita. No obstante, es menor, en cierto sentido, que su deseo de venir a nosotros, puesto que prefiere exponerse a los actos sacrílegos de pecadores infames que privarse del placer experimentado en la íntima unión con quienes le aman. Mirad cuánto ama nuestro Salvador en este misterio: Dios Todopoderoso desea ser, Él mismo, nuestra recompensa. «Tu recompensa será muy grande» (*Gn* 15, 1). Pero que el mismo Jesucristo sea nuestra comida —«Porque mi carne es verdadera comida y mi sangre es verdadera bebida» (*Jn* 6, 55)— es un milagro de amor que sobrepasa nuestro entendimiento, es un acto de generosidad en el que Jesucristo, en cierto modo, se agota a Sí mismo. Esos son los efectos del amor inmenso de nuestro Salvador.

REFLEXIONES

1) Los católicos creen en esta maravilla y, a pesar de eso, se muestran insensibles a este exceso de amor.

2) Es sorprendente que nuestro Salvador haya amado tanto a los hombres, pero todavía es más sorprendente que los hombres no le amen y que no haya ningún motivo, beneficio ni exceso de amor capaz de inspirarles gratitud.

3) ¡Hombre desagradecido! ¡Hombre insensible! ¿Qué es lo que encuentras en el Salvador que te repele? ¿Es que no ha hecho lo suficiente para merecer tu amor? Ha hecho más de lo que podíamos soñar, más de lo que podemos entender, más de lo que —para nuestro débil entendimiento— conviene a su Majestad infinita; ¡y aun así, analizamos con frialdad si vamos a responder a esos increíbles dones o si vamos a continuar despreciándolos!

4) Una sola muestra de amistad, un servicio prestado, se gana el corazón del hombre. ¿Y tiene que ser únicamente nuestro Salvador quien no suscite ninguna gratitud, a pesar de que ha dado su sangre en el Calvario por nuestra Redención y su Cuerpo como comida para las almas en la Comunión?

5) Todos los fieles creen que Jesucristo nos ha amado infinitamente, que es infinitamente digno de nuestro amor y que, para ganarse nuestro amor, ha llegado a extremos que sobrepasan nuestro entendimiento… Y, a pesar de eso, ¡qué pocos son los que le aman como merece!

6) ¿Por qué Jesús desea con tanta intensidad venir a nosotros y se preocupa de persuadirnos para que acudamos a Él? Porque nos ama y porque nosotros no le amamos en absoluto.

7) ¿Cómo es posible que permanezcamos tan fríos después de recibir la Comunión, a pesar de que nos hemos alimentado con el Sagrado Corazón de Jesús, que es una hoguera de amor capaz de consumir al mundo? La razón es que nosotros acudimos a la Comunión con el corazón lleno de amor a las criaturas y cerrado herméticamente a los dardos de su amor; que, a pesar de que recibimos el Sagrado Corazón en nuestras almas, nuestros corazones, como no están purificados completamente, no pueden entrar en su Corazón para inflamarse de su amor.

8) Muchas personas prefieren privarse de la Comunión antes que renunciar a sus vicios. Se verían obligados a ser más sacrificados, a amar más a Jesucristo y a vivir una vida menos inmoral si se acercaran más a menudo a la Mesa Santa. El amor de Jesús les resulta inconveniente, prefieren abstenerse durante largos periodos del Pan de vida, incluso condenan la Comunión frecuente, porque sienten una gran aversión al Cuerpo e incluso al Sagrado Corazón de Jesús.

9) Deseo con todas mis fuerzas y con intensidad unirme íntimamente a ti: «Ardientemente he deseado comer esta Pascua con vosotros» (*Lc* 22, 15).

10) Jesús desea venir a nosotros mediante la Comunión frecuente, porque sabe que es el único camino para hacernos menos indignos. Hay, no obstante, católicos que, bajo el pretexto de que no son dignos de recibir la Comunión, se hacen cada día menos dignos, al mantenerse apartados de Cristo.

11) Si fuera verdadera humildad lo que mantiene alejadas a esas personas, desarrollarían la virtud que nos hace más dignos de recibirlo. Pero es aversión al Cuerpo de Cristo lo que les impide acercarse, ¡e incluso condenar a los que comulgan con frecuencia!

12) La pretendida humildad de san Pedro cuando se negó a que nuestro Salvador le lavase los pies fue tan severamente condenada por nuestro Señor, que se habría buscado la ruina si no hubiera cambiado de idea: «Si no te lavo, no tendrás parte conmigo» (*Jn* 13, 8). Hay muchas personas que se mantienen alejadas de la fuente de vida que es la Comunión, ocultas tras un respeto fingido y una falsa reverencia, y se arruinan a sí mismas.

13) Los paganos y las tribus antiguas clamaban cuando oían hablar de este misterio: «¡Qué bueno es el Dios de los cristianos! ¡Qué amable!». Pero ¿qué habrían pensado si se les hubiera dicho que ese Dios, tan bueno, sería poco amado por los cristianos; que no solo su exquisito Alimento no abre su apetito, sino que le tienen aversión, y que incluso se aprovechan de ese estado humilde y escondido para cometer los mayores sacrilegios y las profanaciones más abominables?

14) ¿Cuáles deben ser los sentimientos del Sagrado Corazón de Jesús, la fuente de toda pureza, cuando se le entierra en un

corazón lleno de suciedad, en un corazón que solo respira rencor y venganza, incluso insultos contra el Salvador al que recibe? Pero ¿cuáles deberían ser nuestros sentimientos cuando nos enteramos de con qué maldad tratan los hombres a este Cordero inocente, que no emite ni una palabra entre tantos desprecios y ofensas, y que se deja llevar al altar y sacrificar por nosotros?

15) ¿No te causa ninguna impresión esta excesiva bondad y esta mansedumbre? Conmovió el corazón de Pilato. Cambió la insolencia y la rabia de sus verdugos en respeto y amor, y por eso exclamó el centurión: «En verdad, este era Hijo de Dios» (*Mt* 27, 54). Cambió los corazones de los hombres más bárbaros. ¿Son solo nuestros corazones los que son insensibles a su llamada?

16) Todos están horrorizados ante la traición de Judas y la ira de los que le condenaron. Nosotros somos testigos diariamente —y quizá cómplices— de los sacrilegios y las ofensas cometidas contra nuestro Salvador en este misterio, y nos quedamos impasibles.

17) «A tu vista están todos mis adversarios» (*Sal* 69, 20). Tenéis ante vuestros ojos aquellos que me maltratan en este sacramento de amor, nos dice el Salvador por medio del profeta, sois testigos de su irreverencia. «El oprobio me ha destrozado el corazón, desfallezco» (*Sal* 69, 21). Mi Corazón, expuesto a tantas indignidades, soporta sus infamias con paciencia. «He esperado ser compadecido» (*Sal* 69, 21). He esperado día y noche, y nadie viene. «Consolado» (*Sal* 69, 21). He esperado a alguien que reparara mediante su amor, su adoración y su alabanza por las ofensas que los hombres crueles infligen a mi Corazón, y por el desprecio que muestran hacia mi Amor: «Pero no los hallé» (*Sal* 69, 21).

No, no, Salvador mío, que no se diga que Tú estás abandonado. Pondré fin a tus justas quejas. ¿Es así, mi Salvador, como la gente responde a tu amor? ¿Por qué nos has amado tanto? Mejor dicho, ¿por qué te amamos tan poco? ¿Por qué no te amamos? No quiero permanecer insensible al amor y a la ternura de tu Sagrado Corazón. A las ofensas que los hombres han cometido contra ti. Yo he sido también de los que te han ofendido. Mi querido Salvador, cuyo Corazón está siempre ardiendo de amor por mí, siempre abierto para recibirme, siempre preparado para mostrarme misericordia, para perdonarme mis pecados, mi tibieza, mi falta de fe, recibe el acto de reparación que te hago postrándome aquí ante ti. Tú, que piensas en mí continuamente, que me amas sin cesar, que siempre tienes los mejores sentimientos hacia mí… ¿cómo puedo olvidarme de ti, o permanecer indiferente? ¿Cómo puedo no amarte? ¡Ah, Señor, que deje de vivir si continúo amándote tan poco! ¡Que mi corazón sea aniquilado si de ahora en adelante permanezco insensible al mayor de tus dones, que eres Tú mismo! Porque, al darte a nosotros, nos has dado el mejor de los regalos, nos has concedido el mayor favor que está en tu poder divino entregar.

«Ahora, pues, Israel, ¿qué es lo que el Señor, tu Dios, te pide sino que temas al Señor, tu Dios, y marches por todos sus caminos, amando y dando culto al Señor, tu Dios, con todo tu corazón y con toda tu alma?» (*Dt* 10, 12). Escucha lo que el Señor te pide: te pide que le ames, te pide tu corazón. ¿Qué? ¿Era necesario que el Señor me pidiera el corazón después de todo lo que ha hecho por mí? ¿Es posible que le rechace, a pesar de que se lo entrego diariamente a las criaturas? Mi Salvador, ahora te lo ofrezco a ti, dígnate aceptarlo: «Un corazón contrito y humillado, Dios mío, no lo desprecias» (*Sal* 51, 19). Mi corazón está contrito y humillado, no puede dejar de complacerte. Recibe este corazón que te ofrezco con todo el amor y gratitud de los que soy capaz, para que te alabe y ame el resto de mi vida. Gran parte de mi vida la he desperdiciado porque no te he amado, pero los mejores años están por venir, porque los emplearé todos en amarte. Te amaré, oh Sacratísimo Corazón de Jesús que fue herido por mí, herido en la Cruz por mis pecados, herido en el Santísimo Sacramento por amor a mí. Te honraré durante el resto de mi vida, consagraré a ti todos los días que me quedan, serás mi lugar de descanso, mi morada y mi refugio. «Aquí está mi reposo para siempre, aquí habitaré». En el futuro, que los que me busquen me busquen en el Corazón de mi querido Jesús, y ahí me encontrarán. El Sagrado Corazón será mi morada y mi alimento. En él descansaré de todos mis esfuerzos y, ardiendo con el mismo fuego de amor con el que Tú ardes, te amaré en él y con él, y el centro de mi amor será tu Sagrado Corazón, oh Jesús.

La meditación puede concluirse con las siguientes oraciones:

Alma de Cristo, santifícame.
Cuerpo de Cristo, sálvame.
Sangre de Cristo, embriágame.
Agua del costado de Cristo, lávame.
Pasión de Cristo, confórtame.
Oh buen Jesús, óyeme.
Dentro de tus llagas escóndeme.
No permitas que me aparte de Ti.
Del maligno enemigo defiéndeme.
En la hora de mi muerte, llámame
y mándame ir a Ti, para que con tus santos
te alabe por los siglos de los siglos. Amén.

OREMOS

Señor Jesucristo, que por un inefable milagro de amor, para ganarte los corazones de los hombres, te has dignado darles tu Sagrado Corazón como alimento, escucha las oraciones de los que te suplicamos y perdona los pecados de los que proclaman tu nombre. Vuelve tus ojos misericordiosos a aquellos a los que diriges el amor de tu Corazón, para que aborrezcamos y nos aflijamos por los insultos, el desprecio, la burla y los sacrilegios cometidos por hombres desagradecidos de todo el mundo. Que nos inundemos de amor a tu Sacratísimo Corazón, para adorarte en este sagrado misterio, y que acompañemos con alabanzas esos sentimientos de amor por toda la eternidad. Tú, que vives y reinas con el Padre y el Espíritu Santo, por los siglos de los siglos. Amén.

MEDITACIÓN PARA EL PRIMER VIERNES DE CADA MES

De los sentimientos del Sagrado Corazón de Jesús al contemplar la ingratitud de los hombres y las ofensas a las que le ha expuesto su amor a nosotros.

Representémonos el estado de tristeza en el que quedó sumido el Hijo de Dios cuando permitió que su imaginación le dibujara nítidamente los tormentos aterradores y los insultos humillantes que iba a sufrir hasta el fin del mundo, de manos de tres clases de personas: de los judíos de su tiempo que lo iban a rechazar; de los herejes que lo reconocerían pero que rechazarían creer en sus dones; y de los católicos que, creyendo en sus beneficios, los pagarían con una gran ingratitud. Fue ante esta visión cuando Jesús empezó a tener miedo, como nos dice el Evangelio, a agotarse y a entristecerse; y, finalmente, cayó en una especie de agonía mortal, sin recibir consuelo de nadie, ni siquiera de sus discípulos más leales, a quienes se quejó, diciendo: «Está triste mi alma hasta el punto de morir». Imaginemos que es a nosotros a quien Jesús transmite esta queja: «Me abandonáis al verme en un estado tan terrible».

Primer punto— *Los sentimientos del Corazón de Jesucristo al ver los tormentos que iba a sufrir por la crueldad de los que le iban a condenar.*

Consideremos cuáles serían los sentimientos de Jesucristo cuando pensase, por un lado, en los grandes beneficios que había derramado sobre el pueblo elegido y, por otro, las ofensas y afrentas que iba a recibir de ellos. Todas aquellas gracias fueron por consideración a los méritos de Jesucristo. Fue especialmente por ese pueblo por quien se hizo hombre. De entre ellos eligió a sus padres y a sus amigos, allí obró sus milagros y predicó su doctrina. Por todos esos beneficios, no recibió sino hostilidad, persecución y oprobio. Se le negó un alojamiento donde nacer. Recién nacido, se vio obligado a buscar asilo en un país extranjero. ¡De qué forma tan humillante lo iban a tratar durante su vida pública! ¡Qué no sufriría en su muerte! Lo trataron como un ladrón. Lo arrastraron como un criminal por las mismas calles por las que había pasado triunfalmente unos días antes como el Mesías. Le abofetearon como a un insolente. En casa de Caifás, se le escupió como a un blasfemo. Fue parodiado como un falso rey y un impostor, fue abandonado a la terrible crueldad de la chusma endemoniada durante toda la noche en las mazmorras de Caifás, donde sufrió innumerables ofensas. Herodes lo trató como si estuviera loco. Le condenaron a ser flagelado como un miserable esclavo y eligieron a Barrabás el malhechor como si fuera mejor que Él. Por último, le condenaron a la muerte más ignominiosa y fue clavado en la cruz, en la que murió a la vista de una inmensa multitud de personas, la mayoría de los cuales habían sido testigos de sus milagros —o incluso sus beneficiarios—. No encontró a nadie que lo defendiera o que le ofreciera consuelo. ¿Todas esas personas habían sido engañadas? No: sabían que su vida había sido santa, ejemplar; que la había empleado en hacer el bien, haciendo milagros para los desfavorecidos; y por eso lo persiguieron: por ser demasiado bueno.

Todo esto lo visualizó Jesús con claridad. Era perfectamente consciente de la dignidad de su Persona, de la grandeza de sus favores, de su amor desinteresado, y de la indignidad, mezquindad, rabia y maldad de cuantos lo trataban con tanta crueldad.

Un alma grande, especialmente cuando está llena de amor y quiere darlo a conocer mediante el sufrimiento, es capaz de entregarse a sí misma voluntariamente al dolor; pero cuanto más generosa y misericordiosa es, más difícil le resulta soportar la injusticia y la ingratitud, sobre todo cuando se ve traicionada por aquellos de los que tenía el derecho a esperar ayuda en la aflicción. Lo peor para esa alma generosa es ver que sus sufrimientos y su dolor no inspiran a los hombres —a los que tanto ama— el menor sentimiento de compasión.

Nunca se ha representado una persona a sí misma los acontecimientos con todas sus consecuencias, tan clara y vívidamente, como Jesucristo. Nunca ha tenido nadie un corazón tan generoso y, como consecuencia, nadie ha sido nunca tan sensible a la ingratitud. ¡Con qué torrentes de amargura se vería inundado el Sagrado Corazón de Jesús al ver ante sí lo que había hecho por las personas y lo que esas personas le iban a hacer! Nosotros, que somos tan sensibles al desprecio, principalmente al de las personas a las que más hemos ayudado, reflexionemos sobre cuáles debieron ser los sentimientos de Jesucristo a la vista de semejante espectáculo.

La pena que desgarró su Sagrado Corazón debió ser especialmente amarga porque es el único tormento de su Pasión del que se quejó: «Mirad y ved si hay dolor como mi dolor» (*Lm* 1, 12). ¡Qué ingratitud y qué crueldad! ¡Y en medio de ese dolor tan agudo, ningún consuelo!

«¿Es ese el pago que dais al Señor, oh pueblo necio e insensato?» (*Dt* 32, 6). Hombres desagradecidos, cristianos insensibles, ¿es esta la gratitud que tenéis a vuestro Dios y Salvador?

No, mi Salvador, que no se diga que Tú has sido tan completamente abandonado, que no se diga que Tú no has encontrado a nadie con quien compartir tu pena. Te pido al menos una gota de ese océano de amargura del que se inundó tu Sagrado Corazón a la vista de tanta ingratitud y desprecio, para que, si no tengo la suerte de borrar mis pecados derramando mi sangre, pueda al menos arrepentirme de tal manera que los limpie con mi llanto.

Segundo punto— Los sentimientos del Sagrado Corazón de Jesús a la vista de las afrentas que iba a sufrir por parte de los impíos.

Pensemos que la segunda causa del temor y la tristeza absoluta que llenaron el Sagrado Corazón de Jesús fue la cantidad de insultos y afrentas que iba a tener que sufrir a causa de la maldad de los despiadados hasta el final de los tiempos. Y vio a todos, uno a uno, sin excluir a nadie. No hay nada más doloroso para un corazón generoso que la ingratitud, y más aún si va acompañada de desprecio. Pero la ingratitud más honda es cuando no solo no se agradecen los bienes recibidos, sino que incluso se niega haberlos recibido, para tener la libertad de maltratar a su benefactor sin pasar por desagradecidos. Jesucristo sabía claramente que, en el futuro, habría un gran número de cristianos que renovarían en la Santísima Eucaristía todas las afrentas de las que fuera capaz la maldad de los demonios, y que negarían su presencia real en la Eucaristía para darse a sí mismos la plena libertad de dar rienda suelta a su ira y su odio contra Él.

¿Podríamos haber imaginado que los hombres serían capaces de tanta maldad y desdén, que usarían su mayor muestra de amor para ofenderle hasta el límite? Nuestro Salvador vio con nitidez en el Huerto de los Olivos todas las afrentas que le infligirían en el Sacramento de su Amor a través de los tiempos hasta el final del mundo: vio las iglesias profanadas, los altares derruidos, los sacerdotes asesinados, su Cuerpo Sagrado arrastrado por el suelo y pisoteado y objeto de la burla de los criminales y de gente sin corazón.

¡Cuáles debieron ser los sentimientos de ese Corazón tan misericordioso en el Huerto de los Olivos! Señor mío, ¿tenías que obrar un milagro tan grande para proporcionar a los desagradecidos un medio para tratarte de manera tan indigna? ¿Por un exceso de amor, tenías que quedarte entre los hombres hasta el fin de los tiempos para ser el objetivo de su desprecio y de su ira? ¿Una visión así no es suficiente para consumir de pena y dolor el corazón? ¿No es a Ti, Dios de Majestad, ante quien los serafines se deshacen de respeto, a quien veo tratado de un modo tan horrible por gente miserable? ¿No eres Tú, en definitiva, el objeto de la complacencia del Padre Eterno, a quien tus propias criaturas, tus esclavos, tus propios hijos te han convertido en el centro de sus burlas y desprecio? Y todo esto, porque Tú les has amado demasiado.

¿Podríamos haber imaginado, Señor, que al exceso de tu bondad los hombres responderíamos con un exceso de maldad? ¿A tu exceso de amor, con un exceso de ingratitud?

Pero, mi Salvador misericordioso, ¿no sería todavía mayor mi ingratitud si no me conmuevo ante semejante trato?

Es en este punto donde descubro el significado de las palabras de Isaías: «Despreciado y rechazado de los hombres, varón de dolores» (*Is* 53, 3). Los despiadados te han tratado como el último y más despreciable de los hombres, y han cumplido la profecía que decía que serías harto «de oprobios» (*Lm* 3, 30). Pero, Salvador mío, ¿nunca se cansarán de tratarte de forma tan insolente esos hijos desnaturalizados, esos impíos?

¿Y me conmoveré alguna vez al verte tan maltratado?

Esta visión tan terrible del pecado y de la ingratitud te causó una agonía de muerte y sudaste sangre en el Huerto. Te pido conmoverme hasta que me brote el llanto, y que si no puedo sentir el mismo dolor que pesó sobre tu Sagrado Corazón, al menos que la vergüenza de ser tan insensible pueda suplir de algún modo mi insensibilidad.

Tercer punto— Los sentimientos del Corazón de Jesús al ver la ingratitud de la mayoría de los católicos.

Pensemos que no fue menos doloroso y triste para Jesucristo ver la ingratitud de la mayoría de los fieles, que mostrarían solo frialdad e indiferencia hacia Él en el Sacramento de su Amor. Vio el poco aprecio —no, incluso el desprecio— con el que tratarían la mayor prueba de su amor. Vio que no importaba lo que Él hiciera para ser amado. Ni siquiera habitar entre ellos en la Eucaristía; ni ese amor sin límites, ni su ayuda constante, ni su presencia... podrían lograr que la mayoría de ellos lo amasen o evitar que se olvidasen de Él. Vio vacías las iglesias en las que iba a estar presente sacramentalmente. Vio el poco respeto —no, la falta de respeto— que habría ante su presencia. Vio claramente que la mayor parte de sus seguidores, que perderían muchas horas en pasatiempos inútiles, en visitas o sin hacer nada, no dedicarían ni quince minutos a estar con Él delante del Santísimo Sacramento. Sabía quiénes le visitarían únicamente bajo presión y sin devoción ni respeto. Por último, vio el número tan pequeño de fieles que le visitarían con ganas y que le adorarían con devoción. Vio claramente que la gran mayoría no le prestaría atención, como si Él no estuviera verdaderamente presente en el Santísimo Sacramento o como si fuera una persona sin importancia.

El trato que recibe de sus enemigos es muy doloroso, pero uno puede esperarlo. Sin embargo, ¿quién podría pensar que sus propios hijos, que le prometieron serle fieles, no solo serían insensibles y no se compadecerían al ver su dolor ante tantos desprecios, sino que le tratarían con desdén, que cometerían pecados y sacrilegios? Bien podría decir nuestro Salvador: «Si me agraviase un enemigo lo soportaría» (*Sal* 55, 13), pero que los cristianos, a quienes no solo he redimido, sino también alimentado con mi Cuerpo y mi Sangre, no sientan nada sino desprecio hacia Mí, que me traten con ingratitud, es demasiado. «Pero eres tú, mi compañero, mi amigo, mi confidente, que juntos gozábamos de dulce amistad» (*Sal* 55, 14-15).

¿Cuáles serán los sentimientos de su Corazón, que tanto ha amado a los hombres y que solo encuentra en los corazones de esos hombres frialdad y desdén? «Soy la burla de todos mis rivales» (*Sal* 31, 12). ¡Si después de exponerme al desprecio y al odio de mis enemigos, en medio de las ofensas que sufro, pudiera al menos encontrar un gran número de amigos leales que me consolaran! Pero es justo lo contrario: «Los que me ven por la calle huyen de mí» (*Sal* 31, 12). La mayoría, viendo que me he ocultado bajo la apariencia de pan para poder habitar entre los hombres, me dejan solo y me olvidan como si yo no cupiera en sus corazones. «Estoy olvidado como un muerto» (*Sal* 31, 13).

¿Se puede decir que asoma alguna exageración en este terrible esbozo de los tormentos, el desprecio, las afrentas y la frialdad que visualizó nuestro Salvador en el Huerto de los Olivos? ¿No es verdad que hemos tratado a Jesucristo con ese desprecio y con esa frialdad? ¿Cuál ha sido mi propia conducta hacia Él en el Sacramento de su Amor? ¿He permanecido indiferente al verle tratado con tanto desprecio?

¿Cómo puedo pensar en todo esto y, al mismo tiempo, darme cuenta de que es Dios hecho hombre quien soporta la tristeza «mortal» a la vista de insultos tan monstruosos y de tormentos tan terribles? Cuando pienso en que es Dios quien acepta libremente sufrir esos insultos y tormentos, ¿cómo puedo no morir de pena y amor?

Si un hombre, si un esclavo, hubiera soportado la décima parte de lo que Jesús ha sufrido, y todavía sufre cada día por amor a nosotros, no podríamos evitar amarle, estarle agradecidos, ofrecerle nuestra compasión y decir: «Después de todo, este pobre desgraciado me ha amado y no se habría topado con la desgracia si no me hubiera amado». Entonces, ¿es que son únicamente las manifestaciones de amor de Jesucristo a las que no respondemos? Demostró el amor que nos tiene muriendo en la Cruz por nosotros, y todavía nos lo muestra al quedarse en el Santísimo Sacramento, a pesar de los insultos y ofensas que recibe. ¿Y mostramos nuestro agradecimiento con ingratitud y frialdad? ¡Qué dureza de corazón! ¿Es posible que nuestro corazón sea capaz de tanta indiferencia?

¡Ay! Señor, el corazón humano es muy capaz de eso, y sería más cruel si el mismo amor que te llevó a soportar tantas ofensas por nosotros no hubiera conseguido también suavizar la dureza de ese corazón insensible, haciéndolo capaz de amarte. Porque para qué sirven todos los prodigios que has realizado y los tormentos que has soportado, si no es para endurecer más nuestro corazón y hacerlo más culpable, si no llegamos a conmovernos ante tus pruebas de amor, si no somos más agradecidos, si no te amamos más…

Como espero, Señor, que no me negarás tu gracia. Hago el firme propósito de darte de ahora en adelante pruebas inequívocas de mi amor y de mi gratitud. He sido hasta este momento insensible a tus gracias, insensible a tus sufrimientos, indiferente hacia ti, a pesar de que estás siempre con nosotros en el Sacramento de tu Amor. Tengo buenos motivos, Salvador mío, para desconfiar de mis promesas, cuando me he mostrado tan frío en el pasado ante tus sufrimientos y ante tus dones. Pero tu gran misericordia me inspira ahora confianza, y seré en el futuro más fiel y constante. Prometo demostrarte mi devoción sincera a tu Sagrado Corazón siendo respetuoso en tu presencia y visitándote con frecuencia mayor en el sagrario. Deseo sinceramente pasar el resto de mi vida reparando y amándote y alabándote para paliar las ofensas que sufres de los malvados, y la frialdad y la indiferencia que experimentas en el Santísimo Sacramento, incluso de personas consagradas a ti. «Yo te amo, Señor, fortaleza mía, Señor, mi roca, mi fortaleza, mi libertador» (*Sal* 18, 2-3).

DIFERENTES TEMAS DE MEDITACIÓN PARA TODOS LOS VIERNES DEL MES

Además de la meditación para el primer viernes de cada mes, día consagrado especialmente a honrar al Sagrado Corazón de Jesús, consideramos recomendable proporcionar aquí temas de meditación para todos los viernes del año, ya que son días también destinados a honrarle de un modo especial.

Los temas proceden de los pasajes del Evangelio que describen la tristeza que Jesucristo sufrió durante su paso por esta Tierra. Intentaremos referirnos a los sentimientos de su Corazón atormentado, tal y como aparece en los Evangelios, a los sentimientos que debió suscitar en ese Corazón la visión de la frialdad, del menosprecio y de las ofensas que recibe diariamente en el Sacramento de la Eucaristía, en el que los malos cristianos no paran de renovar el trato que recibió de quienes le condenaron.

Intentaremos, en la medida de lo posible, adaptar esos temas a los Evangelios de los domingos de los sucesivos meses.

Desarrollaremos dos puntos en la primera de las meditaciones y, para no aumentar innecesariamente el tamaño de este libro, simplemente propondremos el tema de las siguientes, y haremos en cada una algunas reflexiones adecuadas para el objetivo propuesto en la meditación.

ENERO
MEDITACIÓN PARA
EL SEGUNDO VIERNES DE ENERO

«Si no hubiera hecho ante ellos las obras que ningún otro hizo, no tendrían pecado; sin embargo, ahora las han visto y me han odiado a mí, y también a mi Padre» (Jn 15, 24)

Primer punto:

Piensa que, incluso aunque los judíos de aquella época no hubieran estado convencidos por el testimonio de los profetas de que Jesucristo era el Mesías, los milagros que obró, sus virtudes, su celo incansable por la salvación, su gran humildad y especialmente los dones portentosos que derramó sobre su pueblo deberían haber sido más que suficientes para ganarse los corazones de todos los que le conocieron.

Pero, ¡ay!, tuvieron el efecto contrario. A Jesucristo lo persiguieron, lo odiaron, lo trataron peor que si hubiera sido el mayor de los criminales… ¿Es que habían olvidado sus dones y sus milagros? Por supuesto que no: los recordaban, hablaban de ellos. Convirtieron esos mismos dones y milagros en un crimen, y a Jesús lo trataron vilmente precisamente porque los amaba demasiado y era demasiado generoso con ellos. Imagina entonces cuáles debieron ser los sentimientos de Jesucristo, qué tristeza debió sentir su Sagrado Corazón al contemplar la peor de las ingratitudes.

Segundo punto:

Medita ahora en cuáles deben ser sus pensamientos al sentirse tan humillado todos los días en la Eucaristía, incluso por los cristianos, a pesar de que la instituyó para satisfacer su amor hacia nosotros. Incluso si Jesucristo no hubiera obrado este milagro, incluso si no nos hubiera amado hasta el límite, ¿sería esa una razón para no amarle? Cristianos desagradecidos, ¿no ha hecho el Salvador más que suficiente para merecer nuestro amor? Y si su amor extremo le ha llevado a hacer lo que nos parece excesivo, ¿va a ser ese amor sin límites el que impida que le amemos, o, peor aún, va a ser la causa de que le despreciemos? ¿No es lo que ha pasado desde que instituyó este misterio? ¿No se cumplen hoy las palabras de los profetas, que dijeron: «Que se harte de oprobios», «despreciable y despojo de hombres», por el trato que recibe en el Santísimo Sacramento? La ingratitud y la impiedad de quienes le condenaron nos provocan una justa indignación. Vemos, sin embargo, esa impiedad e ingratitud renovada en las humillaciones a las que su amor expone a Jesucristo cada día en el Santísimo Sacramento, ¿y nunca nos conmovemos?

Hasta ahora, oh mi Salvador, he sido desagradecido contigo. He respondido a tus dones con frialdad y descuido. Tú, sin embargo, continúas mostrándome tu misericordia a pesar de mi infidelidad. Concédeme morir de dolor o vivir en un continuo arrepentimiento por haber amado tan poco a Dios, que me quiere hasta el infinito, y que me da continuamente en la Eucaristía la prueba de amor más grande que haya existido jamás.

De ahora en adelante te amaré, Salvador mío, y te adoraré y te alabaré en el Santísimo Sacramento. Empezaré a demostrarte mi amor comportándome con modestia y respeto en tu presencia; por medio de una devoción ardiente a tu Sagrado Corazón y un deseo sincero de reparar, en lo que esté a mi alcance, las ofensas que se te han infligido, y que continúan infligiéndose diariamente contra el Sacramento de tu Amor. Concédeme que estas disposiciones continúen hasta mi muerte.

MEDITACIÓN PARA
EL TERCER VIERNES DE ENERO

«Y se escandalizaban de él. Pero Jesús les dijo: "No hay profeta que no sea menospreciado en su tierra y en su casa". Y no hizo allí muchos milagros por su incredulidad» (Mt 13, 57-58).

179

¿De qué manera pudo ser Jesucristo fuente de escándalo a no ser por haberse hecho uno más de ellos —quizá demasiado— y por ser demasiado generoso? El amor que nos tiene es excesivo, no conoce la moderación. Pero su amor, que debería haberle granjeado los corazones de todos los hombres, le ha reportado el desprecio de muchos de ellos. Aquellos entre los que vivió más tiempo son los que menos le conocen y los más indignos de recibir sus dones. Y, como solo encuentra servidores fieles entre los desconocidos, es también entre ellos donde obra sus mayores milagros y derrama sus dones más copiosamente.

Es extraño que nadie sea profeta en su tierra. Pero lo es todavía mucho más que Jesucristo reciba tantas ofensas en su propia tierra, que sea tan poco conocido para aquellos entre los que habita y tan poco amado incluso por aquellos que lo conocen. Resulta extraño que, cuando nos abre todos sus tesoros en el Santísimo Sacramento, no sintamos el efecto de su presencia, y que aquellos que se le acercan con mayor frecuencia no siempre sean los más santos ni los que más le aman. Resulta extraño que Jesucristo, que está todo el tiempo con nosotros, haga tan pocos milagros, que sea para algunos, objeto de escándalo. Pero ¿no sería todavía más extraño si yo mismo, a pesar de hacer hoy todas estas consideraciones, no amase más a Jesucristo y continuase insensible ante las ofensas que recibe en el Santísimo Sacramento y si yo no empleara todos los medios posibles para reparar el daño que le causan?

MEDITACIÓN PARA
EL CUARTO VIERNES DE ENERO

«Dijo entonces el amo de la viña: "¿Qué haré? Enviaré a mi hijo amado; tal vez a él lo respetarán". Pero los labradores, al verle… Y lo sacaron fuera de la viña y lo mataron» (Lc 20, 13-15).

El significado de esta triste parábola lo vemos cumplido literalmente en la persona de Jesucristo, a quien la mayoría de los judíos de su tiempo trataron de ese modo. Pero, ¿no se cumple de nuevo lo que narra la parábola todos los días, por la forma ofensiva con que los cristianos solemos tratar a Jesucristo en el Santísimo Sacramento?

¿Podía el Padre Eterno haber buscado un medio más adecuado para encontrar servidores leales entre los hombres, en lugar de enviarles a su propio Hijo? ¿Y podía haber ideado Jesucristo un medio más adecuado para hacerse amar y adorar que instituir la Santísima Eucaristía? Sin embargo, ¿amamos las personas más a Jesucristo por eso? ¿No ocurre, al contrario, que le tratamos incluso peor? La ingratitud de sus contemporáneos nos enfada, pero ¿por qué no nos preocupamos de nuestra propia ingratitud? Es realmente sorprendente que la presencia de Jesucristo, su humildad, su generosidad y sus milagros no tuvieran ninguna repercusión en el corazón de la gente que le conoció en Israel y le condenó. Pero, ¿no es más extraño que la presencia real de Jesucristo en la Sagrada Eucaristía, su humillación, su silencio, su generosidad y todos los dones que está dispuesto a concedernos tengan tan poco efecto en los corazones de los cristianos?

FEBRERO
MEDITACIÓN PARA
EL SEGUNDO VIERNES DE FEBRERO

«*Simeón los bendijo y le dijo a María, su madre: "Mira, este ha sido puesto para ruina y resurrección de muchos en Israel, y para signo de contradicción"*» *(Lc 2, 34)*.

Esta predicción atravesó el corazón de María como una espada. ¡Qué impresión causaría en el Corazón de su Hijo! Jesucristo se ofreció entonces a su Padre Eterno por la salvación de todos los hombres, una ofrenda que estaba infinitamente por encima de la deuda. Sin embargo, esta víctima inmolada por todos sería inútil para muchos y serviría para la ruina y la resurrección de muchos. Esta víctima divina se ofrece y se inmola cada día a través de las manos del sacerdote para salvarnos, ¿y no es esta misma víctima la ruina y la resurrección de muchas personas? ¿Cómo puede ser de otro modo, si todavía es objeto de contradicción entre los seres humanos? Algunos se niegan a admitir a Jesucristo. Otros, aunque lo admiten, lo desprecian. La mayoría se olvida de Él, y los que piensan en Él no siempre son personas agradecidas. ¿No era suficiente, Salvador mío, con que esta profecía se llevara a cabo durante tu vida mortal? ¿Es necesario que se siga repitiendo todos los días, por el desprecio a tu persona en la Eucaristía? El dolor traspasó de parte a parte el corazón de tu Madre; ¿no alcanzará nunca mi corazón?

MEDITACIÓN PARA
EL TERCER VIERNES DE FEBRERO

«Tomando consigo a los doce, les dijo: "Mirad, subimos a Jerusalén, y se cumplirán todas las cosas que han sido escritas por medio de los Profetas acerca del Hijo del Hombre: será entregado a los gentiles y se burlarán de él, será insultado y escupido"» (Lc 18, 31-32).

¡Qué debió de sentir Jesucristo! «Veis —les dijo a los Apóstoles— este pueblo sobre el que he derramado mis dones y en cuyo favor he realizado tantos milagros… Este pueblo va a pagar estos dones con una gran ingratitud. Me voy a poner en sus manos, y ellos me entregarán a los gentiles. Me voy a convertir en objeto de odio de los hombres, la burla de los soldados, el hazmerreír de la corte y en víctima sacrificada a la maldad y la impiedad de los sacerdotes. No habrá desprecio que no tenga que sufrir, ni afrenta que se me pueda evitar, ni se me ahorrará ningún tormento». ¿Qué habría respondido el Salvador si le hubiéramos preguntado por qué iba a ponerse en sus manos? ¿No habría respondido que su amor era mayor que todas esas ofensas, y que se exponía a ellas voluntariamente para demostrar su amor sin límites? Su amor se renueva cada día en la Eucaristía. Jesucristo tiene los mismos sentimientos hacia nosotros. Pero, Dios mío, ¿cuáles son mis sentimientos hacia Jesucristo, tan poco amado y tratado con tanto desprecio?

MEDITACIÓN PARA
EL CUARTO VIERNES DE FEBRERO

«Todos quedaron asombrados de la grandeza de Dios. Y estando todos admirados por cuantas cosas hacía, les dijo a sus discípulos: "Grabad en vuestros oídos estas palabras: el Hijo del Hombre va a ser entregado en manos de los hombres"» (Lc 9, 43-44).

Hacía falta una autoridad tan grande como la de Jesucristo para convencer a sus discípulos, que eran testigos de sus milagros, de que esos milagros que causaban la admiración de todos no podrían evitar que los hombres le trataran de forma ruin. Sus compatriotas habían rechazado amarle, y para poder tener la libertad de maltratarle, cerraron los ojos para no conocerle. Los paganos siguieron en eso su ejemplo. Pero ¿quién podría pensar que habría personas que tratarían a Jesucristo aún peor y con más desprecio en la Eucaristía?

Señor, Tú, que ordenaste a tus discípulos grabar esas tristes verdades en sus corazones, concédenos que se graben también en los nuestros.

MARZO
MEDITACIÓN PARA
EL SEGUNDO VIERNES DE MARZO

«*"Mi alma está triste hasta la muerte. Quedaos aquí y velad conmigo". (…) Vuelve junto a sus discípulos y los encuentra dormidos; entonces le dice a Pedro: "¿Ni siquiera habéis sido capaces de velar una hora conmigo?"*» (Mt 26, 38-40).

Una persona tiene una naturaleza cruel e insensible si permanece tranquila y despreocupada cuando ve a un amigo agobiado por un problema grave y hundido en la tristeza. ¿No es dolorosa para el amigo esa indiferencia? Jesús se había llevado solamente a tres apóstoles al Huerto. A pesar del estado de angustia en que se encontraba, no consiguieron seguir despiertos ni siquiera una hora con Él.

La mayoría de las personas tratan con desprecio y frialdad a Jesucristo en la Santísima Eucaristía. ¡Muy pocos de los que manifiestan ser seguidores suyos y de amarle sienten esas ofensas! A Jesucristo lo entregan constantemente en manos de sus mayores enemigos, pero ¡qué pocos de aquellos que declaran serle fieles van al pie del altar para hacerle compañía! ¡Cuántos hombres hay a quienes podría Jesucristo hacer el siguiente reproche: «¿No podéis velar una hora conmigo?»! ¿Qué podría responderte, Señor, yo, que pierdo tantas horas en reuniones superficiales y en pasatiempos inútiles?

MEDITACIÓN PARA
EL TERCER VIERNES DE MARZO

«Y enseguida se acercó a Jesús y le dijo: "¡Salve, Rabí!". Y le besó. Pero Jesús le dijo: "Amigo, ¡haz lo que has venido a hacer!"» (Mt 26, 49-50). «Jesús le dijo: "Judas, ¿con un beso entregas al Hijo del Hombre?"» (Lc 22, 48).

Se sobrelleva muy mal el que una persona desagradecida añada la hipocresía a la maldad y que trate de engañarnos con muestras externas de amistad; que haga uso públicamente de la familiaridad y de diversas muestras de cariño para destruirnos. Mi Salvador divino, ¡qué sentirás al ver el gran número de cristianos a los que invitas de todo corazón a tu banquete y a quienes admites con tanto amor a tu mesa! Allí les das testimonio de tu amor infinito. Pero ellos ejecutan un acto que es en sí mismo una muestra del amor que te tienen. Sin embargo, a cuántos de ellos no podrías decirles: «¿Amigo, a qué vienes? ¿Con un beso me entregas?».

¿A cuántas almas impuras te has entregado? ¿A cuántos corazones corrompidos por mil vicios? ¿Cuántos sacrilegios se han cometido bajo esa falsa apariencia de piedad? ¿Y permaneceré yo siempre insensible a todo eso?

MEDITACIÓN PARA
EL CUARTO VIERNES DE MARZO

«Los soldados lo condujeron dentro del patio, es decir, el pretorio, y convocaron a toda la cohorte. Lo vistieron de púrpura y le pusieron una corona de espinas que habían trenzado. Y comenzaron a saludarle: "Salve, Rey de los judíos". Y le golpeaban en la cabeza con una caña, le escupían e hincando las rodillas se postraban ante él» (Mc 15, 16-19).

¿Habría sido tratado de forma tan humillante el criminal más infame? Pero esas burlas, esas ofensas, esa crueldad inaudita de los soldados con la sagrada persona de Jesucristo, provocando el derramamiento de su preciosísima Sangre, solo duraron como mucho unas horas, y han estado acompañadas por las lágrimas que la compasión y el amor han arrancado a muchísimos seguidores leales a Jesucristo a través de los siglos. Sin embargo, ¿no se renueva esa terrible tragedia cada día en las ofensas que se cometen contra Jesucristo en la Santísima Eucaristía? ¿Y no han repetido los malos cristianos y los paganos cientos de veces los actos de desprecio que narra el Evangelio? ¿Cuántas personas parecen entrar en la iglesia solo para insultar a nuestro Salvador? ¿Cuántos hombres hacen desmerecer el más asombroso de los misterios, por su falta de reverencia? ¡Ojalá haya, mi Salvador, al menos una cantidad de servidores fieles que, conmovidos al verte tan poco adorado y tan débilmente querido, y tan humillado, hagan la reparación que mereces!

ABRIL
MEDITACIÓN PARA
EL SEGUNDO VIERNES DE ABRIL

«Pilato de nuevo les preguntaba: "¿Y entonces qué queréis que haga con el Rey de los judíos?". Ellos volvieron a gritar: "¡Crucifícalo!"» (Mc 15, 12-13).

Pilato no sabía qué hacer con Jesús, como si Él fuera un inútil; había prisa por verlo crucificado.

Cualquier persona ajena al juicio habría pensado por la conducta de Pilato y de los presentes, que Jesucristo no servía para nada más que para ser despreciado, humillado y crucificado. ¡Miserables! No sabéis qué hacer con el Salvador: os quitarán al Salvador y lo entregarán a los gentiles y a los bárbaros que sabrán sacar provecho de la misteriosa piedra que vosotros habéis rechazado. Jesucristo está ahora entre nosotros, presente en la Sagrada Eucaristía. ¿Nos resulta Jesucristo en este sacramento más útil a nosotros de lo que les resultó a los que vivieron en aquella época? ¿Sabemos el tesoro que tenemos? ¿Sabemos el infinito valor de esta víctima y nos beneficiamos de Él? El abuso y el desprecio con que los hombres tratan a este sacramento ha alcanzado el límite. No habéis sabido qué hacer con el Salvador, y se os ha privado de Él y se les ha entregado a los pueblos más alejados de nosotros. Dios mío, ¿he sabido cómo aprovechar la presencia del Salvador que habita entre nosotros?

185

MEDITACIÓN PARA EL TERCER VIERNES DE ABRIL

«Pilato, al oír estas palabras, condujo fuera a Jesús (…) y les dijo a los judíos: "Aquí está vuestro Rey". Pero ellos gritaron: "¡Fuera, fuera, crucifícalo!". (…) "No tenemos más rey que el César", respondieron los príncipes de los sacerdotes. Entonces se lo entregó para que lo crucificaran» (Jn 19, 13-16).

A Jesucristo no se le reconocía. La crueldad de los verdugos le había dejado en un estado tan terrible, que el propio juez tuvo que decirles que era a Cristo a quien habían traído ante el pueblo. Ese espectáculo habría conmovido los corazones de los bárbaros más endurecidos. Incluso aquellos que se encontraban presentes habrían tenido compasión, y se habría conmovido su corazón, con cualquier otro que no fuera Jesucristo. ¡Contempla a nuestro Salvador abandonado a la ira de esos demonios! ¡Mi querido Salvador, estás abrumado de tormentos y oprobio! Fue tu amor por nosotros el que llevó las cosas hasta ese punto. ¿No fue aquello suficiente, sin exponerte cada día a un trato similar en el Santísimo Sacramento? ¿No era ya demasiado? «Sí —responde nuestro Salvador—, era ya suficiente para apaciguar a mi Padre, más que suficiente para extinguir el odio de mis enemigos, más que suficiente para eliminar los pecados del mundo, más que suficiente para extinguir el fuego del infierno. Pero no era suficiente para mostrar a los cristianos mi amor. Fue suficiente para conmover a mi juez, Pilato, y a mis verdugos; suficiente para agrietar las rocas y, sin embargo, ni el recuerdo de mis sufrimientos pasados ni las afrentas que sufro constantemente en la Sagrada Eucaristía son suficientes para conmover el corazón de los cristianos». ¡Qué dureza y cuánta insensibilidad las de nuestros corazones! Todos los excesos de sufrimiento y amor no son suficientes para conquistar nuestra indiferencia. ¡Vemos a Jesucristo maltratado a diario en el Santísimo Sacramento, y lo contemplamos con indiferencia!

MEDITACIÓN PARA
EL CUARTO VIERNES DE ABRIL

«Aunque estaban las puertas cerradas, vino Jesús, se presentó en medio y dijo: "La paz esté con vosotros". Después le dijo a Tomás:

"Trae aquí tu dedo y mira mis manos, y trae tu mano y métela en mi costado, y no seas incrédulo sino creyente"» *(Jn 20, 26-27).*

¿No es esta una hermosa muestra de amabilidad? ¡Cómo debía amar nuestro Salvador a ese apóstol incrédulo, para usar una manera tan impactante y al mismo tiempo llena de amor, para convencerle! La simple vista de ese costado abierto inflama de amor el corazón del apóstol. Jesucristo viene a nosotros diariamente en el Santísimo Sacramento. Nos da ese mismo Cuerpo. Y en ese mismo Cuerpo encontramos las mismas llagas. En definitiva, nos da su Corazón, nos hace tocarlo, ¡y ese Corazón y todo el fuego del que está inflamado no es capaz de inflamar nuestros corazones! ¡Con qué frialdad se retiran los cristianos después de recibir la Sagrada Comunión! ¡Sus corazones están congelados en presencia del amor! La fe y el nuevo fervor de santo Tomás alegró el Corazón de Jesucristo. ¡Cuáles deben ser sus sentimientos ante la insensibilidad y la pequeñez de nuestra fe! ¿Qué debo reflexionar yo sobre esto?

MAYO
MEDITACIÓN PARA
EL SEGUNDO VIERNES DE MAYO

¿Tanto tiempo como llevo con vosotros y no me has conocido? (Jn 14, 9).

No es posible conocer bien a Jesucristo y no amarle. De alguien que le ama con frialdad puede decirse entonces que no lo conoce. Su queja a los apóstoles nos revela los sentimientos de su Corazón. A pesar de que lo habían dejado todo para seguirle, no le amaban todavía con el fervor suficiente, porque le conocían de modo imperfecto. Pero no tiene más motivos nuestro Salvador para hacernos a nosotros un reproche similar y decirnos: «He estado tanto tiempo en medio de vosotros, he estado con vosotros día y noche, únicamente porque os amo, ¡y todavía no me conocéis! Porque, si me conocierais, ¿me dejaríais solo casi siempre? ¿Mostraríais tan pocas ganas de venir a verme? ¿Estaríais tan poco concentrados en mi presencia? ¿Tendríais tan poca confianza en mí para hacerme llegar todas vuestras necesidades? ¿No recurriríais a mí antes que a todos los demás en cualquier acontecimiento de vuestra vida? ¿Podríais separaros de mí sin pena?». ¿Qué respuesta podría yo darle?

MEDITACIÓN PARA EL TERCER VIERNES DE MAYO

«¿Aún podéis dormir y descansar…? Se acabó; llegó la hora. Mirad que el Hijo del Hombre va a ser entregado en manos de los pecadores» (Mc 14, 41).

A quien ama es muy doloroso ver cómo le abandonan sus mejores amigos cuando cae en desgracia, ¿y no es igual de doloroso ver que los pocos amigos que afirman que no le abandonarán no sienten su caída y no comparten su dolor? La mayoría de los hombres ofende a Jesucristo en el Santísimo Sacramento. Cada día lo entregan a manos de pecadores. La mayoría de los que declaran amarle no se sienten conmovidos por esas ofensas. No muestran arrepentimiento al verle tratado de una forma tan humillante. Vosotros dormís, almas devotas, y reposáis mientras a Jesucristo le desprecian en todas partes en el Sacramento de la Eucaristía. En un lugar, se profanan los vasos sagrados y se pisotean las formas consagradas. En otro, los pecadores cometen a diario sacrilegios horribles. Nos olvidamos de nuestro Señor en todos los lugares, lo despreciamos y no nos afecta lo más mínimo. Y no hacemos nada para demostrarle que lo sentimos. Tenemos en nuestro poder reparar de algún modo por esas ofensas y no nos queremos comprometer a hacerlo… Ni siquiera pensamos en ello…

MEDITACIÓN PARA EL CUARTO VIERNES DE MAYO

«Y comenzó a afligirse y a sentir angustia. Y les dice: "Mi alma está triste hasta la muerte. Quedaos aquí y velad"» (Mc 14, 33-34).

Un hombre con un alma verdaderamente grande y un corazón generoso no permite que le afecten demasiado los insultos, los tormentos o la muerte si él mismo lo ha elegido y se ha entregado a eso voluntariamente. Pero ese mismo corazón, a prueba de tormentos, no es capaz de ser insensible a la ingratitud de aquellos por los que sufre, y ese es el martirio que le hizo quejarse a Jesús.

Él mismo se lo reveló expresamente a santa Margarita María. Imaginémonos que nos dice: «No me quejo de que se me arrastre por las calles de Jerusalén, ni de los latigazos, ni de ser coronado con espinas, ni de que me claven a un madero para sufrir hasta la muerte los tormentos más atroces. Mi amor por los hombres me lleva a aceptar todo eso. Pero no me puedo resignar a ser tratado de modo tan humillante en la Sagrada Eucaristía, la obra maestra de mi amor, el medio más eficaz de conseguir el amor de los hombres para poder así amarles todavía más, y el lugar más adecuado para recibir su adoración y amor. Me duele que la Sagrada Eucaristía sea donde recibo las peores afrentas, donde se me deja abandonado, donde se me desprecia y soy maltratado, ¡incluso por quienes manifiestan piedad!».

JUNIO
MEDITACIÓN PARA
EL SEGUNDO VIERNES DE JUNIO

«Jesús les respondió: "Yo soy el pan de vida; el que viene a mí no tendrá hambre, y el que cree en mí no tendrá nunca sed. Pero os lo he dicho: me habéis visto y no creéis"» (Jn 6, 35-36).

¡Qué reproche tan mordaz después de un don tan grande! Es como si Jesucristo hubiera dicho: «Hijos míos, no estoy satisfecho con dar mi Cuerpo para redimiros, os doy mi Cuerpo para que sirva de alimento para vuestra alma. Morir por alguien es la mayor demostración de amor; pero yo no lo consideraría la mayor prueba si no renuevo el sacrificio de mi muerte todos los días y cientos de veces al día; si, no pudiendo físicamente morir más veces, no pudiera ponerme continuamente en la circunstancia de la muerte en la Santísima Eucaristía. Y, sin embargo, ya os lo he dicho: "Me habéis visto, pero me amáis poco, porque vuestra fe es escasa"».

¡Qué desagradecidos somos los cristianos! Hemos visto lo que el Salvador ha hecho por nosotros, y vemos lo que seguimos haciendo a diario, ¿y aun así no le amamos más? Si nos conmueve tan poco lo que ha hecho por nosotros, ¿no podríamos por lo menos lamentar lo que no hemos hecho por Él?

MEDITACIÓN PARA EL TERCER VIERNES DE JUNIO

«Y envió por delante a unos mensajeros, que entraron en una aldea de samaritanos para prepararle hospedaje, pero no le acogieron» (Lc 9, 52-53).

¿Cuáles son nuestros sentimientos ante esos samaritanos tan poco hospitalarios? ¡Qué suerte la suya! ¡Si hubieran sabido quién era el que se presentaba ante su puerta, y a quién le negaron la entrada en su ciudad! ¡Qué sentiría el Corazón de Jesús cuando sus discípulos le dijeran lo mal que les habían tratado y el desprecio que habían manifestado contra Él! Pero no fueron ellos los únicos desagradecidos. Ha habido en todos los tiempos personas que les han negado a los discípulos de Jesucristo la entrada en sus ciudades y que han expulsado al mismísimo Jesucristo. De hecho, ha ocurrido muchas veces a lo largo de la historia en muchos países que antes eran cristianos. ¡Ojalá el resto de la cristiandad lo recibiera mejor y lo amara más! ¡Ojalá que los que le reciben lo hicieran mejor!

MEDITACIÓN PARA EL CUARTO VIERNES DE JUNIO

«Salieron los fariseos y comenzaron a discutir con él, pidiéndole, para tentarle, una señal del Cielo. Suspirando desde lo más íntimo, dijo: "¿Por qué esta generación pide una señal?"» (Mc 8, 11-12).

¡Qué reproches encierra este gemido y cuánto fundamento tiene! El Sagrado Corazón padece la crueldad y la maldad de los fariseos. No ha habido un pueblo o ciudad por donde haya pasado Jesucristo que no haya sido testigo de sus milagros. Pero, cuando los hombres no aman a quienes obran milagros, no se conmueven por lo que ven y oyen. Debemos de amar poco a Jesucristo, porque el mayor de sus milagros, y en el que nos transmite más amor, que es la Sagrada Eucaristía, nos conmueve muy poco. ¡Oh, Salvador mío!, ¿no debería esta sorprendente dureza de nuestro corazón afligirnos, como si todavía pudiera arrancar gemidos a tu Sagrado Corazón, si estuviera aún sujeto a la tristeza y al dolor? Mi corazón, Salvador misericordioso, es capaz de sentir tristeza y dolor, dígnate llenarlo de ternura con tu gracia para que se aflija por mi ingratitud y por la de todos los hombres.

JULIO
MEDITACIÓN PARA EL SEGUNDO VIERNES DE JULIO

«Entonces volvieron a gritar: "¡A ese, no, a Barrabás!"» (*Jn 18, 40*). ¿De dónde procedía ese odio tan intenso? ¿Qué había hecho Jesucristo para ser tan odiado? ¿A qué enfermo no quiso curar cuando lo llevaron ante Él, o qué persona con alguna desgracia recurrió a Él y no recibió consuelo? Esa rabia y esa furia nos deja atónitos y entristeció el Corazón de Jesús. Pero, Salvador mío, ¿no hay todavía gente con un odio similar contra el Santísimo Sacramento? ¿Cuántos hay que, negándose a reconocerte en el Sacramento de tu Amor, claman contra ti ahora mismo: «¡No a este hombre!»? ¡Cuántas personas que se consideran piadosas no te visitan lo que debieran en la Eucaristía —por descuido, por indiferencia o por negligencia—, y manifiestan claramente que no te aman! ¿He formado yo alguna vez parte de ese grupo?

MEDITACIÓN PARA EL TERCER VIERNES DE JULIO

«Yo he venido en nombre de mi Padre y no me recibís; si otro viniera en nombre propio, a ese lo recibiríais» (*Jn 5, 43*). ¡Qué razonable es este reproche! ¡Y cuánto dolor y cuánta pena hay en el Corazón de quien lo pronuncia! ¿Qué sentiría un príncipe si viera que sus súbditos reciben con grandes honores al último de los sirvientes de su padre y en cambio a él, el hijo y heredero, le tratan con desprecio? Las gentes respetan a un hombre que saben que ha sido enviado por Dios. Las reliquias de los santos nos inspiran veneración. Hay personas que emprenden largos viajes, con las incomodidades que conllevan, para rendirles homenaje, y son actos piadosos encomiables. ¿Es razonable nuestra conducta al no ir a visitar y adorar a Jesucristo, que está siempre presente en el Santísimo Sacramento? ¿Cuántas personas hay sin devoción a la Eucaristía, que sienten rechazo a recibir la Sagrada Comunión, que muestran poco o ningún respeto en presencia del Santísimo Sacramento y que dicen que no encuentran tiempo para hacerle una visita?

MEDITACIÓN PARA EL CUARTO VIERNES DE JULIO

«"El que come mi pan levantó contra mí su talón" (…). Cuando dijo esto Jesús se conmovió en su espíritu, y declaró: "En verdad, en verdad os digo que uno de vosotros me va a entregar"» (Jn 13, 18-21).

Hacía falta mucho dolor para angustiar un Corazón tan decidido como el de Jesucristo. Pero el desprecio que recibe de los hombres en el Santísimo Sacramento es para Él causa de agudísimo dolor y de una pena que no puede ocultar. Nuestro Salvador va a instituir la Eucaristía, su amor le mueve a hacerlo pero su entendimiento le permite ver con nitidez las ofensas a las que le va a exponer este misterio. Esta consideración tan triste precipita su Sagrado Corazón a un abismo de aflicción. Ve a los impíos que, sin aceptar el amor de Jesús, se aprovecharán de su entrega para ofenderle, y a los que se dicen seguidores suyos, que cometen sacrilegios horribles. Si el Salvador hubiera hecho a favor de los demonios una centésima parte de lo que ha hecho por los hombres, ¿lo tratarían de modo tan indigno? Salvador divino, esas humillaciones y afrentas te han dolido en el alma, ¿y yo sigo sin conmoverme?

AGOSTO
MEDITACIÓN PARA
EL SEGUNDO VIERNES DE AGOSTO

«Desde ese momento muchos discípulos se echaron atrás y ya no andaban con él. Entonces Jesús les dijo a los doce: "¿También vosotros queréis marcharos?"» (Jn 6, 66-67).

Esta pregunta brotó de un corazón inflamado de amor y era una prueba palpable de su gran dulzura. Tuvo el efecto de inducir a los apóstoles, a quienes estaba dirigida, a amar aún más a Cristo. Tuvo el efecto que esperaba el Salvador, y el fervor renovado de los apóstoles le consoló cuando vio marcharse a tantos seguidores. Jesús nos hace a menudo la misma pregunta, y por la misma razón. ¡Ojalá surta el mismo efecto! Todos los días nuestro Señor se ve abandonado por fieles cobardes que, cansados de sus dones, se separan de Él y lo dejan solo. Escuchemos la pregunta que Jesucristo nos hace: «¿Vosotros también queréis marcharos? ¿Estáis cansados de este banquete y aburridos de seguirme? No actuéis como esos que se marchan y que, si vienen alguna vez a adorarme, lo hacen por mera rutina y por acostumbramiento».

MEDITACIÓN PARA
EL TERCER VIERNES DE AGOSTO

«Jesús le dijo: "Las zorras tienen sus guaridas y los pájaros del cielo sus nidos, pero el Hijo del Hombre no tiene dónde reclinar la cabeza"» *(Lc 9, 58).*

¿Hay algo de exageración en esta queja de Jesús? ¿No es cierto que lo han perseguido y menospreciado en todas partes? ¡Ay! La persecución ya le estaba esperando en Belén al nacer. En cuanto nació, tuvo que buscar refugio en un pueblo idólatra. Él mismo se quejó del trato que recibió en Nazaret. Lo expulsaron de Jerusalén. Le negaron la admisión en Samaria. Se vio obligado varias veces a esconderse de la persecución de los que deseaban matarle antes de que hubiera llegado su hora. ¿Terminaron ese desprecio y esas persecuciones al acabar su vida mortal? Habrían cesado si no hubiera instituido la Sagrada Eucaristía. Pero la instituyo, y desde entonces han sobrevivido hombres perversos que no han dejado nunca de insultarle y perseguirle. Si esto no hubiera ya sucedido, ¿quién habría imaginado que Jesucristo en la Santísima Eucaristía no estaría a salvo de insultos y ofensas? Desgraciadamente, es demasiado cierto que Jesucristo ha sido objeto de todo tipo de ataques en todas las épocas en el Sacramento de su Amor; y que bastantes cristianos no se han sentido afectados ante este hecho.

MEDITACIÓN PARA
EL CUARTO VIERNES DE AGOSTO

«Pero él no le respondió nada (…). Herodes, junto con sus soldados, le despreció, se burló de él poniéndole un vestido blanco y se lo remitió a Pilato» (Lc 23, 9-11).

¡Qué heroica su paciencia, qué extraordinaria su humildad, qué admirable su silencio! ¡Qué elocuente es y qué buena lección para nosotros! Dios mío, esas grandes virtudes que por sí solas son prueba de su divinidad… Lo que debería haberle merecido la veneración y el respeto de todos no le reportó sino desprecio. ¿Tu paciencia prodigiosa en el Santísimo Sacramento, Jesús, y tu silencio inestimable ante las ofensas que recibes no tienen un efecto similar? Si las faltas de respeto y las comuniones sacrílegas se castigaran inmediatamente, los hombres no estarían tan faltos de modestia y reverencia. Pero nuestro Salvador, que ha castigado con tanta severidad, incluso durante su vida, el más leve de los insultos contra sus siervos, sufre sin decir una palabra el desdén hacia su persona en el Santísimo Sacramento, y prefiere exponerse a las ofensas de los pecadores con tal de no alejar a los que luchan para ser santos al inspirarles temor. Dios mío, ¡qué lección tan clara nos enseña el silencio de Cristo en la Sagrada Eucaristía!

SEPTIEMBRE
MEDITACIÓN PARA
EL SEGUNDO VIERNES DE SEPTIEMBRE

«Ante lo cual dijo Jesús: "¿No son diez los que han quedado limpios? Los otros nueve ¿dónde están? ¿No ha habido quien volviera a dar gloria a Dios más que este extranjero?"» (Lc 17, 17-18).

Los hombres no soportamos la ingratitud. Sin embargo, a muchos no les preocupa ser desagradecidos solo en lo que se refiere a Dios. La cura milagrosa a la que se refiere el texto sanó a diez personas. De esos diez, solo uno le dio las gracias a su benefactor. El Santísimo Sacramento es, sin ninguna duda, el mayor de todos los dones que hemos recibido de Dios. Incluso es la fuente de muchos otros dones que se nos dan a diario. ¿Quién se acuerda de darle gracias a Jesús por este don tan especial? ¿Quién le agradece haber abolido todos los demás sacrificios y habernos dejado una víctima agradable a Dios, una víctima proporcional a todos los otros dones que ya hemos recibido de Él, y también a los que vamos a pedir? Una víctima capaz de quitar los pecados de todos los hombres. Una víctima que es el remedio supremo a todos nuestros males. Un árbol de la vida que no solo nos comunica salud, sino también la inmortalidad. Si en su vida en Palestina nuestro Salvador se quejó de la ingratitud de los nueve leprosos curados que no volvieron para darle las gracias, ahora lo hace a través de santa Margarita María, por la ingratitud de los hombres ante los bienes de la Sagrada Eucaristía: «Si los hombres me devolvieran un poco de amor, consideraría una minucia todo lo que he hecho».

MEDITACIÓN PARA
EL TERCER VIERNES DE SEPTIEMBRE

«Y cuando se acercó, al ver la ciudad, lloró por ella, diciendo: "¡Si conocieras también tú en este día lo que te lleva a la paz! Sin embargo, ahora está oculto a tus ojos"» (Lc 19, 41-42).

¡Qué bien expresan los sentimientos del Corazón de Jesús esas lágrimas! ¡Desgraciada Jerusalén! ¡Desgraciados aquellos que no vieron que tenían la felicidad al alcance de sus manos! ¡Bastaba con haber reconocido al mejor de los maestros, al más humilde de los reyes! Si Jesucristo fuera capaz todavía de sentir dolor y derramar lágrimas, amándonos como nos ama, ¿podría contemplarnos sin llorar? ¿Podría ver nuestra ante la Sagrada Eucaristía, el desprecio con que le tratamos y los males que todo ello nos trae, sin decirnos lo mismo?: «¡Ah, cristianos desagradecidos y cobardes! ¡Si supierais en este día lo que se os ha dado, si supierais quién está en medio de vosotros, que es el único que os puede traer la paz y haceros felices por toda la eternidad! Pero ahora ha quedado oculto a vuestros ojos. No deseáis conocerme, porque ¿cómo podríais ser tan desgraciados, si conociéndome, me amarais?».

MEDITACIÓN PARA
EL CUARTO VIERNES DE SEPTIEMBRE

«Mirad que llega la hora, y ya llegó, en que os dispersaréis cada uno por su lado, y me dejaréis solo, aunque no estoy solo porque el Padre está conmigo» (Jn 16, 32).

¿Qué sentiría el Corazón de Cristo al predecir a los apóstoles su cobardía y su ingratitud, su huida y su abandono? ¿Creerían los apóstoles que serían capaces de abandonar a un maestro tan excepcional? Sin embargo, ocurrió. Señor, ¿ha acabado ya aquel tiempo? Jesucristo está en el altar día y noche, y ¿cuántos de nosotros estamos deseando visitarle con frecuencia? ¿Cuándo ha estado el palacio de un príncipe desprovisto de una multitud de cortesanos, a pesar de que muy pocos tengan el privilegio de hablar con él? Jesucristo es el único príncipe al que el mundo trata con indiferencia. Él siempre está dispuesto y deseoso de hacer el bien a todos los hombres, y a pesar de eso se le deja casi siempre solo.

OCTUBRE
MEDITACIÓN PARA
EL SEGUNDO VIERNES DE OCTUBRE

«En verdad os digo que uno de vosotros me va a entregar: el que come conmigo (…); pero ¡ay de aquel hombre por quien es entregado el Hijo del Hombre!» (Mc 14, 18-21).

Era de esperar que los escribas y fariseos, los impíos y los criminales conspiraran contra Jesús, como enemigos acérrimos suyos. ¡Pero que Jesucristo se vea traicionado por uno de sus favoritos, por un apóstol, por un hombre que Él había escogido y a quien había dado tantas muestras de amor! Señor, puesto que eres Tú quien elige a tus siervos y favoritos, ¿cuánto tiempo vas a seguir encontrando hombres desagradecidos e incluso traidores entre los que has escogido, entre los muchos cristianos que has elegido por puro amor? Personas en las que te dignas hacer tu morada, sobre quienes derramas con tanta generosidad tus dones y a quienes te entregas Tú mismo… ¡Cuántos hombres abusan de tus dones! ¡Cuántas personas desagradecidas rechazan la Comunión y cuántos traidores hay entre aquellos que la reciben! Y, Señor, ¿permaneceré yo insensible a todo esto?

MEDITACIÓN PARA
EL TERCER VIERNES DE OCTUBRE

«Este pueblo me honra con los labios, pero su corazón está muy lejos de mí. Inútilmente me dan culto…» (Mc 7, 6-8).

Los honores que se le rindieron a Jesucristo debían ser falsos. El corazón participaba poco de aquellas alabanzas que se le hacían de tiempo en tiempo, puesto que todos aquellos actos desembocaron en sufrimiento, en terribles ofensas y en la muerte en la Cruz.

¿A cuántos cristianos de fe débil puede dirigirles Jesucristo este lamento? ¿No es nuestro mal comportamiento dentro de la iglesia un signo de que nuestra alabanza no procede del fondo del corazón? Nuestro poco respeto ante el Santísimo Sacramento, nuestro rechazo al alimento del Cielo... Tenemos la apariencia externa de devoción pero ¿dónde está nuestra sinceridad? ¡Señor, ¿cómo puede estar mi corazón tan cerca del tuyo sin llenarse del fuego de tu amor?!

MEDITACIÓN PARA
EL CUARTO VIERNES DE OCTUBRE

«¡Jerusalén, Jerusalén! (...) Cuántas veces he querido reunir a tus hijos, como la gallina reúne a sus polluelos bajo las alas, y no quisiste» *(Mt 23, 37).*

¿Qué responderían aquellos a ese reproche? ¿Y qué responderíamos nosotros? La metáfora que usa Cristo muestra nuestra ingratitud con claridad porque expresa el gran amor que Él nos tiene. Nuestro Salvador se ha quedado en el Santísimo Sacramento para que contemos en todo momento con un protector todopoderoso, un médico, un padre. Está constantemente en medio de nosotros porque desea tenernos siempre cerca. ¿No le obligan la frialdad y el descuido de la mayoría de los cristianos a decirnos: «Pobres hijos míos, ¡cuántas veces he querido reuniros, como una gallina reúne a sus polluelos, y os habéis ido! ¡No habéis querido!? ¿Os sorprende estar agobiados, superados y heridos con tanta frecuencia? Por eso entre vosotros hay tantos que están enfermos y débiles, y algunos duermen el sueño de la muerte». ¿Permaneceré insensible, Salvador mío, tanto al reproche cariñoso que me diriges como al desprecio con el que te he tratado hasta ahora?

NOVIEMBRE
MEDITACIÓN PARA
EL SEGUNDO VIERNES DE NOVIEMBRE

«Y adelantándose un poco, se postró rostro en tierra mientras oraba diciendo: "Padre mío, si es posible, aleja de mí este cáliz; pero que no sea tal como quiero, sino como quieres tú"» (Mt 26, 39).

Jesucristo había deseado ardientemente dar su Sangre por la salvación de los hombres y dio muestras de su deseo un centenar de veces: «Tengo que ser bautizado con un bautismo, y ¡qué ansias tengo hasta que se lleve a cabo!» (*Lc* 12, 50). No es la muerte lo que le aterroriza y vuelve tan amargo el cáliz, sino la ingratitud de los hombres que no quieren beneficiarse de su muerte.

«He deseado, Padre eterno, y deseo más que nunca, liberar a estos esclavos, pero nunca he deseado que los hombres fueran desagradecidos. Las ofensas que voy a recibir por parte de mis enemigos no me asustan, pero me aflige el desprecio que preveo de mis propios hijos. Me duele la ceguera de mis enemigos, pero la tremenda ingratitud de los míos me atraviesa el Corazón». Cristo deseaba apasionadamente que llegase el momento de la institución del Santísimo Sacramento del altar, pero provocaban en Él una inmensa tristeza el abuso y el desprecio con el que bastantes personas iban a tratar este sacramento. Por ese motivo, gritó: «Padre mío, si es posible, aleja de mí este cáliz» (*Mt* 26, 39).

Verdaderamente, ese cáliz debió de ser amargo. Pero ¿sabemos que depende de nosotros evitárselo? Como somos nosotros los que con nuestro desprecio y nuestros pecados le hemos causado esa amargura, también somos los que le hacemos beber esa copa. ¿Depende de mí, entonces, endulzar con mi adoración ese cáliz, y habrá que decir que no he querido hacerlo?

MEDITACIÓN
DEL TERCER VIERNES DE NOVIEMBRE

«Jesús, volviéndose a ellas, les dijo: "Hijas de Jerusalén, no lloréis por mí, llorad más bien por vosotras mismas y por vuestros hijos"» (Lc 23, 28).

¿Alguien ha conocido un amor como el que Jesucristo muestra en esta ocasión? Su cuerpo santo ha sido desgarrado por los latigazos. Ha perdido gran cantidad de sangre. Se ha convertido en objeto de burla para todo el pueblo. Y en este estado no se preocupa por sus propios sufrimientos. Solo lamenta los que prevé que vamos a traer sobre nosotros por nuestra falta de gratitud. Si hay algún sentimiento en nuestros corazones, ¿qué puede conmoverlo si esto no lo hace? Jesucristo olvidado, despreciado y burlado en el Santísimo Sacramento siente más los males que traeremos sobre nosotros por estos actos de desprecio, que el propio desprecio:

«Llorad, hijos míos —nos dice—, llorad por el abandono de vuestro Redentor, vuestro Padre. Llorad por la ingratitud que habéis llevado al extremo, llorad por esas faltas de respeto que habéis cometido en mi presencia; llorad por tantas comuniones sacrílegas; llorad por vuestra pérdida cuando no queréis conocerme, o cuando, conociéndome, no queréis amarme». ¿Qué me hará derramar lágrimas, Salvador mío, si puedo pensar en esta ingratitud sin llorar?

MEDITACIÓN PARA
EL CUARTO VIERNES DE NOVIEMBRE

«La reina del Sur se levantará contra esta generación en el Juicio y la condenará: porque vino de los confines de la tierra para oír la sabiduría de Salomón, y daos cuenta de que aquí hay algo más que Salomón» (Mt 12, 42).

Hay muchos cristianos de África, de India, de China y Japón que recorren muchos kilómetros varias veces al año para tener el consuelo de adorar a Jesucristo en el Santísimo Sacramento y de escuchar la santa Misa. Dan por buenas las fatigas del viaje cuando experimentan el gozo de asistir a Misa y de pasar media hora con Jesucristo en el Santísimo Sacramento. ¡Cuánta gente se alzará contra nosotros y nos condenará el Día del Juicio! Tenemos a Cristo muy cerca de nosotros, muchos en su propia casa, y no valoramos ese privilegio. Algunos lo aprovechan tan poco, que visitan a Jesucristo con desgana; muchos lo hacen en contra de su voluntad y sin devoción. ¿No se levantará la reina del Sur en el Juicio contra esta generación? ¿Y no les condenará? Porque ella vino desde los confines del planeta, para oír la sabiduría de Salomón. El que está en nuestros altares es más grande que Salomón.

DICIEMBRE
MEDITACIÓN PARA
EL SEGUNDO VIERNES DE DICIEMBRE

«Este es el juicio: que vino la luz al mundo y los hombres amaron más las tinieblas que la luz» (Jn 3, 19).

¡Qué nefasta la ceguera de los contemporáneos de Jesús! ¿Y qué responderán cuando se les echen en cara los males que han hecho caer sobre sí mismos por su ceguera? Teníais la Luz entre vosotros, se dirá en su contra, y cerrasteis los ojos porque preferíais la oscuridad. El Sol de Justicia, tanto tiempo esperado, salía en medio de vosotros. Rehuisteis hacer uso de su Luz, que os hubiera dado la felicidad. Esa misma Luz está todavía en medio de nosotros en el Santísimo Sacramento. ¿Somos los cristianos más sensatos? ¿Hacemos uso de esa Luz? ¿No hay razón para temer que será causa de nuestra condenación la presencia de Jesucristo en la Santísima Eucaristía, con su Sagrado Corazón siempre dispuesto a derramar sobre nosotros el tesoro de la gracia que contiene y de la que es fuente? ¿Acudimos a Jesucristo en el Santísimo Sacramento y nos dirigimos a Él con confianza? ¿Buscamos las ayudas y gracias que necesitamos de Él en los acontecimientos de nuestra vida? ¡Ay! Los hombres desprecian esa Luz porque aman la oscuridad, y ese desprecio será la causa de su condenación.

MEDITACIÓN PARA
EL TERCER VIERNES DE DICIEMBRE

«Juan les respondió: (…) "En medio de vosotros está uno a quien no conocéis (…), a quien yo no soy digno de desatarle la correa de la sandalia"» (Jn 1, 26-27).

¡Qué desgracia no haber conocido a aquel que estaba en medio de ellos! Pero ¿sabemos nosotros quién está en medio de nosotros? Poderosos del mundo, ¿lo conocéis? Vosotros, que castigáis hasta la más mínima falta de respeto pero que no os alteráis en absoluto ante las ofensas contra este Soberano, a quien declaráis conocer… Vosotros, ciudadanos comunes, ¿sabéis quién está en medio de vosotros? Vosotros, que aduláis con tanta facilidad a aquellos de los que necesitáis un favor, y que sois reservados en presencia de aquellos a quienes teméis, y sin embargo mostráis muy poco respeto en la iglesia, y casi nunca encontráis un momento libre para adorar a Jesucristo en el Santísimo Sacramento… Por último, ministros del Señor, religiosos, ¿sabéis quién está en medio de vosotros constantemente? Y si lo sabéis, ¿cómo es posible que estéis tan poco en su presencia? No, Señor, no te conocemos. Confieso que hasta ahora no te he conocido, pero en el futuro mi conducta hacia ti demostrará que estoy empezando a conocerte a fondo, porque empezaré a amarte de verdad.

MEDITACIÓN PARA
EL CUARTO VIERNES DE DICIEMBRE

«Y cuando ellos se encontraban allí, le llegó la hora del parto, y dio a luz a su hijo primogénito; lo envolvió en pañales y lo recostó en un pesebre, porque no había lugar para ellos en el aposento» (Lc 2, 6-7).

¡No hay sitio para todos, no hay sitio para Jesucristo! El mundo empieza a rechazar y despreciar al Salvador antes de que haya nacido. El Hombre-Dios se ve relegado a un establo, mientras algunos hombres nacen en palacios. ¿Cómo se sentiría Jesucristo al verse alojado en aquel mísero lugar y cómo se debe sentir ahora al verse tan mal recibido, mientras que otros cristianos se alojan en casas suntuosas? ¿Guardan correlación los vasos sagrados que contienen a Jesucristo y los santos lugares donde reside con la suntuosidad de las casas de los poderosos? ¡Si al menos Jesucristo no tuviera que encontrarse tan a menudo en el interior de almas impuras y manchadas por mil pecados! Sé, Salvador mío, que disfrutas estando en un corazón puro. Purifica mi corazón para que puedas deleitarte en él y que yo viva el placer de recibirte adecuadamente de ahora en adelante. Enciéndeme el corazón con tu amor puro. Que tu Sagrado Corazón venga y ocupe el sitio del mío, y que mi corazón esté tan íntimamente unido al tuyo, que nuestros corazones tengan de ahora en adelante los mismos sentimientos. Amén.

CAPÍTULO V
Las visitas al Santísimo Sacramento

MOTIVOS PARA VISITAR
AL SANTÍSIMO SACRAMENTO

Si antes de la venida del Salvador al mundo, durante aquellos siglos, cuando al Señor se le llamaba el *Dios de la venganza, el Dios fuerte, el Señor de los ejércitos*, y hablaba con voz de trueno; cuando no se permitía la entrada ni a los príncipes ni a los reyes al lugar consagrado a Él; cuando había que adorarle con tanta reverencia que hasta la falta de respeto más leve se castigaba con dureza; cuando los reyes y los sacerdotes, dominados de un santo temor, no se atrevían a entrar en el templo porque veían una nube que era solo el signo externo de la presencia del Señor en ese lugar; cuando la aparición de esa nube provocaba que la gente cayera de rodillas al suelo, llenos de gratitud, para exclamar asombrados: «¡Qué admirable es el Dios al que adoramos! Cantaremos sus misericordias por siempre, porque se ha dignado escoger un templo entre nosotros». Si hubieran captado un destello de lo que nosotros hemos visto y vivido, si les hubieran dicho que ese Dios tan terrible se humillaría hasta hacerse hombre por amor y que, habiéndose entregado a la muerte para redimir y salvar a los hombres, protagonizaría cada día el mayor de los milagros para permanecer con ellos hasta el final de los tiempos, ¿habrían podido creerlo?

Sin embargo, lo que sucede en realidad les habría parecido todavía más increíble. ¿Podrían imaginarse siquiera, que los hombres no querríamos amar a ese Dios que se humilló hasta tal extremo, que no le visitarían ni le harían caso? Sí, así ocurre. Hay muchos cristianos que consideran una penitencia cumplir con su deber en lo relativo a la Eucaristía. Otros muchos intentan zafarse irreverentemente de la obligación de visitar a Jesucristo. Esta situación nos recuerda que la predicción del Salvador sobre los últimos tiempos es aplicable a nuestra época: «Pero cuando venga el Hijo del Hombre, ¿encontrará fe sobre la Tierra?» (*Lc* 18, 8).

Si nuestra fe no se ha extinguido, ¿no resulta muy sorprendente que creamos en la presencia real de Jesucristo en el altar y que, sin embargo, le tratemos con indiferencia? ¿Que no tengamos más deseos de adorarle que los que aún no creen en Él? De manera general, las principales razones que nos mueven a visitar a alguien son la cortesía, la amistad, la gratitud y el interés personal. A la mayoría de las personas no se les ocurre incumplir sus obligaciones con alguien de renombre o que tenga un alto cargo. Los verdaderos amigos se separan con pena y no dejan escapar la oportunidad de volverse a encontrar. Hacemos visitas de cortesía a los que nos han prestado algún servicio, a aquellos de los que esperamos algún beneficio o —incluso— a personas de las que tememos algún castigo.

¿No ocupa Jesucristo un rango lo suficientemente alto como para merecer que lo adoremos? ¿No nos ha amado hasta el borde de todo amor? ¿No hemos recibido sus dones? ¿No tenemos razones para pensar que nos puede ser útil? Y dado que Él va a ser nuestro juez y, como tal, de Él depende nuestra felicidad o nuestra desgracia eternas, ¿no tenemos nada que ganar? Resulta muy sorprendente que tantas personas estén de acuerdo en lo que deberían hacer y que tan pocos estén dispuestos a superar los obstáculos para conseguirlo. Si hubiéramos tenido la oportunidad de pedirle al Señor alguna señal de su amor cuando iba a ascender a los Cielos, algún favor excepcional, ¿no le habríamos pedido que se quedase con nosotros en la Tierra hasta el fin del mundo? Y si Él mismo se hubiera ofrecido a hacerlo, ¿con qué actitud de admiración, reverencia y gratitud habríamos aceptado su ofrecimiento? Jesucristo nos ha concedido este don, su amor sin límites le ha llevado a darnos esa extraordinaria prueba de su amor, pero parece que solo ha servido para llevar nuestra ingratitud hasta el extremo. ¿Qué diríamos de alguien que visitase pocas veces y con enorme indiferencia a una persona muy importante que hubiera venido a ayudarle, y que estuviera dispuesto incluso a vivir una temporada en un país extranjero, únicamente por amor a él?

¿Por qué quiso Jesucristo permanecer con nosotros después de culminar la labor de nuestra Redención y después de su gloriosa ascensión a los Cielos? ¿Por qué vuelve a la Tierra todos los días? ¿Por qué permanece día y noche tan humildemente en el sagrario, si no es porque no puede soportar el estar separado de los hombres, porque su mayor delirio es estar con los hijos de los hombres? «No sufráis, mis pequeños —nos dijo—, no os dejaré huérfanos. Ascenderé a los Cielos pero al mismo tiempo me quedaré con vosotros en la Tierra. Sois débiles, estáis enfermos y cansados. A menudo estaréis tristes, temeréis mis decisiones, tendréis miedo de la ira y de la justicia de mi Padre, pero encontraréis en el Santísimo Sacramento un padre que os consolará, un médico que os sanará, un guía que os mantendrá sanos y salvos, un maestro que resolverá todas vuestras dudas, un alimento celestial que os dará nueva fuerza, un redentor y un salvador».

¡Y pensar que no basta con todo eso para conmover los corazones de los hombres, tan animados cuando se trata de sus propios intereses y tan inclinados por propia naturaleza a la gratitud! Serían menos desagradecidos ante el más leve gesto de cualquier otra persona, pero resulta que, cuando es Jesucristo al que debemos agradecimiento, ya no es un crimen ser un ingrato.

A Jesucristo le dejamos solo, le abandonamos y le olvidamos en nuestras iglesias. Las personas siempre encuentran motivos y tiempo suficiente para dedicar varias horas diarias al entretenimiento y al ocio. Pero si tienen que dedicar un rato por la tarde para ir a adorar a Jesucristo, para hacerle una visita, dicen que les acucian asuntos ineludibles, que no les da tiempo. ¿Por qué intentamos zafarnos de una obligación que todos consideramos razonable y justa? ¿Se necesita sacrificar tanto tiempo para visitar a Nuestro Señor con un poco más de frecuencia? Por supuesto que no. Con diez minutos o con un cuarto de hora bastaría. La mayoría de las veces solo es necesario recorrer una pequeña distancia para adorar un rato a Jesucristo. Es nuestra falta de amor lo que convierte esta visita en algo difícil. Los hombres encuentran un centenar de falsos motivos que les frenan a la hora de acercarse a ver a Jesucristo y que no les estorbarían si estuvieran planteándose visitar a cualquier otro. En África, Canadá, India, Japón y China —ya lo hemos recordado— hay cristianos que hacen viajes muy largos para adorar a Jesucristo en una iglesia. Los que no pueden hacer esos viajes se arrodillan cien veces al día en la dirección de alguna iglesia, para satisfacer con esas alabanzas su deseo de adorar a Jesucristo en el Santísimo Sacramento. En el día del Juicio Final, ¿qué excusa darán quienes no visitan casi nunca a nuestro Señor, a pesar de que viven cerca de algún templo, y que pasan por delante varias veces al día? ¿Qué responderán los religiosos que, teniendo a nuestro Señor bajo su mismo techo, siguen reacios a visitarle? «Mi pueblo me tiene olvidado por días sin cuenta» (*Jr* 2, 32). «Aquellos que manifiestan vivir dedicados a mi servicio y que considero mis elegidos…, ¡también ellos se han olvidado de mí!».

«En medio de vosotros está uno a quien no conocéis» (*Jn* 1, 26). No conocemos y no queremos conocer a Aquel que es el día y la noche en medio de nosotros. Y es nuestro Señor y nuestro Dios quien está presente en el sagrario con el único propósito de escuchar nuestras peticiones y de que le adoremos. Si estamos enfermos, tristes o afligidos, recurramos a Jesucristo, vayamos a Él, que es nuestro Padre bueno, y contémosle las desgracias que nos hayan ocurrido o los males que nos amenazan. Si tenemos que tomar alguna decisión importante, si queremos restaurar la paz en alguna familia, si queremos lograr la conversión de alguna persona, si somos descuidados en el servicio de Dios, inconstantes, imperfectos, acudamos rápidamente a Jesucristo y pidámosle humildemente y con fe las gracias que necesitamos. Pedir con perseverancia y con humildad conquista el Corazón de Jesucristo y lo puede todo. Si a veces Jesucristo se retrasa en responder a nuestras peticiones es para que lo visitemos con mayor frecuencia.

¡Qué pérdida tan enorme para los cristianos descuidar un medio tan fácil —y al mismo tiempo tan eficaz— de ser felices, de llegar a ser santos! ¡Cómo deberían arrepentirse muchos religiosos que ni siquiera se dan cuenta de esa pérdida tan gigante! Que no se sorprendan si tienen poca devoción, si en su vida interior hacen pocos progresos en el camino de la piedad, si no reciben del Padre de la Misericordia ni consuelo ni dulzura interior, si viven con desasosiego y tristeza y, al final, mueren con miedo. La indolencia para visitar a Jesucristo con frecuencia en el Santísimo Sacramento, las distracciones y la falta de reverencia y respeto durante esas visitas son la fuente más común de la mayoría de nuestras desgracias.

Por el contrario, los que son constantes en visitar al Señor saben por experiencia que no hay una manera mejor de obtener de Él todo lo que le piden. Saben que si le visitan asiduamente y con confianza, especialmente en aquellos momentos del día en que recibe menos encuentros, les concederá sus dones, y de forma particular una devoción verdadera y un amor imperecedero hacia Él. «Venid a mí todos los fatigados y agobiados, y yo os aliviaré» (*Mt* 11, 28).

CÓMO DEBEN SER NUESTRAS VISITAS AL SANTÍSIMO SACRAMENTO

Nuestras visitas al Santísimo Sacramento deben ser frecuentes y respetuosas. Debemos entrar en la iglesia donde está presente nuestro Salvador con mucho respeto y, mientras permanezcamos en ella, debemos fomentar una actitud de reverencia, de gratitud, de confianza y de amor. Para que un lugar sea santo, es suficiente con que esté dedicado a dar gloria a Dios. Desde el momento en que se consagra solemnemente para este uso, se convierte en objeto de veneración para los ángeles y de desasosiego para los demonios. Es justo que las iglesias se conviertan en sitios de respeto y adoración para todos los hombres, puesto que, al convertirlas Jesucristo en su morada, se llenan de la majestad y la grandeza de Dios.

La santidad que el nacimiento del Hijo de Dios transmitió a la ciudad de Belén, la santidad que el precio de su Sangre confirió al Calvario, y su Cuerpo Santo al sepulcro..., esa misma santidad se encuentra en las iglesias, e infinitamente mayor. Si no sentimos el santo temor que ese lugar sagrado debe inspirarnos al estar en presencia divina; si cuando nos acercamos al altar no vibramos llenos de admiración, es por nuestra falta de fe o por nuestra ausencia de recogimiento.

Para asegurarnos la disposición adecuada debemos, antes de entrar en la iglesia, reflexionar en la santidad del lugar y la majestad de Aquel a quien vamos a visitar. Si fuera tan fácil entrar en los palacios de los poderosos y acercarnos a ellos como lo es entrar en un templo o una capilla, habría muchos que estarían muy contentos. Pero esos mismos no valoran el privilegio de poder acercarse a Jesucristo a cualquier hora del día.

Nuestra fe debe mostrarse claramente por nuestra reverencia y nuestro profundo respeto en la iglesia donde Cristo está presente. Nuestro amor a Él debe ser el alma de todas nuestras oraciones. No debemos olvidar honrar y adorar al Sagrado Corazón de Jesús cada vez que visitemos al Santísimo Sacramento: esta devoción le complace especialmente. Durante nuestras visitas al Sagrado Corazón tenemos que meditar mucho y hablar poco. Un silencio lleno de amor y de adoración, que podríamos llamar el *idioma del corazón*, es mucho más agradable a Jesucristo que un gran número de oraciones dichas de forma apresurada y volcando poca atención. Su amor ilimitado por nosotros, su bondad, su mansedumbre, su generosidad y su paciencia deben llenarnos el corazón de un amor sincero. Los sentimientos de reverencia, gratitud, confianza y amor a Jesucristo deben ocuparnos casi todo el tiempo. Debemos visitar a Jesús con el mismo espíritu y con idéntica intención que los ángeles, los pastores de Belén y los Magos: para adorarle. O como los apóstoles, para escucharle enseñar; o como María Magdalena, de cuclillas a sus pies, para llorar por nuestros pecados o para contemplar sus admirables perfecciones; o como los enfermos, para pedir curación. Una de las razones por la que no conseguimos más fruto de esas visitas es porque no nos acercamos a nuestro Salvador con suficiente sencillez y con verdadera confianza. A veces empleamos el tiempo de la visita en ejercicios donde el intelecto participa más que el corazón, en lugar de depósitar humildemente ante Cristo nuestros deseos, enfermedades o las propias debilidades; o, como dijo el profeta, abriendo nuestros corazones y desahogándonos (*Sal* 62, 9) diciéndole: «Aquel a quien amas está enfermo» (*Jn* 11, 3), aquel por quien te has hecho hombre, por quien has derramado tu Sangre, por quien te das cada día en el Sacramento de la Eucaristía, por quien permaneces día y noche en el altar... ha estado sufriendo una enfermedad durante mucho tiempo y necesita tu ayuda, necesita una gracia especial. O podemos decir con los leprosos: «Si quieres, puedes limpiarme» (*Mc* 1, 40); Señor, puedes curarme si quieres, ¿por qué no ibas a desearlo? Después de todo lo que has hecho por mí, ¿puedo dudar de que querrás y de que tienes el poder divino para hacerlo? Otras veces, sentémonos a los pies de Jesús, como María Magdalena, y si no tenemos la suficiente devoción para derramar lágrimas como ella, imitemos su silencio o, si hablamos, que sea para expresar con santo Tomás las muestras de respeto, admiración y amor que nos embargan, diciéndole con fe y alegría «¡Señor mío y Dios mío!» (*Jn* 120, 28) y repitiendo a menudo con el centurión romano: «¡Creo, Señor; ayuda mi incredulidad!» (*Mc* 9, 24). Debemos rogarle a nuestro Salvador con insistencia y perseverancia, como la mujer cananea, pidiendo todos los dones que necesitemos. Completamente persuadidos de que Jesucristo nos ama, de que está presente en el altar para concedernos sus gracias, de que tiene tanto el poder como el deseo de darnos todo lo que necesitamos, digámosle con confianza: «¡Jesús, Hijo de David, ten piedad de mí!» (*Lc* 18, 38). Y aunque parezca rechazar nuestra petición, cuando no nos responda y pensemos que no nos la va a conceder, pidámosle con mayor insistencia y, como si no percibiésemos su manera aparentemente severa de tratarnos, gritémosle: «¡Hijo de David, ten piedad de mí!» (*Lc* 18, 39), sé que no está bien quitarles el pan a los hijos y dárselo a los perros, «pero también los perrillos comen de las migajas que caen de la mesa de sus amos» (*Mt* 15, 27). Trátame a mí igual.

Si por nuestros pecados hemos perdido el derecho a que nuestras oraciones sean escuchadas, digámosle a Jesucristo confiadamente: «Tú, que has prometido solemnemente concederme todo lo que pida en tu nombre, en tu nombre te pido la gracia de corregir esa imperfección que ha dificultado mi progreso durante tanto tiempo, para conquistar esa debilidad que es la fuente de todas mis flaquezas, para adquirir esa virtud que es tan necesaria para mi salvación y mi perfección. En tu nombre, te pido la conversión de mi hijo, la curación de mi marido, el éxito de este asunto y toda la ayuda que me hace falta en esta necesidad y en esa otra. Tú sabes, Señor, que tengo este defecto, que carezco de esa virtud, que debo echarle valentía en la adversidad, moderación en la alegría, fuerza en ciertas ocasiones y siempre tu gracia. Sabes que mi fe es débil, que mi confianza falla a menudo, que te quiero sin fuerzas. De hecho, apenas siento el deseo de quererte. Concédeme, Señor, todos estos dones, ayudas y gracias, y recuerda, Señor, que has prometido no decir que no a lo que pida en tu nombre. Quizá lo que pido no te gusta y no me lo concedes porque no sé lo que pido, pero no hay peligro, y no puedes regañarme, cuando lo que te ruego es tu amor. Lléname por dentro, Señor, de amor ardiente, de amor generoso, confiado, constante, genuino, aunque no vaya acompañado de ternura ni de emociones. Un amor que me haga amarte únicamente a Ti. Concédeme tu amor y tu gracia, que eso me basta».

Es un ejercicio muy útil pensar de vez en cuando en cuáles deben ser los sentimientos de Jesucristo en el sagrario al ver cómo la mayoría le olvida y le abandona, e imaginarse que nos está diciendo a nosotros lo que les dijo a los apóstoles cuando muchos le abandonaban: «Muchos de sus discípulos le dieron la espalda y ya no iban más con Él… "¿También vosotros queréis marcharos?"» (*Jn* 6, 67-68). Respondamos, llenos de amor, con san Pedro: «Señor, ¿a quién iremos? Tú tienes palabras de vida eterna; nosotros hemos creído y conocido que tú eres el santo de Dios» (*Jn* 6, 69-70).

Para despertar en nosotros un amor grande y para que Jesucristo inflame nuestros corazones de un amor más generoso, podemos imaginarnos a nuestro Salvador formulándonos las mismas preguntas que le planteó a Pedro en el mar de Tiberíades: «Simón, hijo de Juan, ¿me quieres?»… Respondamos con san Pedro: «Señor, tú lo sabes todo. Tú sabes que te quiero» (*Jn* 21, 17). Tú sabes que tengo un enorme deseo de amarte.

Sería bueno que desconectáramos nuestros corazones de todo lo que no es Dios para que podamos decir con frecuencia estas valiosas palabras del Profeta: «¿Quién hay para mí en los cielos? Estando contigo, nada deseo en la tierra. Mi carne y mi corazón se consumen, pero la Roca de mi corazón y mi lote es Dios para siempre» (*Sal* 73, 25-26). Yo sé, Señor, que eres el camino, la verdad y la vida, y que «los que se alejan de ti se pierden» (*Sal* 73, 27). En cuanto a mí, oh Salvador mío, he encontrado mi reposo, mi alegría y toda mi felicidad en estar unido a ti y en no separarme jamás. «Para mí, lo mejor es estar junto a Dios. He puesto mi refugio en el Señor» (*Sal* 73, 28). En Ti, Señor Jesús, pongo mi confianza. Todo mi consuelo estará en pasar el resto de mis días a los pies del sagrario. Y si no puedo estar continuamente presente en cuerpo, iré a ti cada hora en espíritu. Mi tesoro está en este altar, mi corazón estará en el Cáliz, o mejor, mi corazón estará eternamente unido a tu Sagrado Corazón, que de ahora en adelante será mi santuario, mi hogar. «Este es el lugar de mi reposo para siempre; aquí habitaré porque la prefiero» (*Sal* 132, 14).

Llenos de amor y de confianza, debemos decirle a menudo con gran sencillez, pero con respeto y familiaridad: Estás aquí presente, Señor, con el único propósito de concederme tus gracias; ¿cuál es el obstáculo que impide que lo hagas? Si son mis imperfecciones, líbrame de ellas. Cúrame las heridas que me hacen desagradable a tus ojos. Hasta ahora, no te he amado, es verdad. Lo siento muchísimo y deseo amarte de corazón, y como prueba de mi sinceridad vendré a verte con frecuencia y te pediré a ti, que ves en las interioridades de mi corazón, todo tu amor. Y hasta no estar inflamado de ese amor, no pararé de pedírtelo con sinceridad y perseverancia: «Yo te amo, Señor, fortaleza mía, Señor, mi roca» (*Sal* 18, 2-3).

Durante la visita, según lo que le dicte la devoción a cada uno, podemos dedicar parte del tiempo a hacer actos de fe, esperanza, adoración, acciones de gracias, reparación y amor, y podemos decir: «Creo, Señor, que Tú estás realmente presente en este altar. Te ofrezco humildemente todo mi respeto como muestra de que creo en ti. Te doy gracias por quererme tanto como para esperar en el altar mi visita durante siglos. Humildemente a tus pies, te ofrezco un acto de reparación por todas las ofensas y afrentas que has sufrido desde la institución de este sacramento. Espero en Ti, Señor, y estoy seguro de que tu Providencia nunca va a fallarme, sino que me guiará en el cumplimiento de tus designios conforme a tu Voluntad. Ábreme, Señor, tu Sagrado Corazón, porque es mi refugio. Quiero permanecer en él toda mi vida, y en él dar mi último suspiro en la hora de mi muerte».

Para concluir, incluimos aquí un consejo de san Francisco de Sales en su Introducción a la vida devota:

Los cristianos rezan muchas oraciones que son muy útiles pero, en mi opinión, no deberían limitarse a una fórmula fija de palabras. Puedes expresar con el corazón o con los labios lo que el amor te sugiera, porque el amor te proporcionará todas las palabras que necesitas. Hay determinadas fórmulas con una eficacia particular para llenar el corazón de la presencia divina, como las declaraciones de amor que se encuentran en los Salmos de David, las diferentes invocaciones del santo nombre de Jesús y las expresiones de amor del Cantar de los Cantares. Los himnos también son útiles para despertar la devoción, siempre que se proclamen con la atención debida.

INDICACIONES PARA LA VISITA DIARIA AL SANTÍSIMO SACRAMENTO DE UN CUARTO DE HORA O MEDIA HORA

Esta devoción consiste, sobre todo, en amar a Jesucristo y hacer que el propio Jesucristo nos enseñe a amarle. Damos las siguientes sugerencias para llenar el tiempo de la visita:

1) Saluda a Jesucristo con todo el respeto que exige su presencia.

Después únete a Él y a sus acciones divinas en la Sagrada Eucaristía, en la que nunca deja de adorar, alabar y amar a Dios, su Padre, en nombre de todos los hombres, de la manera más perfecta, es decir, siendo la víctima.

Sigue meditando y trata de formarte una idea de sus recuerdos, su soledad, su vida oculta, la privación completa que sufre, su obediencia a las palabras del más humilde sacerdote, su humildad y otras virtudes según el modelo que nos da de ellas en la Eucaristía.

Proponte imitar esas virtudes y decídete a lograrlo siempre que se presente la oportunidad.

Expláyate especialmente con las disposiciones de su Sagrado Corazón con nosotros, y en todas las virtudes de las que es fuente; el inmenso amor de ese Corazón al Padre Eterno y la caridad a todos los hombres por los que arde de amor y de deseos de salvación.

Esfuérzate por descubrir en ese Corazón todos los abismos que contiene: abismos de humillación, de pobreza, de sufrimiento, de amor, de consolación, de dulzura, de aceptación de los designios divinos, de misericordia, de fuerza, de sabiduría, de abundancia, de gratitud, de mansedumbre, de alegría santa, de confianza...

Considera cuáles son los sentimientos de su Alma Santísima a la vista de la ingratitud de los hombres que le muestran indiferencia.

Realiza actos de reparación, por gratitud y sobre todo por amor a Jesucristo, para reparar todas esas ofensas.

2) Ofrécele al Padre Eterno su Hijo Jesucristo como la única víctima digna de Él. Porque solo a través de Él podemos alabar su dominio sobre todas las cosas, reconocer sus bondades, satisfacer su justicia y agradecer su misericordia al venir en nuestra ayuda, diciendo con el Profeta: «Fíjate en el rostro de tu ungido» (*Sal* 84, 10). Es cierto, Señor, que merezco ser tratado como un siervo rebelde, pero mira, Padre Eterno, a tu amado Hijo, que es obediente, y que en este momento se está ofreciendo a ti en el estado máximo de humildad, que Él ha elegido para obtener el perdón por mis infidelidades y desobediencias: «Contempla el rostro de tu Ungido». Tu Hijo amado me protegerá de los envites de tu justicia, procedan de la dirección que procedan. Si cien veces viera tu ira dispuesta a descender sobre mí, cien veces te diría lo mismo: «Contempla el rostro de tu Ungido». No tengo ningún mérito por mí mismo, pero te ofrezco una víctima de infinito mérito. Como toda la compensación que puedo ofrecerte no tiene ningún valor para ti, es justo que rechaces el perdonar mis pecados y concederme nuevas gracias, pero te ofrezco a la víctima que te satisface por completo. No puedes negarme nada que te pida en virtud de los méritos, sufrimientos y muerte de tu Hijo Jesucristo. No puedes

negarme la recompensa por la que se nos ha transferido y se ha hecho nuestro. Te pido mucho, Padre Eterno, pero te ofrezco el Cuerpo y la Sangre y la vida misma de tu Hijo, que se ha inmolado en este altar, en pago por todo lo que te pido. Y lo que te pido, por mucho que sea, será infinitamente menos de lo que te ofrezco.

3) Ofrécete tú mismo a Dios por medio de Jesucristo. Ofrécele en sacrificio tu vida, tu trabajo, tus gustos, tus inclinaciones. Ofrécele en especial algo bueno que te propongas hacer o alguna mortificación para vencerte a ti mismo, y ofrécelo con la misma intención con la que nuestro Salvador se inmola en el Santísimo Sacramento.

4) Ofrécete a Jesucristo para estar más unido a Él. Pídele que te llene de su espíritu y de sus sentimientos y, sobre todo, pídele que te permita entrar en su Sagrado Corazón para no salir nunca de él. Considera a Jesucristo como tu cabeza, y a ti mismo como uno de sus miembros, como uno de sus socios, como un hermano por quien Él ha ofrecido todos sus méritos y a quien ha legado la recompensa que merecía de su Padre celestial por su trabajo santo y su muerte en la Cruz. Es por esta capacidad de *asociados* de la Palabra Eterna, de ser uno de sus hermanos, de sus miembros, por lo que nos atrevemos a ponernos delante de Dios con confianza, a hablarle con cercanía, y en unión con la Palabra, en cierto modo, a obligarle a escucharnos favorablemente para concedernos lo que le pedimos y otorgarnos sus dones.

Finaliza la visita con la *comunión espiritual*, acompañada de una consagración de todos tus afectos y deseos al Sagrado Corazón.

Esta oración es excelente. Deberíamos rezar de este modo, porque nuestra felicidad en esta vida depende de nuestra unión con Jesucristo en el Santísimo Sacramento. Sería bueno que visitáramos a Jesucristo una vez al día, especialmente a esas horas de la tarde en las que recibe menos visitas, y que pusiéramos en práctica las cuatro pautas anteriores.

Otra forma de realizar la visita al Santísimo Sacramento es la siguiente: Haz un acto de fe en Jesucristo presente en el altar y adórale. Enardece tu corazón con actos de amor fervientes y pídele a tu Salvador que te inflame cada día más de su amor. Intenta penetrar en tu interior y ver el estado de tu alma, tus defectos, tus pasiones, tus debilidades, tus enfermedades y presenta todas estas miserias a Jesucristo con toda sencillez. Sométete enteramente a su voluntad, y agradécele igual tanto las contrariedades como los favores que recibes de su misericordia. Humíllate ante su majestad soberana, confiésale con sinceridad tus infidelidades y pecados. Pide su perdón, realiza actos de dolor de tus pecados y propósito de enmienda.

Entra en el Corazón de Jesús y piensa qué debe de sentir: su indiferencia ante lo mundano, ante los honores terrenales y los bienes efímeros de esta Tierra, ante los placeres que están lejos de satisfacer el corazón y que lo empapan de amargura. Al mismo tiempo, considera el aprecio del Sagrado Corazón por todo eso que el mundo rechaza: mira cómo contempla la pobreza, la oscuridad, las humillaciones y el desprecio... como si fueran bienes valiosos. ¿Quién se engaña? ¿Los que aman intensamente lo que Jesucristo desprecia, o Jesucristo, que manifiesta su desprecio y que condena lo que las personas apegadas a los bienes del mundo persiguen con tanto entusiasmo? Las reflexiones de este tipo, meditadas profundamente, nos ayudarán a abrir los ojos ante la gran cantidad de ideas falsas con las que nos engañamos, y nos inspirarán la verdadera sabiduría que admiramos en todos los que han alcanzado la santidad.

Es una oración de la que sacaremos mucho fruto y nos deja libertad para que broten nuestros afectos. Se puede rezar en cualquier momento, pero es especialmente adecuada cuando nos ocurre algo imprevisto. Nos ayuda a aceptar las contrariedades y a meditar después de nuestras tareas.

Por último, si visitamos frecuentemente a Jesús en el Sacramento de su Amor, aprenderemos de Él cómo hacer bien las visitas, y experimentaremos el placer de conversar con nuestro Salvador, con la mejor persona de toda la Creación, con un verdadero amigo, el que nos ama con mayor afecto. Nunca nos cansaremos de conversar con Él. Solo aquellos que no conocen la dulzura de su presencia se avergüenzan de ir a visitarle, de realizar actos de fe y amor y de pedir las gracias que necesitan. Si somos infelices en este mundo es porque no sabemos lo afortunados que somos. No sabemos quién está en medio de nosotros, porque, si lo supiéramos, ¿podríamos evitar amarle apasionadamente? ¿Cómo vamos a amar a Cristo si casi nunca le visitamos?

CONSEJOS PARA QUIENES VISITAN CON FRECUENCIA AL SANTÍSIMO SACRAMENTO

Los siguientes consejos nos permitirán recibir frutos abundantes si visitamos asiduamente al Santísimo Sacramento:

1) Entra siempre en la iglesia donde esté reservado el Santísimo Sacramento con gran veneración, como signo externo de tu fe y de tu respeto por la santidad del lugar. Solo hace falta un momento de reflexión sobre lo que estás haciendo. Una actitud humilde y respetuosa, reverencial, acompañada de recogimiento interior, es la disposición adecuada y necesaria para recibir el afecto de Jesucristo.

2) Durante la visita, nuestras oraciones deben ser breves y llenas de cariño. Las más sencillas y menos afectadas son las mejores. Tienen que salir del corazón.

3) A pesar de que nuestras visitas sirven siempre para adorar a Jesucristo presente en el sagrario, hay ciertos momentos del día y determinadas fechas del año en los que resultan más agradables al Corazón de Jesús. Esos momentos son la mañana para los religiosos, para los sacerdotes, y para quienes tienen el Santísimo Sacramento en su propia casa, y la tarde para los demás. Para los primeros, para los que comparten techo con Jesús Eucaristía, la diligencia en visitarle en cuanto se levantan por la mañana les reportará bendiciones especiales. La celeridad que muestran al ir a saludar a Jesucristo tan pronto como pueden, y el hecho de ser de los primeros en adorarle, le resultan muy gratificantes. Sabemos que si un sirviente, un amigo o un niño mostraran la misma velocidad, ardor y diligencia con nosotros, se ganarían nuestro corazón. Considera entonces qué sentimientos debe avivar en el Corazón de nuestro Salvador nuestra actitud. El fervor

y la puntualidad atraerán sobre nosotros las gracias especiales que necesitamos durante el día para completar nuestros deberes. Esta buena disposición no es característico de almas egoístas e imperfectas que apenas aman a Jesucristo, sino consecuencia del amor de Cristo, que aumentará nuestra entrega amorosa cada vez más.

4) La tarde es también un momento muy propicio para visitar al Señor en el Santísimo Sacramento y de demostrarle que le queremos. Y es un momento en que confiere grandes gracias, porque durante algunas horas de la tarde recibe pocas visitas. De hecho, permanece casi olvidado. Como lo que nos mueve en esos momentos no son las personas, ni la rutina, ni los respetos humanos, sino el amor a Jesucristo, Él será más generoso con sus gracias. La costumbre de visitarle cuando más solo está fue fuente inagotable de gracias para algunos de los grandes santos, que en poco tiempo alcanzaron una gran perfección.

5) Además de las grandes festividades consagradas a Dios, hay otros días en los que nuestro Señor desea especialmente que sus amigos le visiten. Son días de diversión, como por ejemplo el Carnaval, cuando tantos solo se preocupan de ir de fiesta, y son momentos en los que se suele ofender mucho a Dios. Los amigos generosos y fieles a Cristo que dediquen esos días a visitarle recibirán grandes gracias.

6) Nunca debes alejarte de la presencia de Jesús en el Santísimo Sacramento sin decirle con Jacob: «No te soltaré hasta que no me bendigas» (*Gn* 32, 27).

7) Recuerda mostrar respeto en la iglesia o en el oratorio en el que resida Jesucristo. No te dejes vencer por las personas superficiales, que muestran respeto y cortesía solo en presencia de los poderosos.

8) Nunca olvides hacer un acto de adoración singular al Sagrado Corazón de Jesús en cada visita. Ofrécele a Jesús tu corazón y ruégale que lo una al suyo, para que los dos corazones sean desde ese momento uno solo.

9) Un último consejo: la mejor manera de meditar, de tener vida interior y de desarrollar nuestras virtudes es visitando a Jesu-

cristo Sacramentado con frecuencia, con gran respeto, sencillez y confianza, hablando poco, escuchándole atentamente y amándole con ternura, con la certeza de que Él está verdaderamente presente en el sagrario.

CAPÍTULO VI
La Santa Misa

No hay nada sobre la Tierra que dé más gloria a Dios que el Santo Sacrificio de la Misa, por lo que cada celebración debe considerarse como el acontecimiento más importante del mundo. En este misterio, todo es grandioso. El poder que Dios muestra en la Misa es infinito, un amor sin límites, una paciencia extrema. Todo lo relacionado con el Santo Sacrificio debe despertar nuestra admiración y respeto. Sabemos que Dios tiene poder para obrar los milagros que se realizan durante la Eucaristía pero resulta sorprendente ver a algunos sacerdotes en el altar sin la debida solemnidad, devoción o respeto. O a algunos laicos que asisten de forma inadecuada, y profanándola con su falta de respeto, la oscuridad de su corazón, su cabeza distraída o sus sentidos entretenidos en cosas sin importancia.

Es comprensible que alguien pueda ser tan ingrato como para despreciar los regalos que le hacen. Pero lo que resulta incomprensible es que un sacerdote, que tiene cada día la suerte de poder conversar con Jesucristo, de sostenerlo entre sus manos y distribuirlo entre los fieles no dé ningún valor a su dignidad, o que trate a Jesucristo con frialdad e indiferencia. ¿Cómo puede subir al altar lleno de imperfecciones, sin devoción y sin amor, creyendo como cree en la presencia real de Jesucristo en la Eucaristía?

¿Cómo se conmueve tan poco ante la excelencia y dignidad de este misterio, y termina el Santo Sacrificio igual que empezó?

El sacerdote que celebra es el mediador entre Dios y los hombres. Se dirige a Dios en nombre de toda la Iglesia y le ofrece a Dios una víctima proporcionada a los dones que hemos recibido ya de Él y los que recibiremos en el futuro. Una víctima capaz de hacer borrar los pecados del mundo, una víctima infinitamente agradable a Dios. Y, sin embargo, ¿no hay sacerdotes a los que su ministerio sagrado no les causa ninguna impresión? ¿No hay algunos que no parecen sacerdotes, excepto cuando les vemos en el altar, y que incluso en el altar deshonran la dignidad de su ministerio por su falta de devoción?

¿No es la prisa con la que algunos sacerdotes ofrecen este Sacrificio una prueba palpable de la pequeñez de su fe? ¡Pasan horas y horas dedicados a conversaciones superficiales y les cuesta permanecer media hora en compañía de Jesucristo! ¿Cómo es posible que dé la impresión de que Jesucristo sea el único que les cause aburrimiento?

Si en el Juicio Final tendremos que rendir cuentas de nuestra vida en proporción a la sublimidad de nuestra vocación y a las gracias que hemos recibido, y si, para salvarnos, nuestra virtud deberá estar a la altura de nuestro estado y nuestro ministerio, ¿no tiene motivos para temer el juicio de Dios un sacerdote mediocre, que ha ofrecido el Sacrificio de la Misa miles de veces y no es más devoto sino quizá más imperfecto que antes de su ordenación? ¿Y habrá algo en este mundo que pueda conmover su corazón, si permanece de piedra cuando alza el Cuerpo y la Sangre de Jesucristo en sus manos?

El sacerdocio es uno de los ministerios más elevados y una de las gracias más grandes que Dios ha conferido a una criatura. Es evidente que la dignidad sublime de Dios precisa de hombres de gran virtud para encarnar esta función. A pesar de que los eremitas que vivieron en tiempos de san Juan Crisóstomo —siglo IV— habían alcanzado un alto grado de perfección, y muchos de ellos tenían el don de hacer milagros, este santo dijo que estaban muy por debajo del estado sacerdotal, al igual que la condición de un ciudadano está por debajo de la altura de un rey.

Se requieren gracias especiales para llevar una vida de virtud. ¿No tiene el sacerdote medios todopoderosos a su disposición para conseguirlo? ¿No es la celebración eucarística un medio infalible para lograr todo tipo de gracias?

San Claudio de la Colombière, que vivía una devoción extraordinaria al Sacrificio del Altar, escribe lo siguiente:

Cuando rezo, cuando ayuno o cuando doy limosna, lo hago con cierto recelo. Me digo a mí mismo: Deshonro a Dios más, quizá, por mis malas intenciones y por las circunstancias de mi acción, de lo que le honro por hacerlo. Esta penitencia que hago, en vez de eliminar mis pecados necesita, tal vez, otra penitencia. Pero cuando celebro la Santa Misa, o ayudo en la celebración, cuando ofrezco el adorable Sacrificio como ministro de Dios o como miembro de la Iglesia, puedo, lleno de confianza y valor, Dios mío, retar al Cielo a hacer lo que más me plazca. Así, sin estar aterrorizado ni por el número ni por la enormidad de mis crímenes, me atrevo a pedirte perdón por ellos, sin dudar de que me lo concederás de la forma más perfecta que pueda desear. No importa lo enormes que sean mis deseos, no importa lo grandes que sean mis esperanzas, no se me plantean dificultades a la hora de pedir todo aquello que pueda satisfacerlos. Pido gracias enormes, todo tipo de gracias, para mí mismo, para mis amigos y para mis peores enemigos. Y, en lugar de avergonzarme de mis peticiones o de desconfiar de no recibir tantas cosas a la vez, encuentro que pido poco en comparación con lo que ofrezco: incluso creo que cometo un delito con esta víctima viva pidiendo infinitamente menos de lo que merece.

No le temo a nada tanto como a no esperar firmemente y con perseverancia todo aquello que he pedido, y cosas mayores, si es posible, que todo lo que he pedido. ¡Dios quiera que lleguemos a conocer el valor del tesoro que tenemos en nuestras manos! ¡Bienaventurados mil veces quienes saben aprovecharse del mayor de sus tesoros! ¡Qué fuente de bendiciones encontramos en este adorable Sacrificio, digno de toda alabanza! ¡Qué gracias, qué favores, qué riqueza temporal y eterna para el cuerpo, para el alma, para esta vida, para la eternidad! Pero debemos admitir la verdad: ni siquiera pensamos en hacer uso de nuestras riquezas, ni siquiera nos dignamos poner la mano en el tesoro que Jesucristo nos ha dejado.

Tenemos a nuestra disposición un remedio para todos los males, un árbol de la vida, que nos puede dar no solo salud sino incluso la inmortalidad. ¡Sin embargo, estamos aquejados por mil enfermedades! Cuando asistes a Misa, si quieres beneficiarte de ella, obtendrías para ti lo que habrías recibido en el Calvario, si hubieras estado presente. Si hubieras estado en el Calvario, no se te habría negado el perdón de tus pecados. El efecto de la Santa Misa es el mismo.

Jesucristo se pone en nuestras manos como una víctima de valor infinito para obtener de Dios todo aquello que podamos necesitar, no importa lo grande o valioso que sea. En el Sacrificio de la Misa, Jesús no solo se hace nuestro intercesor ante el Padre Eterno para pedir por sus méritos todo lo que nosotros deseamos, sino que ofrece su Sangre y sus méritos en pago por todo lo que pedimos. ¿Qué puedes desear, por muy grande que sea, que tenga tanto valor que lo que presentas para recibirlo? ¿Cómo se pueden quejar tantas personas de sus desgracias temporales o de sus defectos o de sus imperfecciones? ¿Cómo pueden tiranizarnos nuestras pasiones, atarnos nuestros malos hábitos, angustiarnos nuestros deseos inútiles y vencernos nuestras tentaciones? ¿Cómo pueden la ira y la impaciencia arrastrar a algunos, mientras otros están sobrepasados de dolor e inquietud? ¿Cómo es posible que una mujer no pueda tranquilizar a su marido o mantener la paz familiar? ¿Cómo es posible que la mayoría, incluidos los que dicen que son piadosos, vivan cometiendo pecados mortales y sean tan tibios para las cosas de Dios? La gente asegura que desea corregir sus propios fallos y los de los demás. Sin embargo, no hace ni una cosa ni la otra. Son como un avaro que vive necesitado de todo, a pesar de estar nadando en la riqueza.

¿Has pedido en la Misa eso que necesitas? ¿Cuántas veces pides por una intención determinada? ¿Cómo se puede creer que Dios va a rechazar algo tan pequeño pagado a un precio tan grande, que les va a dar tan poco valor a la Sangre y la vida de su Hijo, que no va a pensar que se merece esa gracia, esa virtud, ese bien temporal o ese favor espiritual que deseas para ti mismo o para otra persona, si eso te conduce a la salvación? ¿Es posible que hayas pedido sinceramente el amor de Jesucristo y que Jesús te haya rechazado? No, nunca lo creeré, y estoy seguro de que tú tampoco lo crees. ¿Cuál es la razón, entonces? Pues que descuidamos asistir al Sacrificio de la Misa y nos despreocupamos de presentar nuestras miserias a Dios con sencillez y confianza, y de pedirle las gracias que necesitamos. Por último, el motivo por el que permanecemos en la penuria en medio de la abundancia es que no ofrecemos o que no asistimos a este Sacrificio como personas que creen en él y que reflexionan en lo que creen.

PRÁCTICA PARA QUIENES OFRECEN EL SANTO SACRIFICIO

Si el sacerdote es consciente de la excelencia de su vocación ministerial, nunca se acercará al altar sin santo temor ni se marchará sin una gratitud desbordante. Se le honra más a Dios con una sola Misa que con todas las acciones de los hombres y de los ángeles, por muy fervientes y heroicas que sean. Deberíamos considerar el ofrecimiento del Santo Sacrificio como el acto más importante de nuestra vida, y llevarlo a cabo con la mayor perfección posible. Todas las obras de los ángeles tienen menos excelencia y dignidad que una sola Misa. Celebrar una Eucaristía es algo mayor que gobernar todo el universo, que resucitar a los muertos o que ejecutar grandes milagros. ¡Juzgad la preparación y el agradecimiento ante un acontecimiento tan gigantesco!

La vida entera de un sacerdote debe estar dedicada a la preparación y a la acción de gracias por el Santo Sacrificio. Un sacerdote no debería hacer nada que no se refiera a la expresión de la Santa Misa, o el agradecimiento por ese Sacrificio. Es decir, todas sus palabras y sus actos deberían ser tan santos, que sirvieran como disposiciones para la celebración de esos misterios divinos o como muestras continuas de su gratitud y amor. No hay nadie en la Tierra que, por este ministerio, se acerque tanto a la persona de Cristo. No hay nadie que deba parecerse tanto a Él en la santidad de su vida. Por tanto, la pureza y la santidad de su existencia deberían ser su principal preparación. Sin eso, lo demás apenas vale.

La preparación del sacerdote para la celebración de la Eucaristía debe empezar en cuanto se levante. Su acción de gracias debe terminar al final del día. El tiempo que precede inmediatamente a la Misa, o el que la sigue, debe emplearlo en un recogimiento profundo, en la renovación de las intenciones que ha ofrecido y en esforzarse por ser menos indigno en lo que va a hacer, o en lo que ha hecho, por medio de actos de fe, de contrición, de humildad, de acción de gracias y de amor.

El sacerdote que va al altar debe considerarse a sí mismo no ya un hombre sino el mismo Jesucristo que va a hablar por su boca y que se va a ofrecer a sí mismo a través de sus manos. No debe hacer ningún acto externo de la celebración eucarística del que no se pueda decir: «Mirad, un acto de Jesucristo». Debe ser extremadamente minucioso en el cuidado de hasta el más mínimo detalle, si se puede llamar «mínimo» a lo que forma parte de la celebración del más colosal de los sacrificios. Debe vivir los ritos con un aire de grandeza y majestad, y a la vez con tanta modestia, que hasta su comportamiento y presencia inspiren recogimiento y respeto. Debe ofrecer la Misa con una actitud tan grave, tan entregada y respetuosa, que Dios Todopoderoso sea honrado, que Jesucristo sea reconocido en la persona de su ministro y que todos los que asistan salgan fortalecidos.

Al igual que Jesucristo se inmola a sí mismo y se ofrece en sacrificio a través de las manos de su ministro, el ministro debe ofrecerse a sí mismo e inmolarse junto con Jesucristo. Es elegido y designado por la Iglesia entera para adorar a Dios, para agradecerle sus dones, para aplacar su ira y para implorar su misericordia. Debe cuidar su labor, especialmente después de la Consagración. Después debe, como Moisés, atar las manos de la justicia de Dios (si se puede usar esa expresión). Y reconocer, por medio de su valiosa víctima, la infinita grandeza de ese primer Ser, que se niega a sí mismo ante Él como el Hijo de Dios hace en el altar. Tiene que presentar ante Él todas las necesidades de las personas, y saberse seguro de que obtendrá todo lo que pide, porque ofrece una víctima de valor infinito, una víctima agradable a Dios.

No debe ser motivo de sorpresa el hecho de que los Apóstoles y los discípulos que conversaban con Jesucristo recibiesen grandes dones. Lo que debe sorprendernos es que un sacerdote en el altar no sea todopoderoso, que ame a Jesucristo de forma imperfecta o que tenga poca devoción en la Consagración.

El sacerdote puede estar en compañía de Jesús siempre que quiera y durante tanto tiempo como desee, pero, desgraciadamente, algunos sacerdotes no quieren pasar mucho rato en esa compañía divina.

A veces nos quejamos de no sentir amor o devoción ante el altar, pero ¿llevamos una vida pura y practicamos el recogimiento interior? Si el sacerdote celebra el Santo Sacrificio de manera apresurada y deseando terminar, no deja lugar a Jesucristo para que le haga percibir la dulzura de los efectos de su presencia, y mucho menos de escuchar la voz de Dios.

La fe viva y la reflexión profunda acerca de su ministerio le enseñarán al sacerdote cómo celebrar la Eucaristía con plena dignidad. El sacerdote ocupa el lugar de Jesucristo y debe, por tanto, celebrar la Misa como lo haría Jesucristo. Esto debería a celebrarla con una gran devoción. Durante la Misa debe decirse a sí mismo de vez en cuando: «Represento a Jesucristo aquí en el altar, hablo en nombre de Jesucristo, sujeto a Jesucristo con mis manos». Estos pensamientos le ayudarán a adoptar ese aire de dignidad majestuosa que exige la más santa de las acciones y que los fieles que asisten esperan de ese hombre que recibió el sacramento del orden.

La devoción al Sagrado Corazón es un medio muy eficaz para ayudar a los sacerdotes a celebrar el Santo Sacrificio con gran respeto, en primer lugar porque el núcleo de la devoción es el más apropiado para provocar sentimientos de reverencia durante la Misa y, en segundo lugar, porque Jesucristo ha unido a esta devoción dones especiales para ayudar a los sacerdotes a cumplir con las obligaciones de su misión pastoral. Los sacerdotes que profesan devoción al Sagrado Corazón de Jesús declaran que les inspira durante la celebración unos sentimientos de amor y respeto como nunca antes habían experimentado; aumenta el amor por la fe, y el amor a Jesucristo crece de modo perceptible.

Durante la celebración de la Misa, el sacerdote debe prestar especial atención a lo siguiente:

1) Celebrar con atención y evitando las prisas. La premura para abandonar el altar es un signo visible de que la compañía de Jesucristo molesta al sacerdote. Diez minutos más servirán para garantizar que la Misa se celebra con el debido respeto. ¿No es una pena que un sacerdote, por algo tan pequeño, se prive a sí mismo durante toda su vida de los frutos de la mayor, la más santa y la más importante de todas sus acciones?

2) Hacer, cada vez que se celebra el Santo Sacrificio, un acto de reparación a Jesucristo por todas las ofensas y afrentas que sufre en la Misa y en la Eucaristía.

3) Agradecer a Jesucristo todos los beneficios y dones que le ha conferido a la Virgen Santísima. Esta acción de gracias le agrada especialmente.

4) Pedirle con sencillez y confianza muchas cosas y, sobre todo, su amor. El sacerdote puede decirle palabras parecidas a estas:

«Señor, hazme santo, que toda la gloria sea tuya. Encontrarás depositarios de tus dones más valiosos que yo, pero me atrevo a decir que no encontrarás a ninguno más agradecido: "Encontré al que ama mi alma. Lo abracé y no lo soltaré"» (*Ct* 3, 4).

«Permíteme, Señor, decirte que no importa lo grandes que sean los bienes que me has otorgado, porque no me has dado lo suficiente si no me das tu amor. Mi Salvador, dame un corazón como el tuyo, dame tu Corazón».

A un sacerdote que no siente los efectos de un Sacrificio que basta para quitar los pecados del mundo le asisten muchas razones para sentir miedo. ¡Señor mío, qué grandes dones derramas en el alma que está bien dispuesta! ¿Y quién puede expresar la dulzura que haces experimentar a tu sacerdote piadoso en el altar?

San Claudio de la Colombière describía así sobre lo que él sentía en el altar:

He recibido dones tan grandes y he sentido los efectos de su *pan de los ángeles* de forma tan patente, que no puedo pensar en eso sin sentirme lleno de gratitud. Cuando celebro la Santa Misa, tengo una gran confianza en que perseveraré en el bien y en el deseo que siento de pertenecer a Dios por completo, a pesar de las dificultades que se me presenten a lo largo de la vida. Celebraré la Misa todos los días, esa es mi esperanza, mi único recurso. El poder de Jesucristo sería muy pequeño si Él no fuera capaz de sostenerme día a día. No tardará en reprocharme mi pereza en cuanto disminuya mis esfuerzos. A diarios me dará nuevos consejos y nuevas fuerzas. Me instruirá, me consolará, me concederá —u obtendrá para mí por medio de su Sacrificio— todos los dones que le pida. Si no veo que Él está presente, le siento. Me parece como si yo fuera uno de los ciegos que se arrojaron a sus pies y que no dudaron de que le habían tocado, aunque no le veían.

CONSEJOS PARA LOS FIELES QUE ASISTEN A MISA

Al asistir a la Santa Misa, los fieles han de estar convencidos de que no hay ninguna otra acción que deban realizar con mayor respeto, atención y devoción. Como en la Eucaristía se vuelve a hacer presente, real y verdaderamente, el sacrificio de la Cruz, el sacrificio real e incruento de la misma víctima inmolada en el Calvario, que se ofrece a sí mismo al Padre como holocausto en expiación por nuestros pecados. Y como Él paga el precio de su Sangre derramada por nosotros en la Cruz, debemos asistir a la Santa Misa con los mismos sentimientos que si hubiéramos sido testigos de la muerte de nuestro Salvador en el Calvario. O mejor: debemos intentar entrar en los sentimientos que anidaban en nuestra querida Madre y el discípulo amado.

El recogimiento, el silencio, una actitud humilde y un respeto profundo son disposiciones necesarias. Pero tienen que estar sostenidas por una fe viva. Debemos recordar que estamos en un lugar santificado por la presencia de Jesucristo y lleno de la majestad de Dios, a quien pedimos todos los dones que necesitamos. Estamos asistiendo a un sacrificio del que Jesucristo es la víctima, y es por nosotros por quienes se ofrece ese sacrificio. ¡Qué grandes han de ser nuestro respeto y nuestra confianza!

Debemos evitar cuidadosamente todo lo que pueda distraer nuestra atención de lo que está ocurriendo en el altar porque, la mejor manera de asistir a Misa es seguir las indicaciones del sacerdote. No debemos hablar nosotros todo el tiempo. Debemos parar y escuchar de vez en cuando para oír lo que el Señor nos dice. Hay que imitar a los pobres: cuentan sus miserias, extienden la mano y permanecen en silencio esperando su limosna. Este silencio durante el tiempo del Santo Sacrificio no es una pérdida de tiempo, es una señal de alerta y de consideración en presencia de Dios y una humilde confianza en su misericordia. La reflexión sobre lo que sucede en el altar y los actos de fe sobre la verdad de este misterio nos ayudarán a aumentar nuestra piedad[20].

Se puede decir que, de todos los modos de asistir al Santo Sacrificio, el que sugiere la devoción al Sagrado Corazón produce mucho fruto. Consiste principalmente en realizar actos interiores. Inmediatamente después de la Consagración, sostenidos por una fe viva, adoraremos a Jesucristo con la actitud de quien asiste a la Eucaristía para darle culto y para expiar por todas las ofensas, desprecios y pecados a los que su amor le ha expuesto en el Santísimo Sacramento. Adoraremos su Sagrado Corazón, y agradeceremos al Salvador el amor con el que arde. Después penetraremos en él para admirar el tesoro de virtudes y gracias que contiene. Admiraremos su humildad, su paciencia heroica, que es una prueba contra el trato vejatorio de muchos, su mansedumbre y su infinito dolor por nuestros pecados, pecados que Él ha consentido cargar sobre sus hombros. Contemplaremos su fervor infinito ante la gloria de su Padre y su amor a los hombres, su lucha por la salvación de todos y por la de cada uno en particular. Pensemos en cuál debe ser la emoción de Jesucristo en el altar a la vista de tanto desprecio y tantas ofensas; llenos de sentimientos de amor y gratitud, desde lo profundo de un corazón movido por la generosidad, le hablaremos de su dolor y de su amor. Si no podemos comulgar, podemos rezar la *comunión espiritual* —que consiste en desear recibir a Jesucristo sacramentalmente— para reparar por la frialdad, la insensibilidad y la falta de respeto con la que ciertas almas le reciben.

Es extraño que haya católicos que se sientan agotados en Misa y que no sepan cómo ocupar su tiempo durante la Eucaristía. Es como si un enfermo se sintiera molesto al ver a alguien que trabaja con eficacia para curar su enfermedad, o como si un hombre que carga con el peso de una deuda importante no supiera qué hacer en presencia de un rey poderoso que le ofreciera todos sus tesoros. San Claudio de la Colombière expresa este pensamiento de modo contundente en una homilía:

¿Qué? ¿Nunca has recibido de Dios ningún favor? Estamos todos rodeados, sobrepasados, e inundados de los dones que Dios nos concede, y nunca se lo agradecemos lo bastante. Tantos peligros evitados, tantas faltas pasadas por alto, la Providencia que vela de modo tan amable y constante sobre nosotros, un entusiasmo continuo y sincero por dirigirnos hacia Él, por ganarse nuestros corazones, por hacernos santos. ¿No merecen estos dones nuestro agradecimiento? Tras hacer memoria de todos esos beneficios, dile con valentía al Padre Eterno: Mira los inmensos bienes que he recibido de ti; contempla a esta víctima, este Cuerpo divino, esta preciosa Sangre, este adorable Sacrificio. Mira lo que te doy por todos tus beneficios: no tengo ninguna duda de que están bien pagados con esta magnífica ofrenda. ¿Qué puedo ofrecerte, Señor, por haberme dado los medios con los que puedo pedir a tu Padre celestial todos sus dones y expiar por todos mis pecados? Solo tengo un corazón que ofrecerte. ¿Te dignas aceptar este corazón, prisionero de tantas pasiones y manchado por tantos pecados? Está roto de dolor. En este estado te lo ofrezco. Tú me abres tu Sagrado Corazón, me lo entregas, ¿puedo atreverme, oh mi Salvador, a negarte a ti el mío? Dios de majestad, ¿quién soy yo para que te dignes aceptar el sacrificio de mi corazón? De ahora en adelante te pertenecerá a ti, las criaturas no participarán de él. Sé tú, mi querido Jesús, mi padre, mi amigo, mi todo. Puesto que Tú te has dignado estar satisfecho con mi corazón, ¿cómo puedo desear nada sino a ti? De ahora en adelante, deseo vivir únicamente para ti. Recibe, pues, mi más amado Salvador, el sacrificio que el más desagradecido de los hombres te ofrece, para reparar el mal que hasta hoy no he dejado de hacerte cada vez que te he ofendido.

¡Dices que no sabes qué hacer durante la Santa Misa! ¡Nunca has ofendido a Dios? ¿No le ofendes todos los días y a todas horas? Reflexiona durante la Misa en todas las faltas de las que eres culpable desde la celebración anterior. Pide perdón a Jesús. ¿No tienes nada que pedirle? Nos pasamos todo el día quejándonos de nuestros parientes, de nuestros amigos, de los hijos… Pídele a Dios que haga más razonable a ese enemigo, más modesta a esta hija, a este marido menos temperamental, pídele que cambie el corazón de este hijo; pídele más humildad, más paciencia, más coraje y más fervor para rogar por tu salvación, y pídele en especial el amor de Dios. Y para obtener todos estos dones, ofrécele la ofrenda de Jesucristo en el altar. No puede ser que nos rechace, porque lo que ofrecemos es infinitamente más valioso que lo que pedimos.

Resulta sorprendente que el Señor no pueda llenar su casa, excepto mediante el uso de amenazas o convenciendo —en cierto sentido— a la gente para que entre a verle. Pero más raro es que entremos en casa del Señor tan a menudo, que asistamos diariamente al mejor de los sacrificios y que no obtengamos fruto de ello, que ignoremos incluso los frutos indescriptibles que podríamos haber conseguido. Esta falta de conocimiento es una de las cosas más reprobables de los cristianos. ¡Qué desgracia vivir necesitados cuando tenemos un tesoro inabarcable y además inagotable a nuestra disposición, del que parece que —tontamente— no tenemos noticia ni comprensión! ¿No es una desgracia mayor aún si sabemos que existe ese tesoro y que no lo aprovechamos?

CAPÍTULO VII
La Santa Comunión

La Sagrada Eucaristía es el mayor sacramento y el más sagrado, y recibirla con fervor es el punto central de nuestra vida cristiana. Por su valor, este sacramento exige mayor cuidado y corrección al recibirlo que todos los demás, tanto en el orden temporal como en el espiritual. Si solo recibiéramos la Comunión una vez en la vida, aunque alcanzáramos la edad de quienes vivieron antes del Diluvio, nuestra existencia entera no sería lo suficientemente larga como para prepararnos a un misterio tan santo y tan asombroso. Este pensamiento no debe, sin embargo, apartarnos de la *Santa Mesa*, sino que debe llevarnos a buscar la actitud correcta a la hora de acercarnos al banquete celestial. Por tanto, no debemos decir: «No deseo recibir la Comunión porque me considero indigno de ella», sino más bien: «Deseo esforzarme, por todos los medios posibles, con la santidad de mi vida y mi conducta, para hacerme merecedor de recibir la Comunión». Nos aproximaremos de una forma correcta si creemos que somos poco merecedores de recibir a Cristo y, al mismo tiempo, hacemos todo lo que está en nuestras manos para llegar a merecerlo. Una buena Comunión debería ser suficiente para hacernos santos. Y todo lo que se requiere para eso es una intención pura y una reflexión seria sobre la grandeza de este sacramento.

Quienes reciben la Sagrada Comunión sin volverse más piadosos, más pacientes y reflexivos, o quienes no progresan en el amor a Jesucristo, están en una situación más peligrosa de lo que se figuran. ¿Qué pensaríamos de unas personas que conversaran con Jesucristo a menudo, que comieran todos los días sentadas a su mesa y que no fueran mejores cada día? ¿Les quedaría alguna esperanza de curarse a los enfermos a quienes Jesucristo no sanara cuando le fueran presentados?

La muerte y el hambre no son los peores castigos con los que Dios prueba en ocasiones a sus seguidores. Lo más espantoso, dice el profeta Isaías, es la amenaza de hacerles morir de hambre en medio de una cosecha abundante. Pisarán muchas uvas sin sacar una sola gota de vino: «Mirad: el Señor, Dios de los ejércitos, retira de Jerusalén y de Judá sustento y apoyo, todo sustento de pan y todo sustento de agua» (*Is* 3, 1). Este es el peor castigo: el pan que comamos no nos alimentará; comeremos mucho y, a pesar de eso, nos moriremos de debilidad, nos moriremos de hambre.

Por muy peligrosa que sea una enfermedad, siempre queda esperanza si existe algún tratamiento al que recurrir. Pero cuando se han probado sin éxito todos los remedios, ¿no hay motivos para temer? Si estuviéramos enfermos, y hubiéramos probado el mejor de los medicamentos sin ninguna mejoría, temblaríamos de miedo, ¡creeríamos que íbamos a morir, con toda certeza! Hemos recibido el Cuerpo santo y la preciosísima Sangre quizá cientos de veces… si no hay ningún fruto, ¿tenemos algún motivo para estar satisfechos con nosotros mismos? Esta falta de fruto puede derivarse de diferentes causas: cada cual debe examinarse a sí mismo.

La actitud con la que debemos acudir a la Sagrada Comunión se compone de las siguientes disposiciones: humildad y reconocimiento de nuestra insignificancia; hambre espiritual, que es al mismo tiempo signo de que necesitamos su alimento celestial y una prueba de que deseamos beneficiarnos de él; pureza de corazón; amor a Jesucristo o, al menos, deseo de amarle y de cumplir su voluntad al darse a nosotros en la Sagrada Eucaristía (especialmente unirnos más íntimamente a Él en perfecta conformidad de corazón y cabeza). Los que, cuando reciben la Sagrada Comunión, no experimentan ningún sentimiento de devoción, ni fervor, ni amor, carecen de alguna de esas disposiciones.

Es un defecto de quienes comulgan a menudo el no prepararse lo suficiente. Hay libros que proporcionan una gran variedad de buenas ideas para disponerse interiormente. Que cada cual elija lo que le vaya mejor. Practicar la devoción al Sagrado Corazón de Jesús nos servirá, y la experiencia muestra que es posible que no haya un método más útil para comulgar bien que esta devoción. Toda preparación debe ir acompañada de una reflexión honda sobre las cualidades admirables del alimento divino que vamos a recibir. La actitud personal que asegura grandes frutos es la intención de llevar una vida recta y el olvido generoso de uno mismo —dones del Espíritu Santo que son recompensa de una activa mortificación—, así como la imitación de las virtudes que admiramos y amamos en Jesucristo. Podríamos imaginarnos que la Comunión para la que nos estamos preparando va a ser la última de nuestra vida, y deberíamos acudir cada vez a la Eucaristía con la misma preparación que si, al abandonar la Santa Mesa, fuéramos a pasar de esta vida a la eternidad.

Si deseamos que este sacramento haga crecer nuestro amor a Dios, reflexionemos en el inmenso amor que Él nos tenía cuando instituyó este misterio y su voluntad de guiarnos a través de Él hacia su amor. La preocupación excesiva por las cosas externas que Jesucristo reprochó a Marta debería enseñar a los intranquilos —muy ocupados en recitar oraciones— que la paz de corazón, el recogimiento interior y el escuchar atentamente de vez en cuando a Jesucristo, siguiendo el ejemplo de su hermana María, significan la «mejor parte». Por eso, debemos aprovechar la mayor parte del tiempo que precede, acompaña y sigue a la Comunión para hacer actos internos, principalmente actos de amor a Dios, que deberían tener el efecto de aumentar el amor de Dios en nuestros corazones. Podemos rezar oraciones vocales antes de la Sagrada Comunión, pero sería bueno que dedicáramos un cuarto de hora a meditar en el gran acto que vamos a realizar. Si una persona está convencida de que va a recibir a Jesucristo, si desea sinceramente hacerlo y reflexiona sobre ello, no puede dejar de conmoverse.

El hecho de que un príncipe venga *disfrazado* no disminuye de ningún modo el respeto que merece por parte de aquellos que creen que es un príncipe. Un favor excepcional que conceda, o una prueba de amor que ejecute mientras se encuentra bajo ese disfraz, nos moverá a amarle más. Con mayor motivo si la razón por la que ha adoptado ese *disfraz* es precisamente para ayudarnos. Aplícale esto a Jesucristo: «¡Jerusalén, si supieras quién es el que ha venido a visitarte y las gracias que podrías haber obtenido de esta visita!». Considera, sobre todo, que estás a punto de recibir el Cuerpo de Jesucristo con sus heridas sagradas, que Él les permitió a sus apóstoles tocar. Y que con ese Cuerpo, estás a punto de recibir su Sagrado Corazón.

Es dentro de ese Sagrado Corazón abierto a nosotros donde estamos cerca de entrar. En ese Sagrado Corazón es donde vamos a aprender a rezar, a dar gracias a Dios, a alabarle, a negarnos a nosotros mismos en su presencia, pero sobre todo, a amar a Jesucristo. ¡Cuántos milagros culminará Jesucristo en un alma pura, en un alma que le ama de verdad, durante esos instantes tan valiosos! La misma idea del Sagrado Corazón nos hará sentir una devoción extraordinaria en la Sagrada Comunión.

Si Jesucristo deja marcas perceptibles de su presencia al entrar en nuestra alma, como les sucede a quienes manifiestan devoción a su Sagrado Corazón, beneficiémonos de esos preciosos instantes, mostremos un gran recogimiento interior, escuchemos al Señor y recibamos sus dones. Jesucristo obrará milagros en nuestra alma si no se lo impedimos con distracciones voluntarias, con las que el demonio busca privarnos del fruto de la Sagrada Comunión.

Durante ese tiempo nuestra tarea debe ser principalmente abandonarse al amor de nuestro Salvador y gozar de los dulces efectos de su presencia. Un amor sincero y tierno es, al mismo tiempo, la mejor actitud para recibir la Comunión y el fruto principal que obtenemos de ella. Normalmente nos mantenemos en silencio en la presencia de Jesucristo cuando le queremos mucho, y mostramos nuestro amor hacia Él mediante actos internos fervorosos. María, hermana de Lázaro, sentada a los pies de Jesús en admiración silenciosa, es el modelo para un alma que acaba de recibir la Comunión; si habla, sus palabras deberían ser la expresión de su amor, de su admiración y de su alegría.

Después de recibir la Comunión, podemos decir: «Encontré al que ama mi alma. Lo abracé y no lo soltaré» (*Ct* 3, 4); o «mi Dios y mi todo»; o «mi amado es para mí, y yo para él» (*Ct* 2, 16); o «grábame como un sello en tu corazón» (*Ct* 8, 6); o «¿Quién hay para mí en los cielos? Estando contigo, nada deseo en la tierra» (*Sal* 73, 25).

Debemos esforzarnos por penetrar en los sentimientos de Jesucristo y pensar qué puede disgustarle de nosotros, qué desea que hagamos y qué nos impide realizarlo. Mantengámonos postrados a sus pies en espíritu, y, renovando nuestra fe en su presencia, adorémosle con un respeto profundo, mezclado con asombro, al ver al Dios de majestad ante el que los serafines tiemblan humillándose hasta el extremo de venir a alojarse en el corazón de un hombre, de un pecador, invirtiendo las leyes de la naturaleza y obrando un milagro extraordinario para conseguirlo. Pasando de la admiración a la gratitud —y reconociendo nuestra incapacidad para darle gracias adecuadamente—, invitemos a las criaturas a unirse a nosotros para alabarle. Ofrezcámosle el amor de todos los santos y el fervor con el que tantas personas santas reciben la Comunión. Ofrezcámosle su propio Corazón con el inmenso amor del que está inflamado.

Con confianza y sinceridad, presentémosle nuestras debilidades, nuestras miserias y nuestras carencias. Podemos decir con Marta y María: «Señor, mira, aquel a quien amas está enfermo» (*Jn* 11, 3). ¿Puedo dudar de tu amor después de lo que has hecho por mí? Si me quieres, ¿puedes ver mis enfermedades y no curarlas? Pero, sobre todo, ¿puedes ver que te amo tan poco y no inflamar mi corazón con el fuego sagrado de tu amor? Aunque fueras a negarme todo lo demás, ¿podrías negarme tu amor? Sé que he puesto grandes obstáculos a tus designios misericordiosos, pero quita tú esos obstáculos en tu infinita misericordia.

Que no se nos olvide ofrecer algún sacrificio agradable a Cristo cada vez que le recibamos en la Comunión. Prometámosle que vamos a comenzar a corregir alguna falta que le desagrade. Y recordemos que nunca experimentaremos los efectos propios de la Comunión a menos que tratemos de pasar el resto del día en silencio interior. En el caso de aquellos que comulgan con frecuencia, la frialdad, la falta de generosidad y las distracciones inmediatamente después de la Comunión son signos del estado de infelicidad de un alma insensible al mayor de todos los dones, de un alma que tiene muchas razones para temer, porque no reacciona al peligro del estado de tibieza en el que vive y que no está en guardia contra la falsa seguridad sobre la que descansa.

San Buenaventura distingue ocho motivos que mueven a los fieles a recibir la Comunión:

1) Algunos deben recibir la Comunión porque, conociendo sus enfermedades espirituales, desean recibir la visita del médico celestial que es el único capaz de curarlas. 2) Otros, porque habiendo pecado mucho, no tienen nada que ofrecer a la justicia divina si no es a la víctima, al Cordero sin pecado que quita los pecados del mundo. 3) Otros, porque están sumidos en el dolor o son prisioneros de tentaciones, y no tienen otro recurso que a Dios omnipotente, siempre dispuesto a ayudarles y defenderles. 4) Otros, los que tienen que pedir algún favor al Padre Eterno y esperan obtenerlo por los méritos de su Hijo, nuestro único mediador. 5) Otros, con la intención de ofrecer la Comunión como acción de gracias por los dones recibidos. 6) Otros, para dar gloria a Dios y a sus santos, ofrecen la Comunión a Dios en honor de todos los santos. 7) Otros, movidos por el amor a sus hijos, vivos o muertos, utilizan la Sangre de Jesucristo para conseguir el perdón para los pecados de los vivos, y para los muertos, alivio en sus sufrimientos. 8) Por último, las almas generosas llevadas por un verdadero deseo de amar a nuestro Salvador lo reciben en el sacramento de la Eucaristía para llenarse más de su amor. Este último deseo es el más perfecto y el que está en mayor conformidad con los planes de Jesucristo al entregarse a nosotros.

Nuestro Salvador viene a nosotros para unirnos más a Él; nos abre su Corazón, nos lo entrega; ¿vamos a negarle el nuestro? Entremos en su Corazón y, puesto que viene a nosotros, dejemos que de ahora en adelante llene nuestro corazón de tal modo que no tengamos otros sentimientos que los suyos. Intentemos contemplar sus sentimientos. Consideremos lo que Jesucristo ama, lo que aprecia, lo que desprecia. No podemos tener ninguna duda de que su juicio es infalible y de que si juzgamos de modo distinto a Él, podemos estar seguros de que nos equivocamos. ¿Qué piensa

Él de los honores y placeres que yo busco tan desesperadamente? Por el contrario, ¿no son esas humillaciones, esas cruces que aborrecemos, objeto de su complacencia, de su predilección?

Con estas reflexiones podemos descubrir con facilidad si el Sagrado Corazón de Jesús está unido al nuestro y si tenemos el mismo espíritu que Jesucristo.

CAPÍTULO VIII
Las señales del amor a Jesucristo y a su Sagrado Corazón

Las señales del amor a Jesucristo son las cualidades opuestas a las que hemos enumerado en el segundo capítulo de la segunda parte del libro. Nuestro Señor Jesucristo no es solo el centro y la fuente de toda virtud, sino que es el modelo sin defecto de todas las virtudes. Las imperfecciones de algunos que se consideran piadosos pueden hacer un gran daño. A menudo, algunos con fama o aire de piadosos están llenos de amor a sí mismos y son muy susceptibles al menor desprecio. Muchos son melancólicos, obstinados y pesimistas. A veces se dejan llevar por la ira y están excesivamente pendientes de su propia comodidad. Su temor exagerado a perder la salud les vuelve perezosos, negligentes, inútiles, indulgentes consigo mismos y excesivamente severos con los demás. Y hay muchas personas que juzgan de un modo superficial lo que es la vida de un cristiano a través de las imperfecciones de los que se consideran a sí mismos piadosos. Creen que una persona no puede serlo si no es melancólica, rara, terca, poco servicial, llena de amor propio y esencialmente antipática. Bajo esta falsa concepción, a ciertas personas les parece que no es una desgracia no ser piadoso, por todos los defectos que ven en aquellos considerados como tales.

A pesar de que las imperfecciones de unos no excusan los vicios de los otros, sí es cierto que dan pie a que bastantes personas sientan aversión a la vida cristiana y, ahuyentadas por una conducta tan poco en consonancia con la verdadera devoción, se imaginan que las virtudes de quienes aman a Jesucristo no son genuinas, o que es imposible vivirlas. Debemos esforzarnos en desmentir este falso razonamiento. Todos los santos lo desmintieron con la santidad de sus vidas. Debemos limitarnos a señalar quiénes son las personas piadosas de verdad y delinear el perfil de cuantos aman profundamente a Jesucristo.

PERFIL DE LA PERSONA QUE AMA PROFUNDAMENTE A JESUCRISTO

El perfil de una persona que vive la caridad, que san Pablo esboza de un modo tan magnífico en el capítulo trece de su primera epístola a los Corintios, es también el perfil de alguien que ama a Jesucristo con intensidad. San Pablo dice: «Aunque hablara las lenguas de los hombres y de los ángeles (…). Y aunque tuviera el don de profecía y conociera todos los misterios y toda la ciencia, y aunque tuviera tanta fe como para trasladar montañas (…). Y aunque repartiera todos mis bienes, y entregara mi cuerpo para dejarme quemar, si no tengo caridad, de nada me aprovecharía» (1 *Co* 13, 1-3). El amor, dice, es «paciente, la caridad es amable; no es envidiosa, no obra con soberbia, no se jacta, no es ambiciosa, no busca lo suyo, no se irrita, no toma en cuenta el mal, no se alegra por la injusticia, se complace en la verdad; todo lo aguanta, todo lo cree, todo lo espera, todo lo soporta» (1 *Co* 13, 4-7). Esas son las cualidades de un hombre de sólida devoción y verdadera virtud; si falta uno de estos atributos, su devoción es defectuosa y su amor a Jesucristo es imperfecto.

Una persona sólidamente virtuosa y que ame a Jesucristo con entera intensidad procura ser una persona sin amor propio, recta, sin ambición. Es alguien exigente consigo mismo, pero amable con los demás, interpretando en el buen sentido lo que hacen. Es honesto sin ser afectado, educado sin ser cobarde, servicial sin buscar su propio interés. Es extremadamente exacto sin ser escrupuloso, se mantiene siempre unido a Dios sin tiranteces; no está nunca inactivo y, a la vez, no permite que le supere un ímpetu desmedido, nunca está demasiado preocupado o distraído con sus ocupaciones, porque mantiene constantemente libre su corazón, atento al mayor de sus objetivos: su salvación eterna. Como los grandes santos, tiene una baja opinión de sí mismo y un gran respeto por los demás, porque solo contempla sus virtudes y no les juzga sus defectos. No deja que aquellos que le desprecian le hagan daño, porque no cree que el honor que le puedan negar sea algo que le pertenezca. Por último, es alguien que nunca está de mal humor, porque tiene lo que quiere y, siempre y cuando sea agradable a Dios, no desea nada más. Siempre está satisfecho, siempre en paz, siempre sereno. No se pavonea con el éxito ni se descorazona tras el fracaso, porque sabe que las bendiciones y las cruces de la vida vienen de la mano de Dios, y que, como la voluntad de Dios es su única norma de conducta, siempre hace lo que Dios quiere y siempre acepta lo que Dios le manda.

Guiado por estos principios, no busca lo que le pueda traer más fama. Y como sabe que lo que hacemos no tiene más mérito que el de estar en sintonía con la voluntad divina, no lucha por conseguir mucho sino que se esfuerza por hacer con perfección lo que su Maestro desea que haga. Por tanto, está constantemente en guardia contra sus inclinaciones naturales y contra su amor propio, y prefiere las obligaciones humildes de su situación personal y sus circunstancias a las grandes acciones elegidas por él. Animado por este amor puro a Jesucristo, acepta la privación de los talentos de los que Dios no le ha dotado, de las virtudes que Dios ha preferido que no tenga y del bien que Él no desea que haga. De la misma manera, es fiel correspondiendo a los dones que Dios le ha conferido y ejercitando las virtudes y sembrando el bien que Dios pone en su camino y que quiere que cumpla.

Por último, es un hombre que se distingue por su mansedumbre, su humildad y, especialmente, por su intenso amor a Jesucristo y su devoción a la Santísima Virgen, y por el aire de santidad que le rodea. Todo lo cual es por sí mismo una forma inmejorable de apostolado. Vive de los sacramentos y los recibe respetuosamente, lo que aumenta diariamente su virtud y le dará esa hambre y esa sed de justicia de la que habla nuestro Salvador. Y siendo un hombre de fe, nunca asistirá al Sacrificio de la Misa sin una profunda gratitud y veneración. Busca honestamente conocer la voluntad de Dios en todas las circunstancias que surgen y es generoso con Dios, quien nos ha concedido todas las cosas sin reservas, incluso a sí mismo, para inducirnos a no negarle nada. Se sacrifica constantemente, en todas las etapas de su vida, porque sabe que nuestro Salvador crucificado, Jesucristo, es nuestro modelo en todas las cosas. Lleno del espíritu de Cristo, en cada ocasión, tanto cuando reza como cuando está inmerso en sus obligaciones, se esfuerza por hacer coincidir sus opiniones y todos sus pensamientos con la voluntad de Dios, que es su guía en todo.

Esta es la forma de ser de una persona verdaderamente virtuosa, delineada por el propio Jesucristo, que todos los santos han mostrado a lo largo de su vida y que es la base de la santidad y el mérito de todos los que se entregan a Dios. También es el retrato fiel de una persona que ama a Jesucristo. Gracias a estos rasgos podemos ver claramente que es falso decir que la virtud es fea y repulsiva. Y falsa la acusación contra las personas verdaderamente piadosas. Decir que son poco serviciales, melancólicas, impacientes, irascibles, roídas por el amor propio, los celos y la ambición es una acusación que carece de todo fundamento. Los que tienen fama de piedad pero que albergan grandes defectos como los mencionados predisponen en contra a los fieles de luchar por mejorar. Por culpa de sus evidentes defectos desacreditan la virtud que se les atribuye.

Y que nadie diga que ese amor perfecto a Jesucristo, tal y como se representan aquí, solo existen en la imaginación, o que si existen en este mundo, o que una vida conforme a esos principios sería muy rara, y el hombre que viva de acuerdo con ellos, un infeliz. La vida y la conducta de los santos es el modelo a partir del que se ha esbozado este retrato. Y ni uno solo de los que han vivido siguiendo estos principios ha dejado de disfrutar de una paz y una alegría que sobrepasan todo entendimiento. Si muchas personas que se consideran devotas no se reconocen en este retrato es porque no tienen el valor de hacer todo lo necesario para llegar a ese grado de perfección. Ese tipo de personas se esfuerza mucho al principio, pero se paran a mitad de camino y muchos a los que solo les faltaban unos pocos pasos para llegar se privan a sí mismos de todas las ventajas de una vida perfecta porque no tienen el coraje de hacer ese último esfuerzo.

Pero dice san Francisco de Sales en su *Introducción a la vida devota:*

Tú aspiras a la devoción, mi querida Filotea, porque, siendo cristiana, sabes que es una virtud que complace enormemente a la majestad divina. Pero como las faltas pequeñas cometidas al comienzo de cualquier empresa, se hacen con el paso del tiempo infinitamente mayores y al final llegan a ser casi irreparables, debes saber en qué consiste la verdadera devoción. Y como no hay más que una verdadera devoción, y muchas vanas y falsas, si no puedes distinguir cuál es la verdadera, es posible que te engañes con facilidad al seguir alguna devoción fantástica y supersticiosa.

Como Aurelio pintaba todas las caras de sus cuadros con la semblanza de la mujer a la que amaba, así todos pintan la devoción según su propia imaginación y pasión. El que practica el ayuno piensa que es muy devoto si ayuna, a pesar de que al mismo tiempo su corazón pueda estar lleno de rencor; y mientras es sabio y tiene reparo en cuanto a humedecer su lengua con vino e incluso con agua, no tiene problemas a la hora de beberse la sangre de su vecino mediante la difamación y la calumnia. Otro se considera devoto por recitar a diario una gran cantidad de oraciones, a pesar de que inmediatamente después dirige las palabras más desagradables, arrogantes o injuriosas a sus empleados y a sus vecinos. Otro saca limosnas alegremente de su monedero para ayudar a los pobres, pero no puede obtener de su corazón la suficiente mansedumbre para perdonar a sus enemigos. Otro perdona rápido al enemigo, pero nunca paga lo que debe, si no es bajo coacción. A estos, algunos los consideran devotos, mientras que en realidad no lo son en absoluto.

Cuando los criados de Saúl buscaron a David en su casa, Mical puso una estatua en su cama, y la tapó con las ropas de David, les hizo creer que era el propio David. Lo mismo, muchas personas, que repiten algunos actos externos de devoción, se tapan a sí mismos con un manto de piedad y llevan a la gente a creer que ellos son verdaderamente devotos, mientras que no son nada más que estatuas y fantasmas de la devoción.

La gran mayoría de ese tipo de personas se hace una idea falsa de la piedad. Muchos la conciben según su propio ser, según sus inclinaciones naturales o sus pasiones. Una persona de temperamento melancólico considera que la virtud consiste en ser sombrío, y no se figura que alguien pueda ser alegre y piadoso al mismo tiempo. Otros, que solo se fijan en lo externo de la vida espiritual, la hacen consistir en el uso de instrumentos de penitencia: ayunos, vigilias y sacrificios corporales. Otros muchos imaginan que han llegado al mayor grado de virtud cuando han adquirido el hábito de rezar muchas oraciones, oír muchas Misas, permanecer mucho tiempo en la iglesia, asistir al oficio divino y comulgar con frecuencia.

Algunos religiosos creen que para llegar a la perfección es suficiente con estar atentas en el coro, amar el retiro y el silencio y seguir escrupulosamente las reglas de su orden. De este modo, hacen consistir la perfección en una u otra de estas prácticas, pero ahí no está el quid de la cuestión. Las obras externas son un medio para llegar a la perfección o para adquirir los frutos de la santidad, pero no se puede decir que la perfección o el amor perfecto a Jesucristo consistan en esas obras. Esas obras externas pueden ser los frutos excelentes de la virtud consumada en personas muy santas, pero en el caso de quienes descuidan la vigilancia de los afectos de su corazón, que no obran sacrificios internos, o que no ajustan su voluntad a la voluntad de Dios, pueden ser nocivas.

El verdadero amor a Jesucristo y la verdadera devoción consisten únicamente en amar a Dios y odiarnos a nosotros mismos, en nuestro sometimiento no solo a Él, sino a todas las criaturas por amor a Él. En renunciar a nuestra propia voluntad por completo para cumplir la suya. En sacrificar nuestro orgullo y amor propio y, sobre todo, en hacer todas estas cosas por la gloria de su nombre sin otro motivo que el de complacerle, y por la única razón de que Él desea y se merece que las criaturas lo amen y le sirvan. Esos son los dictados de la ley del amor que el Espíritu Santo ha grabado en el corazón de los que quieren vivir cerca de Dios. Siguiéndolas, pondremos en práctica el sacrificio que tanto nos recomendó el Salvador en el Evangelio; harán su yugo más llevadero, su carga de mucho menos peso.

Leemos en el Sermón de la Montaña: «No todo el que me dice: "Señor, Señor" entrará en el Reino de los Cielos, sino el que hace la voluntad de mi Padre, que está en los cielos. Muchos me dirán aquel día "Señor, Señor, ¿no hemos profetizado en tu nombre, y hemos expulsado los demonios en tu nombre, y hemos hecho prodigios en tu nombre?". Entonces yo declararé ante ellos: "Jamás os he conocido: apartaos de mí, los que obráis la iniquidad"» (*Mt* 7, 21-23).

Es una lección sorprendente y terrible para los que trabajan incluso con éxito por la salvación de las almas y que, habiendo señalado a otros el camino a la perfección, no hacen ningún esfuerzo para conseguirlo y se mueren con las grandes imperfecciones con las que han vivido.

Deberíamos estar completamente convencidos de que el amor a Jesucristo, la verdadera devoción, la virtud cristiana y la piedad firme consisten exclusivamente en una humildad sincera, un sacrificio universal y continuado y una conformidad absoluta de nuestra voluntad con la voluntad de Dios. Si falta una de esas tres virtudes, no puede darse verdadera devoción ni virtud.

Esos son los sentimientos de san Pablo y de otros maestros de la vida espiritual. O mejor: son los sentimientos de todos aquellos que merecen llamarse cristianos, puesto que son los sentimientos de Jesucristo y, por tanto, de todos los que poseen el verdadero espíritu de Jesucristo. En cada una de nuestras iniciativas, dice un gran servidor de Dios, deberíamos proponernos hacer la *voluntad de Dios*, en lugar de procurar la *gloria de Dios*, porque, cumpliendo la voluntad de Dios, inevitablemente le daremos gloria. Pero si nos proponemos como motivo de nuestras acciones trabajar para mayor gloria de Dios, puede que a veces nos engañemos a nosotros mismos y hagamos nuestra propia voluntad, bajo el pretexto de estar trabajando para mayor gloria de Dios.

¡Y qué frecuente es este espejismo, el engaño, en aquellos que trabajan en buenas iniciativas y se esfuerzan por aumentar el fervor de otras almas! La verdadera perfección, sobre la que no puede haber ningún error, consiste en cumplir la voluntad de Dios. ¡Pero qué pocos son lo suficientemente sabios como para darse cuenta de ello o lo suficientemente puros como para probar su dulzura!

Dios nos ha amado demasiado, dice un amigo fiel de Jesucristo, como para contentarse con un servicio a regañadientes por nuestra parte. El solo pensamiento de no ser del todo generosos con Él debería causarnos horror. ¿Qué? ¿Vamos a rechazar pertenecerle enteramente después de la enorme misericordia que nos muestra día tras día? ¿Vamos a negarle algo después de todo lo que hemos recibido de Él? Mi corazón nunca consentirá seguir ese camino. Cuando pienso en lo poco que podemos hacer para dar gloria a Dios, aunque nos pongamos a su servicio por entero, me sonrojo ante el mero pensamiento de negarle nada. No hay ninguna seguridad al tomar el camino de en medio, porque es muy fácil acabar en el extremo incorrecto. Solo aquellos que se entregan a Dios sin reservas pueden esperar consuelo por su parte en el momento de la muerte, y solo aquellos que llevan una vida serena y tranquila.

Es fácil ver cómo concuerdan perfectamente las vidas de los verdaderos siervos de Dios con el esbozo del carácter de un hombre que ama a Jesucristo que hemos delineado y el consuelo que disfrutan. Resultan miserablemente engañados quienes, no habiendo probado nunca esos consuelos celestiales —porque nunca han tenido devoción—, se imaginan que les ocurre lo mismo que al creyente fiel que ama a Jesucristo en cuerpo y alma.

Por esos mismos principios podemos juzgar lo lejos que están del amor de Jesucristo los que adoptan algunas prácticas externas de devoción y nunca paran de hablar de ellas. Se trata de personas que son piadosas solo cuando se les antoja o les apetece, que meditan unos pocos días durante un retiro pero mantienen todas sus imperfecciones. Esos que no les niegan nada a sus sentidos, que de forma superficial realizan los ejercicios más santos de devoción, que pasan el tiempo sin vigilar el corazón, siempre expuestos a los ataques por sorpresa del enemigo, siempre agitados por las pasiones, siempre con problemas y sin ningún tipo de normas. Esos que son tan susceptibles, que la más mínima palabra les ofende, la más mínima falta de respeto les hiere. Esos, por último, que están llenos de astucia y engaño, que se ponen a buscar siempre su propio interés y no les da reparo para obtener sus fines por medios deshonestos, que cambian a cada hora del día porque siguen las instigaciones variables de sus pasiones.

Es fácil ver que esos diversos tipos de personas no tienen el espíritu de Jesucristo, que su virtud no es genuina y que mientras se empecinen en seguir en ese estado de infelicidad, su devoción al Sagrado Corazón de Jesús será demasiado imperfecta como para que consigan entrar en el Corazón divino, o al menos permanecer en él una temporada.

LOS EFECTOS HABITUALES DEL AMOR PERFECTO A JESUCRISTO

De todo lo anterior podemos inferir sin dificultar que los efectos habituales del amor perfecto a Jesucristo pueden resumirse diciendo que este amor, al hacernos imitar sus adorables virtudes, nos vuelve tan adaptables al modelo divino como es posible serlo en esta Tierra. Nuestra vida exterior e interior se convertirá así en una expresión viva de las suyas. Y como Él es la viva imagen de Dios, su Padre, así nosotros nos convertiremos en imágenes vivas de Él, y expresamos en nosotros mismos todos los rasgos de sus diferentes carismas, de sus misterios y de sus virtudes. Encontramos fácil imitar a aquellos a los que amamos mucho. Ahora, esta imitación perfecta de Jesucristo se hará visible por una humildad sin vaivenes, un control total de nuestra mente, una dependencia completa de Jesucristo en todas nuestras acciones y un gran amor a la Cruz.

Estas virtudes son los efectos normales del verdadero amor a nuestro Salvador. Se podrán tener en mayor o menor medida, dependiendo de la capacidad de nuestro amor por Él.

La mansedumbre es hasta tal punto la marca distintiva del carácter de Jesucristo, que los profetas hicieron uso de ella casi exclusivamente para describirlo. Entre los santos del Antiguo Testamento, quienes habían sido precursores de Jesucristo —Moisés y David— sobresalían en esta virtud. Se decía del primero que «era muy humilde, más que ningún otro hombre sobre la faz de la Tierra» (*Nm* 12, 3) y del segundo se decía: «Acuérdate, Señor, de David, de todos sus desvelos» (*Sal* 132, 1). El propio Jesucristo nos enseña tanto de palabra como con su ejemplo que la mansedumbre es el rasgo dominante de su carácter, y que es imposible ser como Él sin ser dócil. El amor perfecto siempre exige alguna similitud. Es precisamente esta mansedumbre permanente la que imprime en nosotros las marcas exteriores y visibles de la semejanza con Jesucristo. Es también el efecto usual de su amor.

Esta virtud contiene en sí misma muchas otras. Es imposible estar continuamente de buen humor, recibir siempre a los demás con una sonrisa, mostrar una docilidad inalterable en todas las ocasiones, sin tener una humildad sincera, sin sacrificarse constantemente, sin tener caridad y una paz continua de alma que esté a prueba de accidentes. Si nos falta la mansedumbre, encontraremos que nos falta alguna de estas otras virtudes. La dificultad para acercarse a otros, un exterior que repele, un aire de severidad que a menudo topamos en personas que pasan por piadosas... Todos esos suelen ser los efectos de unas inclinaciones naturales no mortificadas, y nunca los encontramos en un auténtico discípulo de Jesucristo, que desea que la mansedumbre y la humildad de corazón sean las señales distintivas de sus discípulos. Es una constatación diaria el hecho de que las personas que muestran mayor mansedumbre con su prójimo son precisamente los que más aman a Jesucristo. Gracias a la mansedumbre, los apóstoles lograron la conversión de los pecadores más empedernidos, y un alma apostólica debe adquirir esta virtud si desea que su labor dé frutos al Señor.

Un corazón libre de la tiranía de las pasiones deja nuestro interior preparado para el Corazón de Jesucristo, por nuestro completo desinterés hacia nosotros mismos y nuestro consentimiento pleno a sus órdenes, y nos hace ver en todo y para todo la voluntad de Dios, que estamos dispuestos a cumplir sin ansiedad ni entre desasosiegos. Es un signo seguro de que una persona vive con poco amor a Cristo si no experimenta ninguna atracción por cumplir su voluntad. Viendo que las personas sienten un alto placer cuando lo que hacen agrada a sus seres queridos, ¿cómo se puede decir que se le ama verdaderamente a Jesucristo si no se siente ninguna inclinación por hacer lo que Él desea? Si le amamos, haremos lo que le resulta grato, y nada nos dará más placer sino cualquier cosa que Él desea.

Una vez que hayamos entregado nuestros corazones al amor de Jesucristo, este amor no se manchará del amor propio. Nos despoja de todas las ataduras y nos da esa santa indiferencia que hace que todo nos resulte igualmente placentero: no deseamos nada para nosotros mismos, sino solo aquello que es voluntad de Dios. No nos preocupamos por cómo Dios desea valerse de nosotros, si será en algo de mucha importancia o si resultará ser algo trivial, algo desagradable o incluso algo acorde con nuestros gustos. El éxito y el fracaso serán igualmente bienvenidos, porque, deseando solamente aquello que Dios desea que pase, estaremos contentos con todo lo que ocurra. Quienes están atados a sus ocupaciones, a su lugar de residencia, a su propia comodidad o a cualquier otra cosa, no pueden servir a Dios con esta libertad de espíritu, porque son esclavos de su propia voluntad. Esto hace que vivan con poco mérito, que estén preocupados, que rechacen ser dirigidos por el Espíritu Santo y las inspiraciones de la gracia. Hace que el yugo de Jesucristo les parezca duro y pesado, y les expone a todo tipo de engaños y peligros. Las almas fervorosas deben dejar de lado cualquier tarea por amor a Cristo cuando Él así lo quiera, nada debe afectarles, si no es el amor a Jesucristo, y les resulta indiferente todo lo demás. Sin embargo, deben tener cuidado para que esta indiferencia no degenere en irresponsabilidad o en cobardía.

Todos nuestros esfuerzos y nuestras apetencias deben estar relacionados con lo que Dios quiere, cuando Él quiere y como Él quiere. Sin eso no hay virtud: solo engaño y amor propio. Esta conformidad absoluta con la voluntad de Dios, esta sumisión completa a las órdenes de la divina Providencia, sin buscar nada que no sea lo que Dios desea que hagamos —tanto si es algo magnífico que atrae nuestra atención como si es algo oculto y oscuro—, no es solo el camino más corto y seguro, sino que, hablando con propiedad, es el único camino para adquirir la limpieza de corazón, un inmenso amor a Jesucristo y, en un intervalo corto de tiempo, una gran virtud. Un hombre que se apoya en el Señor es inamovible, no puede caer abatido. Si sus proyectos no alcanzan el éxito, está satisfecho porque no tiene otra voluntad que la de Dios. ¡Qué estado de paz y de serenidad! Merece la pena luchar por conquistarlo.

El tercer efecto de este amor es la dependencia absoluta de Jesucristo en todas nuestras acciones. Consiste en recordar constantemente a Jesucristo, teniendo a nuestro divino Salvador delante de nosotros, como modelo de todo lo que hacemos. Se trata de adecuarnos a su modelo en todas las cosas. No consiste solo en hacer lo que Él desea, sino de hacerlo del modo en el que Él solía hacerlo cuando estaba en la Tierra, de forma que sea el ejemplo de Jesucristo el que rija nuestra conducta. Esto dará a nuestra actitud un sello de modestia y de piedad que les encantará y les instruirá a todos y que inspirará tanta veneración hacia nuestra persona como amor a la virtud. Poco a poco, disminuye el amor propio y al final desaparece por completo, se corrigen nuestros defectos y avanzamos a gran velocidad hacia la perfección.

La estima y el amor a la Cruz están también entre los efectos habituales del verdadero amor a Jesucristo. Cuando amemos de corazón a nuestro Salvador no tendremos dificultades para internarnos en sus sentimientos, nos hará sencillo amoldarnos a sus inclinaciones y deseos, sentiremos respeto por todo lo que Él aprecia y encontraremos atractivo cuanto Él ama. No sentiremos más que rechazo por todo aquello que le desagrada o le ofende. Por tanto, se puede decir que esta conformidad de deseos y sentimientos con los de nuestro Salvador es un efecto necesario del amor verdadero. De esta fuente es también de donde brota un amor extraordinario a la Cruz en los corazones de todos los que aman ardientemente a Jesucristo. Para los tibios y pecadores, los ejercicios de piedad acaban abrumando y resultan desagradables, el yugo de Jesucristo se hace pesado, la sola mención de la humillación y la Cruz les asusta. Pero hay un número casi infinito de personas de toda edad, sexo y condición que encuentran tanta atracción en la Cruz, que no habría manera de consolarlas si estuvieran un solo instante sin sufrir por amor.

¿De dónde procede una diferencia tan diametral de actitud? La privación de los sufrimientos en esta vida le parecía a santa

Teresa más difícil de sobrellevar que la muerte. Santa Magdalena de Pazzi encontraba la muerte difícil únicamente porque le privaba del placer que experimentaba con los sufrimientos de esta vida. El amor apasionado de esas dos santas explica su amor al sufrimiento. «La visión de Jesucristo», dice un gran siervo de Dios, «convierte la Cruz en algo tan adorable para mí, que creo que no podría ser feliz sin ella. Estoy dispuesto a pasar toda mi vida sin ningún consuelo, ni siquiera espiritual. Para mí el amor de Jesucristo ocupa el primer lugar sobre todas las cosas. La Cruz tiene sus encantos y si alguien ama de verdad a Jesucristo hallará un deleite inexplicable en la Cruz. Si no tenemos los mismos sentimientos es porque no tenemos el mismo amor a Jesucristo».

Muchas personas, dice al autor de *El cristiano interior*, huyen de la Cruz bajo el espejismo de que pueden dar más gloria a Dios consiguiendo grandes logros y siendo útiles a su prójimo. No ven que esa quimera procede del amor propio y no del amor a Cristo. Hemos de servir a Dios cumpliendo su voluntad, no la nuestra. Su amor debe inspirarnos sentimientos en conformidad con los suyos. Jesucristo tenía un amor extremo a la Cruz. No podemos evitar amar la Cruz, si amamos de verdad a Jesucristo. El amor a Jesucristo está ligado a un enorme deseo de compartir su Cruz: y cuanto más perfecto es ese amor, mayor es el deseo de la Cruz.

El último efecto de este amor es una gran admiración y veneración por todo lo que se refiere a Cristo. El amor a Él nos da un hambre insaciable de la Sagrada Comunión. La propia imagen de Jesucristo nos inspira devoción. Y bajo la influencia de este amor, pronunciaremos con profundo respeto las palabras que Él dijo, el nombre de Jesucristo levantará emociones de amor a Él en nuestros corazones.

A los criados de los nobles se les respeta, se respeta su escudo de armas, su uniforme o cualquier elemento que lleve su nombre. Entre los seguidores de Cristo, los pobres tienen una relación especial con Jesucristo, llevan su uniforme. De modo que, cuando los socorremos, es al mismo Jesucristo a quien socorremos en su persona. Resulta evidente que la caridad hacia los pobres es un efecto propio del amor a Jesucristo. Este amor debe inspirarnos no solo compasión por los pobres, sino también amor y respeto por ellos. Ese amor a Jesucristo ha llevado incluso a grandes reyes a servir a los pobres con sus propias manos. Las personas que aman de verdad a Jesucristo experimentan un placer indescriptible al dar limosna. No pueden rechazar a un pobre, porque sienten que estarían rechazando a Jesucristo, y ven que la caridad con los más pobres aumenta en quien da, a medida que aumenta su amor a Cristo.

La devoción al Sagrado Corazón de Jesús, conforme al modelo propuesto en este libro, es un medio seguro de llegar a este sublime estado de perfección y de adquirir el nivel de virtud tan elevado que describe este capítulo.

ORACIÓN

Adorable Corazón de mi divino Salvador, asiento de todas las virtudes, colección de gracias, descanso de las almas santas. Oh, Sagrado Corazón de Jesús, objeto de las complacencias del Padre Eterno. Oh, Corazón digno de reinar en todos los corazones y poseer no solo los de los ángeles sino también los de los hombres. Corazón de mi amado Jesús, que nos amas con tanta ternura pero eres tan poco amado por quienes tanto amas, ojalá pudiera ir por todo el mundo, mi amado Jesús, anunciando tu ternura y las gracias extraordinarias que derramas con tanta abundancia sobre los que te adoran y que te aman con sincero corazón. Dígnate aceptar el sacrificio de mi corazón y mi deseo de que seas bendecido y alabado por todos los hombres y mujeres y los ángeles, y eternamente amado y eternamente adorado y glorificado. Amén.

Coronilla al Sagrado Corazón

Como no existe nada tan creativo como el amor, algunos grandes santos, en su entusiasmo por ensalzar sus virtudes favoritas, secundando las inspiraciones de la gracia, han inventado rosarios compuestos de enumeraciones de esas virtudes. Siguiendo su ejemplo, se ha formado la Coronilla al Sagrado Corazón. La forman cinco cuentas grandes y treinta y tres pequeñas en honor de los treinta y tres años que nuestro Señor pasó en la Tierra.

En lugar del Credo, se reza la siguiente oración:
Alma de Cristo, santifícame.
Corazón de Jesús, inflámame de amor.
Cuerpo de Cristo, sálvame.
Sangre de Cristo, embriágame.
Agua del costado de Cristo, lávame.
Pasión de Cristo, confórtame.
Oh, buen Jesús, óyeme.
Dentro de tus llagas escóndeme.
No permitas que me aparte de Ti.
Del maligno enemigo defiéndeme.
En la hora de mi muerte llámame.
Y mándame ir a ti,

Antes de cada cuenta grande, se dice:
Humildísimo Jesús, haz mi corazón semejante al tuyo.

En cada cuenta grande, se dice:

Te adoramos, Jesús, que te entristeciste en el Huerto de Getsemaní y que todavía hoy te entristeces por los pecados de los hombres contra el Santísimo Sacramento. Salvador nuestro, reconocemos que solo tú eres santo, solo tú Señor, solo tú, Altísimo.

En cada cuenta pequeña, se añade:

Te adoro, Sagrado Corazón de Jesús. Aviva mi corazón con el amor que inflama tu Corazón.

Al final de las cuentas, hay que rezar un padrenuestro y un avemaría, y la siguiente oración:

Señor Jesucristo, que, por un inefable milagro de amor, te has dignado dar tu Corazón a los hombres para que les sirva de alimento, para poder así ganarte sus corazones, escucha nuestras humildes súplicas y perdona nuestros pecados, de los que nos confesamos culpables ante ti. Mira con misericordia y compasión a todos aquellos a los que te dignas dirigir el amor de tu Corazón. Y puesto que deseamos adorarte en el Santo Sacramento del Altar hasta el límite de nuestras fuerzas y cantarte las alabanzas que mereces y, con esa intención, llorar y detestar desde lo más profundo de nuestro corazón todas las ofensas, desprecios, burlas, sacrilegios y otros actos de impiedad que algunos desagradecidos de todo el mundo han cometido contra ti, enciende en nuestros corazones ese divino amor con el que el tuyo está inflamado, e inspira en nosotros sentimientos como los tuyos, para que seamos capaces de alabar por toda la eternidad el amor con el que este Sagrado Corazón arde por nosotros. Esta es nuestra oración para ti, que vives y reinas con el Padre, en la unidad del Espíritu Santo, por los siglos de los siglos. Amén.

ANEXO

Vida de santa Margarita María de Alacoque

El retiro espiritual de san Claudio de la Colombière ya ha dado a conocer hace varios años los medios admirables de los que se sirve Dios para difundir esta devoción. Allí habla de una persona con la que nuestro Señor se comunicaba con mucha confianza (santa Margarita María), siempre con un particular cuidado de ocultarla a los ojos de los hombres; nosotros hemos juzgado conveniente dar cuenta de su vida en este libro, ya que al haberla sacado Dios de este mundo hace pocos meses[21], parece que ha sido su querer darnos entera libertad para manifestar al mundo las sublimes virtudes de esta alma santa, a quien Dios tomó por instrumento para inspirarnos la devoción al Sagrado Corazón de Jesús. Al mismo tiempo, podrá verse, en la persona de esta santa virgen, que el brazo del Señor no se ha acortado, y que si el tiempo presente no lo es de grandes milagros, no hay siglo en la historia de la Iglesia que no sea propio de grandes santos.

***

Santa Margarita María de Alacoque fue una religiosa de la Orden de la Visitación de Santa María, que vivió en el monasterio francés de Paray-le-Monial, ciudad del ducado de Borgoña. Dios la escogió para dar a conocer la devoción al Sagrado Corazón de Jesús, y por este motivo le otorgó, casi desde la cuna, un gran número de bendiciones. El gran amor que mostró siempre a vivir oculta y desconocida, y el silencio inviolable que por humildad guardaba sobre todo lo que podría granjearle honra o estima de

255

los demás, nos habrían impedido conocer la mayor parte de estas grandes gracias. Pero como desconfiaba de las luces que recibía, y temía ser engañada durante toda su vida anduvo sumisa a sus confesores y superiores, para quienes realizó algunos resúmenes de las gracias más señaladas que había recibido de Dios. Quizá obedecer en esto le desagradó, pero, como no podía vencerse de otro modo, se obligó con una especie de voto a obedecer ciegamente en todo. Lo que aquí se cuenta se ha sacado de estas fuentes y de lo que dejaron por escrito de ella algunas de sus superioras.

Como Dios la había destinado a dar a conocer al mundo una devoción que busca amar ardientemente a Jesucristo, el Señor, casi desde la cuna, la había abrasado de amor al Salvador. Desde sus primeros años, no tuvo otro placer que lo que pensaba que sería más agradable a su divino Esposo. Con dos y tres años dio muestras de un gran horror al pecado, y sus padres, al darse cuenta, cuando querían corregir alguna de sus faltas, bastaba que le dijesen que era ofensa a Dios; y sin ser necesario nada más, al punto cesaba todo.

De niña, sus acciones parecían efecto de una virtud ya consumada. El Espíritu Santo quiso enseñarle por sí mismo el punto principal de la vida interior, comunicándola el espíritu de oración: porque desde entonces, sin que nadie la enseñara a meditar, se halló de repente, y como de golpe, elevada a una alta contemplación. Y así, le encantaba pasar horas enteras en oración; y cuando no la encontraban de rodillas en algún rincón de la casa, era costumbre ir a buscarla a la iglesia, en donde la hallaban inmóvil delante del Santísimo Sacramento.

Desde entonces hizo voto de perpetua virginidad, que renovaba en todas las Misas después de la consagración. Toda su vida sintió una ternura tan grande hacia la Santísima Virgen, y fue tan amada por esta soberana Reina, que después de haber estado enferma a causa de una especie de parálisis durante cuatro años, y siendo inútiles todos los remedios, un día, nada más acabar de ofrecerse y consagrarse a su particular servicio por lo que quedaba de vida, en aquel mismo momento se vio milagrosamente sana.

El espíritu de mortificación se juntó al de oración, lo que le hizo concebir una santa aversión a sí misma y un gran amor a la Cruz y al Cáliz del Señor. Jamás buscó desde entonces otra cosa que padecer y sufrir: pasaba a veces días enteros sin comer, y comía de lo menos bueno, en cuanto le era posible y permitido. Usaba, para macerar su inocente y tierno cuerpo, de instrumentos de mortificación, tales que darían miedo a los penitentes más austeros: se apretaba tanto los brazos con unas cadenillas de hierro que, entrando tanto en la carne, no podían después sacarse sin hacer más daño. Desde la edad de diez o doce años, su cama de ordinario era el suelo, y pasaba frecuentemente buena parte de la noche en oración, aun en lo más áspero y crudo del invierno.

El amor ardiente de Jesucristo, que era el origen y manantial de su espíritu de mortificación, le inspiró una compasión y un amor extremo a los pobres: les tenía un profundo respeto y veneración, y muy frecuentemente se veía movida a ponerse a sus pies, como quien veía en ellos a Jesucristo. Los pobres se veían atraídos hacia ella por su caridad, y muchas veces ella se privaba de su propio sustento; pero nunca los despedía sin haber instruido primero en los principios de la fe a los más ignorantes.

Así vivió esta niña el tiempo que vivió en el siglo. El pecado mayor del que se acordaba, y que después procuró borrar con muchas lágrimas, fue haber procurado durante un tiempo vestirse aseadamente, bien que sin otro motivo que el de complacer a su madre, que se lo ordenó así.

Ya se ve que un alma adornada de una virtud tan sublime y extraordinaria, un alma tan querida por Dios, no era para el mundo: todo su anhelo era el retiro y la soledad; solo le agradaba lo que se refería a Dios, y lo que divertía al resto era para ella una cruz insoportable. Solo le atraía la vida religiosa, pero sus padres no se resolvían a separarse de una prenda tan preciosa, hasta que a fuerza de ruegos y súplicas logró alcanzar su bendición. Dios le había dotado de un espíritu muy vivo, de una capacidad de juicio muy sólida, aguda y penetrante, de un alma noble y de un gran corazón. Tenía una modestia perfecta y una paz inalterable, un gran anhelo por la oración y una extraordinaria devoción al Santísimo Sacramento y a María Santísima; tenía una profunda humildad que la llevaba a no atribuirse a sí misma ninguna de sus virtudes.

Todo esto era el efecto de su amor ardiente a Jesucristo, que se puede decir que fue en ella su carácter distintivo.

Adornada de estas hermosas cualidades entró en la Orden de la Visitación de Santa María, fundada por san Francisco de Sales. Ciertamente, con un corazón tan libre y depurado de todas las pasiones, su principal ocupación fue la de hacer crecer sus virtudes mediante la obediencia. Estaba bien convencida de que la observancia de las reglas era el medio más seguro para llegar a la perfección a la que Dios le había llamado, y se impuso la ley inviolable de guardar las reglas de la Orden con la mayor exactitud; y las vivió tan fielmente, que podría decirse que quizá fue algo excesivo, a no ser tan notorio que todo ello provenía de una suma fidelidad para no despreciar ninguna ocasión de crecer en la gracia de Dios. Llegó a formarse una tan alta idea de la obediencia, y se rindió a ella tan perfecta y ciegamente, que se puede asegurar que vivió esta virtud en el grado más alto y excelente, y llegó a sofocar incluso los primeros movimientos naturales de los que normalmente no somos dueños y nos inclinan a hacer o desear otra cosa distinta de la que se nos manda. Con respecto a los favores y gracias extraordinarias que le regalaba el Señor, jamás quiso otra norma de conducta que la voluntad de sus superiores, persuadida de que quien se aparta de la obediencia se aleja necesariamente del espíritu de Dios.

También habría que hablar de su desapego hacia todo aquello que no era Dios. Por ejemplo, no se pudo lograr que aceptara una pensión que sus parientes querían asignarle. Y solo aceptaba tomar las medicinas, necesarias por sus enfermedades, siempre y cuando fuesen compatibles con la más exacta pobreza, virtud que durante toda su vida mantuvo hasta la delicadeza. Su mayor ocupación fue siempre la oración. Llegó a unirse tan estrechamente a Dios, especialmente en los diez últimos años de su vida, que ni el sueño interrumpía su oración. O mejor dicho, era la oración lo que interrumpía habitualmente su sueño. Su dulzura y su agradable prontitud para todo, siempre la misma, eran tanto más admirables cuanto que menos tenían que ver con su disposición natural. Gracias a la continua vigilancia sobre sí misma, a su constante mortificación y, sobre todo, a su unión con Dios, llegó a adquirir una tranquilidad de alma que a todos admiraba. Y la gracia la elevó a una gran paz y estabilidad de ánimo, siempre inalterable ante la prueba de los sucesos de la vida: fue enemiga de toda singularidad y solía decir que consideraba como tentación todos aquellos pensamientos devotos incompatibles con las obligaciones más pequeñas de su estado.

Se preocupaba tan poco de su salud que fatigaba incesantemente a sus directores y superioras para lograr su permiso para castigar su cuerpo débil e inocente con nuevas mortificaciones. No parece fácil que pudiera aumentar más las penitencias en el convento, pues es evidente que la obediencia la serviría de freno para moderar los excesos a los que la estimulaba su fervor.

Resulta admirable saber que vivió casi siempre consumida de dolores y enfermedades, y practicó todo género de penitencias y mortificaciones, de tal suerte, que asombraba a cuantos conocían lo débil de su salud y lo delicado de su complexión; pero estaba de esto tan poco satisfecha, que afirmaba que ella no padecía nada y que no se mortificaba nada. Los que tengan la suerte de emprender el relato de sus acciones, sacando a la luz la historia de su vida, hallarán material suficiente sobre este tema para confundir la flojedad de muchos que pasan por mortificados y espirituales.

Su gran deseo para buscar ocasiones de mortificarse, y su fidelidad para aprovecharse de ellas, fueron el origen de las más grandes y señaladas gracias con que la colmó el Cielo.

Sentía tal repugnancia a ciertos alimentos, que, cuando entró en el convento, sus parientes se vieron obligados a pactar con la superiora que nunca se los darían. Mas permitió el Señor que, al fin de su noviciado, una de las hermanas le sirviese por descuido una de esas comidas; en cuanto la vio ante sí, la fervorosa novicia juzgó que era una bella ocasión para hacer un sacrificio, tanto más agradable cuanto sentía en sí mayor dificultad en hacerlo. Llevada, pues, del deseo de no portarse jamás mezquinamente con Dios al abrazar todas las ocasiones de mortificación que se la ofreciesen, venció con generosidad su repugnancia. Los grandes dolores que sintió el resto del día, y otras incomodidades que siguieron a esta victoria, mostraron lo vigoroso del esfuerzo que había hecho para vencerse. Y Jesucristo recompensó pronto y pródigamente la generosidad de su sierva. Desde aquella noche, al entrar en oración se sintió con el corazón tan abrasado en el amor de Jesucristo, que apenas le era posible sufrir estos divinos incendios. El Señor le dio a entender desde entonces, clara y distintamente, cuántas gracias y favores le vendrían por este generoso vencimiento: y desde este mismo momento empezaron a ser más vivas sus luces interiores, las gracias más abundantes y los favores del Cielo más frecuentes. En fin, desde este momento no halló ninguna dificultad capaz de apartarla del camino de la piedad y la perfección.

Su silencio, su conversación, su continencia, su acción, todo su exterior inspiraba en cuantos la veían veneración a su persona y amor a la virtud: cualquiera que la miraba se sentía movido a devoción, y quien la escuchaba se hacía una gran idea de la santidad. Entre quienes la trataron, ninguno dudó de que había conservado siempre la inocencia del bautismo, y uno de sus directores, que la confesó durante cinco o seis años antes de su muerte, estuvo durante mucho tiempo perplejo y deliberando si decirle que pusiera por escrito su confesión para conservarla, con la esperanza de que quedase patente a todos después de su muerte la gran pureza extremada de esta alma.

Su gran inocencia y su lucha por vivir las virtudes fueron como los escalones por donde subió a una elevada contemplación. Pero como tenía una alma noble y un sólido sentido de discernimiento, era muy humilde y desconfiada de sí misma; por un lado, no podía desconfiar de que todas las grandes cosas que pasaban por su alma eran señales del Espíritu de Dios, pero por otro lado no acababa de convencerse de que Dios le hiciera unos favores tan extraordinarios.

Así, perpleja, pensó que tenía la obligación de romper el profundo silencio que por humildad había guardado hasta entonces sobre esos favores; y, al cabo del tiempo, por el temor de que se trataran de ilusiones, declaró a sus directores todo aquello que el Espíritu divino obraba en ella. El Señor, para aumentar más los méritos de su sierva, permitió que varios a quienes consultó no la entendiesen y reprobaran su anhelo por la oración: la trataron como a ilusa y le prohibieron seguir las inspiraciones del Espíritu. No podemos hacernos cargo del atroz suplicio que hubo de ser: saber de sobra que no se engañaba pero con una gran estima a la virtud de la obediencia. Muchos años soportó esta fuerte prueba, la más cruel que se puede llegar a padecer en esta vida, como ella misma aseguró. Mas el Hijo de Dios, a quien tierna, amorosa y humildemente descubrió un día su temor a vivir de ilusiones, satisfecho ya de esta prueba, le permitió saber que la enviaría pronto uno de sus siervos más grandes para darle la paz y dejarla con una gran seguridad.

Este gran siervo de Dios fue san Claudio de la Colombière, quien por entonces fue enviado de superior de la casa de la Compañía de Jesús en Paray-le-Monial. Este sabio director, tan ilustrado del Señor en los caminos de la perfección, en la cual había hecho ventajosos progresos, en cuanto oyó hablar a la acongojada Margarita María dándole cuenta de su interior, entendió que había algo muy extraordinario en su espíritu. Le mandó con autoridad que se lo explicase con todo detalle; y desde la primera conversación descubrió en ella tan grandes tesoros de gracia que llegó a decir que no creía que hubiera entonces en el mundo otra alma más querida por Dios ni a quien Jesucristo se comunicase más confiadamente. La reafirmó en su modo de vida y la mandó que dejase obrar en ella al Espíritu de Dios, a quien hasta entonces había resistido por el temor de caer en el engaño y por obedecer a sus directores. Desde ese momento fue tanto su aprecio por santa Margarita María, como puede leerse en su Retiro espiritual, que llegó hasta valerse de su consejo en todos sus negocios y empresas de consideración, asegurando que gracias a sus oraciones había recibido grandes socorros del Cielo. Fue muy conocido este hecho: estando san Claudio a punto de partir de Paray-le-Monial, recibió un papel de esta mujer; en él le aconsejaba que, estando ya muy próximo a su muerte, apartase sus pensamientos de cualquier cuidado que no fuera prepararse para este gran viaje del tiempo a la eternidad. Y aunque por entonces no había ninguna señal de que el padre De la Colombière pudiese morir tan pronto, el caso fue que murió, como le previno, y fue a gozar de la vista de aquel Señor a quien tanto sirvió, por quien tanto trabajó y a quien siempre amó tanto.

Fueron maravillosos sus progresos bajo la conducta de este santo director; entre todas las virtudes, la que siempre fue su divisa, y como su carácter propio, fue su ardentísimo y extraordinario amor a Jesucristo. Este fuego divino, que había comenzado a abrasar su corazón desde la infancia, fue siempre en aumento; y si el amor de Jesucristo es capaz de hacer morir a una persona, podemos creer con certeza —según la opinión unánime de todas sus hermanas— que ella murió por un exceso de este amor ardiente. En el momento en que se ponía en la presencia del Señor Sacramentado, se sentía tan abrasada, que eran extraordinarios los esfuerzos que hacía para contener los éxtasis. Y así, cuando hacía oración, el Señor entraba en ella de una manera tan inefable y esparcía en su alma tantas luces y consuelos interiores, que, cuando salía de ella, se hallaba tan exhausta de fuerzas, que no podía sostenerse. Todo esto llegó a ser, en los últimos años de su vida, algo tan visible y alteraban tanto su débil cuerpo, que solo podía soportarlos de un modo sobrenatural y milagroso, especialmente después de que el Hijo de Dios, por un favor semejante al que les hizo a santa Gertrudis y a santa Catalina de Siena, purificara su corazón de una manera sensible: favor señalado, cuyos dulces efectos sintió hasta la muerte.

De este mismo manantial, es decir, de su ardiente amor a Jesucristo, manaba también su amor a las penas y a las humillaciones, al olvido y al desprecio de sí misma, y a todo género de trabajos, a los cuales llamaba habitualmente su pan delicioso. Y aunque nuestro Señor cumplió con generosidad sus deseos, estuvo toda su vida hambrienta de estas humillaciones y penas. Decía con frecuencia que padecía de un modo particular, a saber, solo temía pasar por alto algún momento sin padecer.

La continua violencia que se hizo para vencer sus naturales repugnancias, y las victorias que alcanzó, es algo tan heroico que puede costar creerlo. ¿Cómo esta delicada doncella fue capaz de tanto esfuerzo y de tanto valor? Resulta difícil de creer para los que no saben lo que puede la gracia en un alma amada singularmente por Dios.

Para sostenerla, fueron menester milagros visibles; el demonio, no pudiendo conseguir de ella la menor victoria, no olvidaba nada para hacerla padecer. Pero este no era el mejor medio para desmayarla pues no tuvo jamás otro reposo, ni otro placer, que los dolores y las penas.

Si no hubiera vivido la obediencia, habría llegado al exceso. Considerando una vez la sed ardiente de la que se quejó Jesús desde la Cruz, siempre ingeniosa para hallar nuevos modos de imitar a su divino Maestro, decidió no beber desde la tarde del jueves hasta el sábado. A pesar de su dificultad, lo vivió fielmente durante un buen periodo de tiempo, hasta que se lo impidió su superiora; y para probar más su virtud, le ordenó que en esos días bebiese dos o tres veces, aun fuera de las horas de comer y cenar, lo que ejecutó con puntualidad. Pero halló con rapidez una nueva manera de mortificarse en esta misma obediencia. Su anhelo por padecer por Jesús le hizo pensar que si bebía un agua menos limpia eso no iba contra la obediencia; y, por otra parte, a causa de su débil complexión sería la mayor de todas las mortificaciones. Solo de pensar en ello la hacía estremecerse, y a pesar de todo hizo esta mortificación bastantes veces, padeciendo por ello penas increíbles.

Al conocer la superiora el modo del que se había valido para buscar en todo el padecer, disimulando la admiración que la causaba su fervor y su generosidad tan poco común, la mandó llamar y la reprendió con tanta aspereza, que la inocente virgen consideró esa acción desde entonces, y por el resto de su vida, como una de sus mayores faltas, y como tal la lloró.

Una de las señales más ciertas y seguras para saber infaliblemente si una alma es gobernada por el Espíritu de Jesucristo es la obediencia, sin fiarse jamás de sus propias luces, y esperando en todo el dictamen de los superiores; y en esto también fue evidente que el Espíritu de Jesucristo habitaba en la conducta de esta admirable religiosa.

En un papel que se encontró después de su muerte, escrito por su propia mano, se lee:

Aunque mi divino Salvador fue mi maestro y mi director, no por eso quiso que llevase a cabo lo que me ordenaba sin el consentimiento de mi superiora, a la cual quería que obedeciese, por decirlo así, más exactamente que a Él mismo: y lo que me enseñó a mí en especial fue a desconfiar de mí misma como del enemigo más cruel y poderoso; y me aseguró que si ponía en Él toda mi confianza, teniendo una perfecta obediencia y dependencia total a la voluntad de mis superioras, Él me tendría siempre bajo su amparo. Además de esto, me ordenó no turbarme jamás por ningún acontecimiento de la vida, pues cualquiera que sea no va fuera del orden de su divina Providencia y voluntad, la cual puede, siempre que quisiere, ordenar todas las cosas a su mayor gloria. Hallándome una vez con un empleo que frecuentemente no me daba lugar para tener la oración con la Comunidad, se excitó en mi alma un día de Pascua algún movimiento, aunque ligero, de tristeza, de lo que fui luego reprendida por mi soberano Maestro, diciéndome que entendiera que la oración de sumisión y sacrificio de la propia voluntad le era más agradable que la contemplación y que cualquier otra meditación, por buena y santa que fuese. Imprimió esto en mi alma una paz tan grande, que desde entonces jamás sentí la menor tristeza en hacer todo aquello que querían de mí mis superioras.

En otra parte dice:

Desde este tiempo, mi divino Maestro nunca ha dejado de reprenderme mis faltas Él mismo, haciéndome conocer su fealdad. Y lo que le ofende de un modo extraordinario, y de lo que siempre me ha reprendido de un modo más severo, es cualquier falta de respeto y atención delante del Santísimo Sacramento, especialmente en los tiempos de oficio y oración. ¡Ay! ¡De cuántas gracias me he privado yo en estas ocasiones, por una distracción, por una mirada curiosa, por una postura o más cómoda o menos respetuosa! El dolor que siento tras conocer que le he desagradado en algo de esto, me obliga a ir prontamente a pedir alguna penitencia; porque el Señor me tiene dicho muchas veces que la más pequeña penitencia hecha por obediencia le es más agradable que las mayores austeridades hechas por propia elección y voluntad. Por tanto, yo puedo asegurar, y mi divino Salvador me lo ha dicho cien veces, que no hay cosa que dañe más a una religiosa que la falta de obediencia, por pequeña que parezca, ya sea a los superiores, ya sea a las reglas, y la menor réplica en este punto, con cualquiera muestra de repugnancia, es un defecto insoportable a los ojos de Dios.

Tú te engañas, hija, me dijo el Señor, *tú te engañas en pensar que podrás agradarme con cualquier género de acciones o mortificaciones hechas solo por tu propia voluntad; porque has de saber que yo desecho todo esto como frutos podridos por la propia voluntad, a la cual miro con horror, especialmente en un alma religiosa; y apreciaré más que use de todos sus alivios y comodidades por obediencia, que el que se consuma con austeridades y ayunos por su propia voluntad.*

Yo he experimentado que, cuando me ha sucedido hacer alguna mortificación sin expresa orden de mi superiora, nuestro Salvador no me ha permitido aun siquiera ofrecérselas. Un día, queriendo yo continuar en una penitencia que me había impuesto la obediencia, oí su voz, que me dijo: *Lo que has hecho hasta aquí ha sido por mí; mas lo que vas a hacer ahora es por el demonio,* lo que me hizo desistir de ello al momento; y desde entonces resolví morir antes que apartarme un punto de las órdenes de la obediencia, a la cual estoy resuelta a sacrificarlo todo, inspiraciones, deseos, visiones, gracias extraordinarias…

Dios le hizo ver cuánto le agradaba la perfecta obediencia. Así, después de su muerte, escribió una de sus superioras: «Habiendo ido a verla a la enfermería, donde llevaba más de un año padeciendo, me pidió que la permitiese levantarse al día siguiente para asistir a la santa Misa, asegurándome, que si le concedía esta licencia no dudaba de que Dios le daría las fuerzas necesarias. Yo, aunque no había señal de mejoría, según lo postrada que estaba, se lo permití; mas con la condición de que se levantara muy tarde y no en ayunas. Por el deseo ardiente que tenía de comulgar le pareció algo dura esta condición y pidió a la hermana enfermera que procurase alcanzar de mí esta gracia y poder comulgar también. La hermana se lo prometió, y bien de mañana la hizo levantarse, no dudando de que yo se lo concedería; mas permitió Dios que yo entrase en la enfermería un instante después de que la enfermera hubiera salido a buscarme y pedirme la licencia. Me sorprendió mucho ver a la enferma de pie contra mi orden, la reprendí severamente, exagerando de modo expresivo los pretendidos motivos de su conducta, especialmente su dureza de juicio y la adhesión que tenía a su propia voluntad. "Irás a Misa", añadí en tono de cólera, "sí, irás a Misa, y comulgarás; pero ya que tu propia voluntad puede darte tanta fuerza cuando lo quieres, yo también te haré andar a mi gusto: si tienes fuerzas para ir a Misa, también las tendrás para servir a la comunidad: vuelve a tu celda y sal de la enfermería. Te mando que no vuelvas a entrar en ella en seis meses, a no ser que se trate de visitar a las enfermas". Esta santa hija mía recibió puesta de rodillas mi corrección, juntas las manos, con una mansedumbre y humildad prodigiosa; me pidió con una profunda sumisión perdón de su falta, rogándome que le impusiese la penitencia que juzgase más oportuna. Apenas se levantó, cumplió exactamente y a la letra todo lo que la había mandado, como cuando no había estado mala. Sabed, ahora, pues, hermanas, que desde hace seis años que tuve la honra de ser superiora en esta vuestra santa casa, esta mi santa hija jamás tuvo salud sino solo durante estos seis meses; y para que nos admiremos más de este milagro tan visible, en la misma hora en que se cumplieron los seis meses volvió de repente a caer enferma, como antes lo había estado».

Por grandes que fuesen sus dolores, jamás buscaba alivio. Las cortas treguas que le daban a veces sus continuas enfermedades se distinguían bien por algún particular exceso de fervor. A pesar de su flaqueza y debilidad, nada podía obligarla a estar de otro modo que de rodillas ante el Santísimo Sacramento. «Un Jueves Santo, cuando acababa de salir de una grave enfermedad, me insistió tanto», dice una de sus superioras, «para que la permitiese pasar toda aquella noche en la iglesia, que no hallé la manera de negárselo; entró en ella y, habiéndose puesto de rodillas en medio del coro, estuvo allí inmóvil hasta las ocho de la mañana, cuando se dirigió a su lugar para recitar con el resto el oficio divino. Y me aseguró después», añade la misma superiora, «que nuestro Señor la había dado aquella noche a gustar parte de los dolores extremos de su agonía, y que jamás había tenido en su vida un tiempo tan conforme a su inclinación, porque jamás había padecido tanto».

Pero sabremos mejor qué pensaba sobre esto si leemos lo que escribió ella misma a un sacerdote de la Compañía de Jesús, con quien tenía mucha confianza, y a quien desveló sus secretos y sentimientos más íntimos sin confiar en ella misma, por miedo a caer en algún engaño o ilusión. Así se explicaba en una carta:

No, padre, nada hay capaz en este mundo de agradarme sino la cruz de mi divino Maestro: pero una cruz como la suya, pesada, ignominiosa, sin dulzura, sin consuelo, sin alivio. Que suban los demás en hora buena con mi divino Salvador al Tabor: yo me contentaré con no saber otro camino que el del Calvario, donde no hallaré otros atractivos que los de la cruz; mi parte será estar ahora sobre el Calvario hasta el último suspiro entre los azotes, los clavos, las espinas y la cruz, sin otra consolación ni placer que el de no tenerle. ¡Qué dicha! ¡Padecer siempre en silencio y morir al final sobre la cruz, consumida de toda suerte de miserias en el cuerpo y de aflicciones en el espíritu, en el olvido y el desprecio! Bendiga ahora, mi reverendo Padre, y dé gracias a nuestro soberano Maestro, que tan generosa y amorosamente me honra con su preciosa cruz, no dejándome un momento sin padecer: ¡Ay! ¿¡Qué sería de mí sin esto en este valle de lágrimas, donde vivo una vida con tantos defectos, que no puedo mirarme a mí misma sin verme llena de miserias!? Esto es lo que me obliga a temer el hacerme indigna del infinito bien de estrecharme con su cruz, para hacerme semejante a mi paciente Jesús. Yo le conjuro, si es que guarda algún afecto de caridad conmigo, que ruegue al Señor que no me deseche por el mal uso que he hecho hasta aquí de este precioso tesoro de su cruz, privándome de la bienaventuranza de padecer y sufrir, porque esta es la dulzura que hallo en la prolongación de mi destierro.

No dejemos jamás de padecer en silencio. La cruz es buena en todo tiempo y en todo lugar para unirnos a Jesucristo, que padece y muere. No se le puede amar verdaderamente sin padecer: yo puedo decir que no le amo del todo, pues me parece que padezco tan poco, que mi mayor padecer es no padecer más. Me agrada saber que hay otros, colmados de las dulzuras de un amor gozoso; para mí yo no deseo en esta vida otra cosa que verme abismada en los dolores de un puro amor crucificado. Ya sé que me satisfago demasiado en hablarle de las penas, y no sé hacerlo de otro modo, porque la sed ardiente que tengo de ellas es un para mí un tormento que no puedo explicar; con todo eso conozco bien que yo ni sé amar ni padecer. Esto es lo que me hace temer que todo lo que he dicho no sea acaso más que un efecto de mi amor propio y de mi soberbia secreta. ¡Ay! ¡Cuánto temo que todos estos deseos de padecer no sean otra cosa que artificios del demonio para engañarme por medio de sentimientos vanos y estériles: decidme sinceramente qué es lo que piensa!

En otra carta dice:

¡Ah! ¡Padre, a mí me parece que no reposaré jamás mientras no me vea metida en un abismo de humillaciones y trabajos, desconocida de todo el mundo y sepultada en un eterno olvido! Y si algunos se acuerdan de mí, que no sea más que para despreciarme más y para darme nuevas ocasiones de padecer por Dios. Ved, padre, lo que pido sin cesar a mi divino Salvador, y no sé si en esto quizá me engaño: pero le puedo asegurar que después de su amor no puedo pedirle otra cosa; o, mejor dicho, no sé pedirle para mí más que una sola cosa, un ardiente amor a Jesucristo crucificado y, por consiguiente, un amor paciente.

En otra parte dice:

Yo no sé si me engaño pero me parece que mi mayor placer sería amar al Señor con un amor tan abrasado como el de los serafines. Y creo que esto no lo llevaría mal aunque estuviera en el mismo infierno, con tal de que allí lo amase de esta manera. El pensamiento de que hay y habrá en el mundo un lugar en donde, por toda la eternidad, un número infinito de almas redimidas con la Sangre preciosa de Jesucristo no le amen me aflige muchísimo. Yo quisiera, mi divino Salvador, si esta fuese vuestra voluntad, sufrir todos los tormentos del infierno, con tal de que allí os amasen igual que pudieran haberos amado en el Cielo todos aquellos infelices que padecen eternamente y que jamás os amarán. ¡Ay! ¿Qué? ¿Es razonable que haya un lugar en el mundo donde por toda la eternidad no sea Jesucristo amado? En verdad, si se supiera el deseo que tengo de padecer y ser despreciada, no dudo de que la caridad obligaría a todo el mundo a satisfacer en este punto. Mas la virtud de la paciencia no consiste solo en el deseo de padecer: siempre hay motivo para desconfiar de estos deseos, mientras el Cielo no prueba nuestra virtud; y esta no consiste sino en el ejercicio de las humillaciones y las penas, solo así puede juzgarse con verdad si se ama la cruz.

Ya hemos visto suficientes ejemplos de que la vida humilde y mortificada de esta fiel sierva de Dios concuerda bien con estos sentimientos.

Tuvo una superiora de muchos méritos y grandes virtudes que, al descubrir los grandes tesoros de gracia que Dios había dado a santa Margarita María, no omitía nada que pudiera ayudarla en su camino a la perfección. Y llegó a la conclusión de que el medio más seguro y eficaz era ejercitar su virtud sin dejar pasar ocasión alguna de humillarla: acertó, sin duda, y aprovechándose de la disposición en que estaban por entonces la mayor parte de las religiosas de aquella casa, en general poco favorables a santa Margarita María, empezó a mostrar que hacía poco caso de su virtud y a desaprobar su conducta. La daba a entender que desconfiaba mucho de que aquellos caminos extraordinarios. Y junto a eso, la aspereza con que la trataba habría convencido a cualquiera de que, al menos, sería justo quejarse modestamente a su superiora, sin que eso fuera en contra de la perfección. Mas esta mujer fuerte jamás hizo oídos a este sentimiento: todo cuanto hacía se interpretaba mal, ya sea que por obediencia explicase su conducta o que por un exceso de humildad se culpase a sí misma, lo uno y lo otro era igualmente condenado: la trataban de aprensiva en sus enfermedades, de hipócrita en sus devociones, de ilusa en la oración… Humillada en casa, deshonrada fuera, afligida en todo, en todo perseguida: jamás se le escapó no obstante la menor queja, jamás pudo notarse en sus acciones o en su semblante la más mínima señal de tristeza o de aflicción. Con frecuencia es necesario violentarse para no manifestar los sentimientos del corazón y es muy difícil reprimirse, cuando con una sola palabra puede evitarse una confusión que no se ha merecido. Es, pues, preciso llegar a una alta perfección para no resentirse por este género de humillaciones. Esto es lo que siempre fue admirable en esta ejemplar religiosa. Un día, por estar ocupada la grada, la superiora le permitió dar cuenta de conciencia al padre De la Colombière en el confesonario. Esa circunstancia dio ocasión a algunas de sus hermanas, que desconocían el permiso de la superiora, a quejarse. Al punto fue reprendida en presencia de toda la comunidad y castigada severamente por la misma superiora que se lo había permitido. La edificación de sus hermanas, y otras cien razones, parece que debían obligarle a explicarse y a justificar su conducta, pero el gozo admirable que sentía de verse despreciada y humillada la llevaban a abrazar estas pequeñas cruces. Recibió esta mortificación con una gran sumisión y jamás se la oyó hablar de ello.

Esta misma alegría por ser humillada le inspiró un afecto especial a todos los que le causaban humillaciones. «Es cierto que vuestra ilustre hermana», escribió después de su muerte una de las superioras a la comunidad de Paray-le-Monial, «me tuvo un amor especial; pero me será muy fácil hacer que se os quede bien grabado cómo nació este afecto. Yo tenía la costumbre de no mostrarle jamás ningún tipo de comedimiento ni de atención, y como estaba convencida de su deseo sincero de padecer y ser humillada, no dejaba pasar ocasión alguna de ejercitar su virtud. Pero como la que me sucedió tuvo una conducta más suave con ella, esta santa hija mía me escribió en estos términos: "¿Cómo puede ser esto, que con tantos defectos y miserias como tengo, mi alma esté siempre tan ansiosa de padecer? Y cuando me acuerdo de que usted me permitía sustentarme a veces con este pan delicioso, aunque amargo, y que ahora me hallo privada de este bien a causa sin duda de lo mal que me aprovecho de él, me veo toda llena de confusión; y me atrevo a asegurarle que no había nada que me llevara a estimarle más que su modo de comportarse conmigo. No creo que hubiera podido darme una muestra más segura de su amistad que humillando y mortificando a una persona tan imperfecta como yo. Y aunque no lo hizo tanto como lo merecía, me consoló y me endulzó las amarguras de la vida, que me es insoportable sin padecer mientras veo a mi divino Maestro en una cruz; entre tanto, no he aprendido bien a padecer. No hay nada que haga tan mal, aunque no hay nada que desee tan ardientemente. No amo a mi Dios porque me amo a mí misma demasiado. ¡Oh, amada Madre, qué cosa tan fuerte es vivir sin amar a un Dios crucificado! ¿Mas cómo podrá ser amar a un Dios crucificado sin amar la cruz? ¿Sin vivir y morir sobre la cruz? Me parecía vivir con alguna seguridad bajo su conducta porque tenía la caridad de contradecir algunas veces mis inclinaciones. ¡Ay! Yo me he hecho indigna de estos favores. No obstante, el deseo de las humillaciones aumenta en mí y no sé si es por lo poco que padezco, y el deseo de morir me aprieta más que nunca: ni me decidiré a pedir a Dios los años de vida que me ha aconsejado que le pida, a no ser con la condición de que sean enteramente empleados en honrar el Sagrado Corazón de mi dulce Jesús en el silencio y en la penitencia, sin jamás ofenderle, estando día y noche, y cuanto sea posible, delante del adorable Sacramento del Altar, donde este divino Corazón es toda la causa de mi consuelo en esta peregrinación"».

Bien puede decirse que su gran deseo de padecer fue siempre eficaz; y cuando ya todos la estimaban y veneraban sus virtudes, lo que impedía nuevas ocasiones de padecer, Dios por sí mismo ejercitó su paciencia con cruces interiores que la redujeron algunas veces hasta el último extremo.

En una carta que escribió al padre De la Colombière, dice:

Nuestro soberano Maestro tuvo a bien darme mucho consuelo leyendo su carta; pero no ha sido sino después de largo tiempo sin él, a causa de haberlo buscado con prisa en este tiempo de Carnaval, en el cual tantos pecadores le ofenden y le abandonan. Porque este es un tiempo de dolor y amargura para mí; no puedo ver ni gustar otra cosa que a mi Jesús crucificado, compadeciéndome de sus dolores, de los cuales este divino Salvador me penetra tan vivamente, que no me reconozco a mí misma. Todo le sirve a su divina Justicia de instrumento para atormentar a esta víctima delincuente, de tal modo que no puedo hacer otra cosa que ofrecerme como víctima de inmolación a su justicia, y me parece que sufro tanto, que le aseguro que, si su misericordia infinita no me sostuviera, no podría soportarlo ni un momento. Entretanto, todo pasa en una paz inalterable, contentándome en conformarme con su divino querer, y con tal de que mi divino Salvador se dé por contento, esto me basta. Yo no creo poder escribirle nada más, ni contarle nada del estado en que me hallo, sino estas palabras de mi amable Salvador: Mi alma está triste hasta la muerte; o estas otras: Dios mío, ¿por qué me habéis desamparado? Con todo eso, puedo asegurarle que, cuanto más padezco, más siento aumentar en mí este deseo ardiente de padecer, de manera que temo tomarme demasiada satisfacción en el mismo padecer. En fin, el partido que yo quiero tomar es el de abandonarme y someterme perfectamente a la bondad infinita de mi soberano Maestro, moderando el ardiente deseo que tengo de las penas, dejándole a él el cuidado; pues como yo no deseo otra cosa en el mundo que hacer perfectamente su voluntad, poco me importa que esto sea en el consuelo o en la tribulación. Usted no se creerá cuánto padezco al escribir esto; porque aunque estoy bien persuadida de no tener parte alguna en todas estas gracias de mi soberano Maestro, que por mi poca correspondencia podrán quizá ser el motivo de mi mayor condenación, no obstante, no dejo de padecer una especie de martirio cuando me obliga a contarlo.

Esta fue también la causa por la que siempre deseó tan apasionadamente vivir una vida oculta y sepultada en el olvido. Lo primero que hizo al entrar en el convento fue olvidar todo lo que había dejado en el mundo. Siempre consideró el locutorio como un lugar de tormento, y como sus superioras la obligaban a ir varias veces, por más que su virtud la hacía disimular su repugnancia, no llegaríamos a creer cuánto le costó obedecer.

Veamos lo que escribió sobre esto a las religiosas de Paray-le-Monial una de las que había sido su superiora: «Habiendo sufrido, como sabéis, la hermana N. una apoplejía, temerosa yo de verla morir sin sacramentos, mandé a vuestra hermana Margarita María a que fuese a ponerse delante del Santísimo Sacramento del Altar y rogase a nuestro Señor que restituyera sus sentidos a la enferma: obedeció y, poco después, me dijo que nuestro Señor la había hecho saber que atendería su súplica con la condición de que ella se obligase con un voto a sacrificarle aquello que más le costaba, que era concurrir al locutorio sin jamás mostrar repugnancia cuando fuese llamada. Como yo conocía lo que le hacía padecer, la exhorté a que aceptase: apenas lo hubo hecho, la enferma recobró el uso de razón y recibió todos los sacramentos. Yo pensé que el voto que esta santa hermana había hecho templaría su extrema repugnancia; mas Dios quiso que hasta la muerte tuviera que hacerse una continua violencia para cumplirlo: siempre andaba como temerosa de quebrantarlo; tanta era la pena que tenía en disimular su repugnancia».

Se impuso la ley de no escribir a nadie, fuese quien fuese, sino en última necesidad, y aun entonces era de ordinario preciso un mandato expreso. El gran deseo de no ser conocida se vio muy bien en las mismas cartas, por su cuidado en ocultar, o al menos en disminuir, lo ilustre de las gracias extraordinarias que había recibido y por la obligación que quiso imponer a la persona a quien escribía de quemar sus cartas, no dejando nunca de rogar que guardase un inviolable y eterno secreto. El secreto se guardó mientras fue justo, esto es, mientras vivía: mas la gloria del que la hizo tantos favores y la edificación de los fieles pedían que se diesen al público estos tesoros de gracias después de su muerte. Conservó este amor a las humillaciones hasta el último suspiro. Poco antes de su muerte hizo que la superiora le prometiese que nunca hablaría de todo aquello que le había dicho en confianza y podía serle de alguna manera ventajoso; y haciendo llamar a una de sus hermanas, a quien estimaba singularmente por su virtud, le dijo: «Te pido que escribas enseguida al padre N. para que queme todas mis cartas y me guarde el secreto que tantas veces le he suplicado».

Una virtud tan heroica y tan sólida la elevó rápidamente a la perfección. Y, a pesar de ello, creía que no había hecho nada, a no ser que se obligara con voto expreso a ejecutar siempre lo que juzgase ser lo más perfecto. Hay pocas personas capaces de ejecutar semejante proyecto. Ni ha habido nadie, excepto santa Teresa y otros pocos, que sepamos, de una virtud tan generosa. Pero una cosa así, que tendría grandes consecuencias, merecía la pena pensarlo muy despacio; al final hizo el voto, mas no sin haberlo cumplido primero durante muchos años, para lo que pidió permiso y licencia: su director y su superiora, que conocía perfectamente su interior, se lo permitieron. Fue en la vigilia de la fiesta de Todos los Santos cuando hizo este voto, que puede decirse que fue el efecto y la causa de una prodigiosa santidad. Podemos juzgarlo leyendo el proyecto de este voto que, después de su muerte, se encontró escrito de su propia mano en los términos siguientes:

> Proyecto de un voto que me sentí movida durante mucho tiempo a hacer a Dios, si bien no me obligué a él hasta tener el dictamen de mi director y la licencia de mi superiora, los cuales, después de haberlo examinado, me le permitieron hacer, con la condición de que, cuando me ocasionase alguna turbación o escrúpulo, mi superiora me descargaba de él; y quiere que cese la obligación sobre los puntos que me causen pena y congoja. Este voto lo hago solo a fin de unirme más estrechamente con el Sagrado Corazón de nuestro Señor

Jesucristo, y para empeñarme indispensablemente en todo aquello que me dé a entender qué quiere de mí.

Mas ¡ay! Yo siento en mí tanta inconstancia y desconocimiento, que no me atrevería a hacer promesa alguna sino apoyándome en la bondad, la misericordia y la caridad de este amable Corazón de mi dulce Jesús, por cuyo amor hago este voto, sin que yo pretenda por él hacerme más como forzada y obligada, sino más fiel a mi soberano Maestro.

Este divino Salvador me infunde la esperanza de que me dará por sí mismo todos los socorros necesarios para practicar el cumplimiento perfecto de este voto. Yo no busco nada más que mostrar a Dios un amor ardiente y más puro, crucificando mi carne y mis sentidos por Él: este Dios de bondad me haga la gracia.

Voto hecho la vigilia de la festividad de Todos los Santos para consagrarme, inmolarme y unirme más estrecha y perfectamente al Sagrado Corazón de nuestro Señor Jesucristo.

I. Primeramente, oh mi único amor, procuraré someterte todo aquello que hay en mí, haciendo siempre lo que juzgue más perfecto y más agradable a tu Sagrado Corazón: y prometo no omitir nada de cuanto me fuere posible, ni rehusar ocasión alguna que se me ofreciere de hacer o sufrir, con el fin de hacer que seas conocido, amado, honrado y glorificado.

II. No dejaré ni omitiré ninguno de mis ejercicios, ni la observancia de alguna de mis reglas, si no es por la caridad o por una verdadera necesidad o por la obediencia, a la cual sujeto todas mis promesas.

III. Procuraré gozarme siempre en ver a los otros elevados, amados y estimados, juzgando que esto les es debido a ellos y no a mí, que debo ser aniquilada en el Sagrado Corazón de mi Señor Jesucristo. Pondré toda mi gloria en llevar mi cruz y vivir pobre, desconocida y despreciada, deseando que jamás se piense en mí, a no ser para ser humillada e impugnada, dando igual la repugnancia que la naturaleza orgullosa pueda sentir en esto.

IV. Quiero sufrir en silencio y sin queja cualquier trato que me den; no evitaré ninguna ocasión de padecer, ya sean dolores del cuerpo o aflicciones del alma, humillaciones, desprecios, contradicciones.

V. No buscaré, ni me procuraré otro placer, gusto o consuelo que aquel de no tener ninguno en esta vida; y cuando la Providencia me presente alguno que no pueda evitar, procuraré entonces renunciar interiormente a todo sentimiento de gusto, sin atender a si me da satisfacción o no, aplicándome únicamente a amar a mi soberano Maestro, no buscando en todas las cosas y en todas las ocasiones sino hacer su beneplácito.

VI. No buscaré ningún género de alivio sino precisamente aquellos que me vea obligada a buscar por pura necesidad, y los usaré siempre según mi regla, lo que me librará de la pena continua que tengo de lisonjear mi cuerpo y hacer demasiado caso a este cruel enemigo.

VII. Dejaré a mi superiora la entera libertad de disponer de mí como mejor le parezca, aceptando humilde e indiferentemente las ocupaciones que me encomienden por obediencia, mostrando al mismo tiempo más gusto en todo lo que tenga mayor repugnancia.

VIII. Me abandono totalmente al Sagrado Corazón de nuestro Señor Jesucristo para que me consuele o me aflija, lo que más le agrade, sin querer en adelante meterme, por decirlo así, en mis mismas cosas, contentándome con estar siempre adherida a sus santas disposiciones, considerándome una víctima suya que debe estar siempre en un continuo ejercicio de inmolación y sacrificio, según su divino querer, no atendiendo más que a amarle y agradarle, obrando y sufriendo en silencio.

IX. No me meteré jamás a tratar de las faltas de otros; y cuando esté obligada a hacerlo, lo haré en la caridad del Sagrado Corazón de mi Señor Jesucristo, pensando si yo llevaría a bien que me tratasen a mí de ese modo. Y cuando vea cometer alguna falta a alguien, ofreceré al Padre Eterno una virtud del Sagrado Corazón de Jesús, opuesta a aquella falta, para repararla de algún modo.

X. Consideraré como mis mejores amigos a todos los que me aflijan o hablen mal de mí; y me aplicaré enteramente a servirles y hacerles todo el bien que pueda.

XI. Procuraré no hablar de mí o hablar muy poco, y jamás para alabarme o justificarme.

XII. No pretenderé la amistad de criatura alguna, sino cuando el Sagrado Corazón de Jesús me incitare a ello, a fin de llevarla a su amor.

XIII. Me aplicaré continuamente a someter en todo mi voluntad a la de mi soberano Señor.

XIV. No me detendré voluntariamente en ningún pensamiento, no solo malo, ni siquiera inútil.

XV. Me veré a mí misma como una pobre esclava en la casa de

Dios, que debe estar sujeta a todos los de la casa, recibiendo como limosna lo que me den, persuadida de que ha sido demasiado lo que se ha hecho y se hace conmigo.

XVI. No haré nada, ni dejaré de hacer nada, en lo que me sea posible, por respetos humanos, o por complacer a los demás; y como le he pedido a nuestro Señor que no permita que se descubra ninguna de estas gracias extraordinarias, sino solo aquello que pueda ocasionarme desprecios, confusión o humillaciones delante de las criaturas: miraré también como gran dicha cuando todo lo que diga o haga se desprecie, censure e infame, procurando solo hacer y sufrir por el amor y en honor del Sagrado Corazón de Jesús.

XVII. Andaré con cuidado de no decir ni hacer nada sino para buscar alguna gloria a Dios, para edificar al prójimo y para crecer en virtud, siendo fiel y constante en practicar todo aquel bien que mi divino Maestro me hace conocer que quiere de mí, no cometiendo falta alguna voluntaria, por lo menos no dejando pasar alguna sin vengarla contra mí misma con algunas penitencias.

XVIII. Estaré en vela para conceder a la naturaleza solo lo preciso, aquello que no puedo legítimamente negarle sin hacerme singular, lo que deseo evitar sobre todo; en fin, quiero vivir sin voluntad propia y decir en todo acontecimiento fiat voluntas tua.

Considerando el número de votos tan grande que iba a ofrecer, me asaltó un gran temor de faltar en alguna cosa. No hubiera tenido ánimo para empeñarme a tanto si no me hubieran asegurado y fortalecido estas palabras, que me fueron dichas en el fondo de mi alma: ¿Qué tienes que temer, pues yo he respondido por ti y he salido como tu fiador? La unidad de mi amor te servirá de atención a la multiplicidad de todas esas cosas, y ten por seguro que este mismo amor te hará reparar todas las pequeñas faltas que puedas cometer contra este voto, obligándote a que las borres con las mortificaciones y austeridades. Estas palabras me dieron tanta confianza y seguridad, que bastaron para, no obstante mi fragilidad, quitarme todo el temor, poniendo toda mi confianza en Aquel que todo lo puede y de Quien yo lo espero todo, no esperando nada de mí.

Al leer esto, podemos ver lo que puede hacer la gracia en un alma generosa y fiel y en un corazón abrasado de amor a Jesucristo. Unas obligaciones tan grandes, que llegan hasta las menores acciones y los más mínimos pensamientos, parecen muy arduas y difíciles… y en efecto lo serían si Quien se las inspiró no le hubiera mostrado a la vez un medio seguro y fácil de llevarlas a cabo sin escrúpulos y sin turbar la paz del corazón: el puro y perfecto amor a Jesucristo. *Por grandes que sean las obligaciones de tu voto,* le dijo el Señor, *de atender en casi todo momento tantas cosas, has de saber que tú satisfarás todo amándome sin reserva y sin interrupción; no pienses, ni te apliques propiamente a otra cosa que a amarme perfectamente: no atiendas más que a amarme y, por consiguiente, a darme gusto en toda ocasión; que mi amor sea el objeto y el fin de todos tus pensamientos, de todas tus acciones y deseos: no respires más que por amor y no te apliques a amarme, sino para amarme siempre más; y yo te aseguro que, sin serte penoso, tú harás aun más que lo que me has prometido por tu voto. Este es el sentido de aquellas palabras: la unidad de mi amor te servirá de atención en la multiplicidad de todas esas cosas.*

Por lo general, la vida de alguien normal permanece oculta, y la Providencia no se digna ponerla a prueba; pero no sucede lo mismo con la de alguien sublime, que prefiere esconderse, y sin embargo es preciso que brille. Dios, que le había destinado a una santidad muy alta, quiso también que su virtud fuese semejante a la de todos los santos, es decir, acompañada de humillaciones, de desprecios y de trabajos. Y a pesar de desear vivir en el olvido y pasar una vida escondida, su virtud hizo que se notara demasiado como para pasar desconocida, y pronto se dejó ver hacia fuera. Su reputación se extendió muy lejos; en todas partes la consideraban santa: y la Providencia permitió que esta alta estima en la que la tenían muchos diera ocasión a que otros la ayudaran a ejercitar su paciencia. No es nuestro propósito relatar sus acciones. Quienes escriban más tarde sobre su vida hallarán mucho material para enriquecer su historia: admirarán su paciencia heroica y el modo en que la Providencia permitió durante tanto tiempo numerosas humillaciones.

Cierta persona importante había oído que algunos no tenían en mucha estima a esta santa religiosa. Se creyó esa infamia y pensó que tenía el deber de desengañar a los que la tenían como santa. Hizo todo lo posible para desacreditarla: la acusó de hipócrita, la llamó visionaria, encaprichada de una santidad quimérica, que le gustaba engañarse a sí misma y que pretendía engañar a los demás con una santidad simulada, llena de hazañerías e ilusiones.

Las opiniones de una persona tan importante se divulgaron mucho e impresionaron notablemente, poniendo a muchos en contra de esta santa. Su temor, entonces, de estar efectivamente engañada la hizo padecer increíbles congojas:

> Me siento muy afligida; pero lo más terrible es verme como juguete del demonio. No veo nada en mí que no sea digno de castigo; pues no solamente he sido una infeliz al engañarme a mí misma, sino que he podido engañar a otros por mi hipocresía. Y aunque creo que nunca he tenido tales pensamientos, no debo dudarlo después del juicio que se ha hecho sobre mí este gran siervo de Dios N. Ahora tengo motivos para bendecir mil veces al Señor, que me lo ha enviado para desengañar a aquellos que concibieron de mí alguna estima. ¡Qué gran obligación tendré durante toda mi vida a este gran siervo de Dios, por haberme hecho un beneficio tan importante como es hacerme conocer a mí misma y hacer conocer a los otros lo que soy! Puedo asegurar que no hay nada que me dé mayor consuelo que saber que se han desengañado; yo podré satisfacer la justicia de Dios y vivir en un eterno olvido. Este pensamiento me llena de una suave complacencia y endulza en un momento todo cuanto puedo sufrir.

La devoción al Sagrado Corazón de Jesús, aquello para lo que Dios la había escogido, le ocasionó una gran persecución, más dolorosa al provenir de los mismos que debían ser los primeros en aprobarla. Apenas llegó a formar en sus labios las palabras «devoción al Sagrado Corazón de Jesús»... se la trató de visionaria; y sin esperar a escucharla, le mandaron no hablar de esta devoción hasta que el mismo Dios, Señor de los corazones, mudó el corazón de aquellos mismos que le habían puesto tantas dificultades. Así, llegó a tener el consuelo de ver, dos o tres años antes de su muerte, cómo se aprobaba esta devoción y se predicaba y se establecía casi en todas partes.

El Señor reunió en su persona todas las gracias extraordinarias que había dado, en siglos pasados, a sus siervos más queridos. Tuvo la dicha de conversar con familiaridad muchas veces con Jesucristo, como santa Matilde y santa Gertrudis; el Hijo de Dios le dio su Corazón, como se lo había dado a santa Catalina de Siena, habiendo tomado el suyo para purificarlo y abrasarlo en su puro amor, como hizo con esta gran santa. También le dio, como a santa Teresa, una prueba patente de esta gracia tan extraordinaria: un dolor agudísimo en el costado, que no pudo aliviar ningún remedio humano y que la acompañó hasta la sepultura.

Y en medio de tales favores, el más grande y admirable es la baja estima que siempre tuvo de sí misma. Se consideraba una hipócrita, diciendo que había engañado a todo el mundo y que quizá también ella misma estaba engañada. No solo decía que no merecía vivir entre tantas santas vírgenes, sino que se portaba de tal manera, que daba a entender que eso era lo que pensaba realmente. Esto fue lo que pensó siempre de sí misma, y con esos mismos pensamientos murió. A causa de su profunda humildad no nos habríamos enterado de sus gracias extraordinarias, si no hubiera sido por su director espiritual, con quien tuvo una especial confianza y a quien consultó frecuentemente sobre su vida interior, que le obligó a escribir lisa y sencillamente los recibidos de Dios. Sentía una gran repugnancia a obedecer, y retrasó durante largo tiempo lo que se le había mandado, hasta que Dios le hizo conocer que debía obedecer, y su superiora se lo ordenó.

El mejor modo de entender las grandes gracias con las que le honró el Cielo consiste en conocer lo que se refiere a la devoción al Sagrado Corazón de Jesucristo, para cuyo establecimiento recibió todos estos favores. Su precaución para pasar oculta, a pesar de su obediencia, es una prueba evidente de la sinceridad de sus sentimientos, y así no se han conocido aún públicamente más que una parte de las maravillas que Dios obró en ella. La lección que nos da nos puede servir de mucho. Esto es lo que escribió:

> Reverendo padre, desde mis primeros años he tenido un ardiente deseo de vivir pobre, desconocida, olvidada y despreciada. Querría no escribir nada, ni dejarme ver en el locutorio, si la obediencia, que para mí es una ley inviolable, no me hubiese ordenado lo contrario, no dejándome en esto satisfacer mi inclinación. Pero, al menos, me consuela que tendré la dicha de obedecer al escribirle. Le aseguro que mi divino Maestro me conduce por un camino enteramente opuesto a mi inclinación. Tengo una especial aversión a todos los empleos honoríficos de mi orden; y, a pesar de todo, es preciso que me sacrifique intensamente. No logré ningún descanso hasta que me obligué,

por voto expreso, a obedecer ciegamente en todo, sin dar jamás a entender mi extrema repugnancia en lo que me fuera posible. De todas maneras, no dejé de sentir una pena mayor que antes y abracé esta cruz como las otras con las que mi divino Salvador se ha servido en honrarme, y le aseguro que si me hallara un solo momento sin padecer, temería que me había ya olvidado y abandonado.

Usted me manda que hable confiadamente: ¡Ay! No está en mi poder hacerlo de ese modo, sino como le agrada a mi soberano Señor; porque si conociera lo imposible que es para mí decir más de lo que Él quiere, me aconsejaría guardar silencio antes que pensar en hacerle la menor resistencia. Pero, hablando sinceramente, temo mucho engañarme a mí misma y engañar a todos los que alberguen pensamientos demasiado favorables hacia mi persona, bien distantes de lo que soy en realidad. No sea usted de esos y, después de haber examinado en la presencia de Dios lo que voy a decirle bajo secreto inviolable, deseo que me declare si estoy en el error; porque aunque me han dado mucha seguridad en este tema, no puedo librarme del temor de estar engañada.

Durante muchos años no tuve otro director que a mi soberano Maestro. Desde que comencé a conocerle, cobró un imperio tan absoluto sobre mi voluntad, que me obligaba a obedecerle en todo sin poder, por decirlo así, defenderme. Me reprendía Él mismo mis defectos, por pequeños que pareciesen, con una dulce severidad.

Concebí desde entonces un gran horror al pecado, y me retiraba a llorar a algún lugar apartado cuando creía haber cometido la menor culpa. Mi Maestro me enseñó a hacer oración mental, aun antes de haber oído hablar de ella. Todo mi placer era pasar horas enteras de rodillas delante del Santísimo Sacramento. Y desde entonces suspiraba por una soledad en la que vivir pobre, despreciada y desconocida, y no dudé, desde que entré en la Orden, de haber encontrado aquel lugar de retiro por el cual había suspirado tanto tiempo. Mi amable Salvador derramó en aquel tiempo sus mayores gracias con tanta profusión, que me costaba trabajo contener el júbilo y las delicias que sentía en el fondo de mi corazón. Este júbilo, no obstante, se me turbó durante algún tiempo a causa del temor de que estos favores pudieran llevarme, sin darme cuenta, a querer dispensarme de las obligaciones de mi estado, aunque fueran las menores; este temor se disipó rápidamente por la promesa que me hizo el Señor: Él ajustaría sus gracias al espíritu de mi regla y de la obediencia a mis superioras y no habría ninguna contradicción.

No gocé durante mucho tiempo de esta dulce paz. Dios permitió que muchas personas creyesen que estaba engañada por el espíritu que me conducía: me mandaron que me resistiera a todas sus inspiraciones y me prohibieron seguir en adelante sus impulsos.

Me esforcé todo lo posible en obedecer, creyendo ciertamente que estaba engañada; pero todos mis esfuerzos fueron inútiles. En aquel momento pensaba que Dios me había abandonado y que era una más del número de las almas réprobas, pues llegué a persuadirme de que no era el espíritu de Dios quien me conducía; y experimentaba, a pesar de todo, que por vigoroso que fuera mi esfuerzo me era imposible resistirme. Estuve en este estado, más riguroso de lo que se puede imaginar, hasta que mi soberano Maestro me envió al padre De la Colombière, y me dio a entender que era uno de sus siervos más fieles y uno de sus amigos más queridos. Este santo director hizo que se calmaran todas mis congojas, asegurándome que era el espíritu de Dios el que me conducía, y me mandó ir sin miedo por los caminos por donde me llevaba. Entré entonces en una gran tranquilidad de corazón y en una dulce paz, que mi amable Salvador me ha conservado hasta ahora, en medio de cruces, humillaciones y trabajos, con los que nunca ha cesado de honrar a esta su indigna esclava, y en los que puedo solamente hallar mi consolación, mi placer y mi reposo.

Dice en otra carta, escrita por expreso mandato:

Me veo obligada a declararle las grandes gracias que mi Salvador me ha hecho, y de las que jamás quisiera hablar, pues jamás me había imaginado padecer tales penas a la vista de mi ingratitud. Esta ingratitud, sin duda, me habría precipitado al infierno si la misericordia de mi Salvador y la intercesión todopoderosa de la santa Virgen, mi buena Madre, no hubieran desarmado, por decirlo así, la justicia de Dios. Yo, si le digo lo que pienso, jamás reflexiono sobre estas grandes gracias sin albergar un gran temor, no sea que, después de engañarme a mí misma, engañe también a aquellos con quienes la obediencia me obliga a hablar de esta materia. Pido incesantemente a Dios que me haga la gracia de ser desconocida, aniquilada y sepultada en un eterno olvido, y miro esta gracia como la más grande de todas. Por todo esto le escribo con estas dos condiciones. La primera, que quemará mi carta después de haberla leído. La segunda, que me guardará un inviolable secreto sobre lo que le escribo. Mi divino Maestro me ha hecho conocer que quiere este sacrificio de mí; pero no creo que quiera que quede sobre la Tierra memoria de una criatura tan ingrata. Le digo, de una vez para siempre, que la promesa de cumplir estas dos condiciones endulzará la pena que tengo por tener que escribir y conservará mi alma en una gran paz. Y espero que me dé también su parecer; porque yo no sé qué decirme cuando, por una parte, considero tantas gracias y, por otra, una vida tan poco conforme con tan grandes beneficios.

Ahora le contaré lo que nuestro divino Salvador, apareciéndose un día a su indigna esclava, le dijo: *Ando buscando para mi Corazón una víctima que debe sacrificarse como hostia de inmolación para cumplir mis designios.* Sintiéndome entonces penetrada de la grandeza de esta soberana Majestad, me arrojé humildemente a sus pies y le presenté muchas almas santas que corresponderían fielmente a sus designios. *No, no quiero servirme ahora de otros sino de ti,* me dijo, *tú has sido escogida para esto.* Entonces, inundada en lágrimas, le repliqué que yo sabía bien que era una pecadora y que las víctimas debían ser inocentes: que en verdad yo no tenía más voluntad que la suya, pero que no podría decidirme a hacer nada que no me ordenase mi superiora, a lo que consintió. No cesé entretanto de resistir a sus inspiraciones, por mi gran temor a que estos caminos extraordinarios me apartasen del espíritu sencillo de mi vocación; pero fue bien en vano resistirme, porque no me permitió ningún reposo hasta que por obediencia me sacrifiqué a todo aquello que quería de mí, que era hacerme víctima inmolada a toda suerte de trabajos, humillaciones, contradicciones, dolores y desprecios, sin otra pretensión que se cumpliesen sus designios, a lo que me ofrecí de todo corazón. Me dijo que sabía bien cuáles eran mis temores pero que me prometía (como me parece que ya he dicho) ajustar de tal modo sus gracias al espíritu de mi regla, a la obediencia a mis superioras, a mi debilidad y flaqueza, que nunca lo uno sería impedimento para lo otro. Después de esto empezó a comunicarme sus gracias con tanta profusión, que yo no me conocía a mí misma. Estos grandes favores aumentaron más mi temor a ser conocida, y me obligaron a pedirle con insistencia que no permitiese jamás que se descubriese de mí otra cosa sino lo que me hiciese más vil y despreciable, lo que me parece que me prometió.

En unos ejercicios que hice poco después, el Señor me descubrió la mayor parte de las gracias que había ideado hacerme, y en especial las que había de recibir por la devoción a su Sagrado Corazón. Por lo que, postrándome a sus pies, le supliqué que se dignase dar estas gracias a alguna alma grande que supiera corresponder, pues conocía bien que yo no sería más que un obstáculo a sus designios. Entonces fue cuando me hizo entender que por esto mismo me había escogido, pues estando perfectamente persuadida de mi nada, nada podría atribuirme, ofreciéndome suplir por sí mismo todo aquello que me faltara.

En otra ocasión, mi Soberano, que con frecuencia hace alarde para que los tesoros de su misericordia brillen en las personas menos a propósito para sus altos designios, habiéndome honrado con su visita me dijo, me parece que con bastante distinción y claridad, que venía a mostrarme cuánto había de padecer durante el resto de mi vida por su amor y para llevar a término sus designios. Me postré profundamente ante su presencia. No puedo acabar de creerme que Dios se digne a hacerme capaz de padecer por su amor: con todo ello, el deseo de padecer por su amor aumentó en mí de tal modo, que hubiera querido ver cómo se empleaban todos los instrumentos de suplicio para hacerme padecer por Jesucristo. Me descubrió, bien clara y distintamente, todas las humillaciones y aflicciones que me habían de suceder hasta la hora de mi muerte. Mas lo que me sirvió de mayor consuelo fue que me lo descubrió todo con una eficacia tan viva, que todos estos trabajos, que solo estaban en mi imaginación, se me quedaron impresos de una manera tan sensible como si efectivamente los estuviese padeciendo. Sobre esto me dijo que nada tenía ya que temer, porque quería hacerme una nueva gracia, mayor que cuantas me había hecho hasta entonces: que nunca le perdería de vista y que le tendría siempre íntimamente presente. Este favor lo considero el colmo de todos los que hasta ahora he recibido de su infinita misericordia, pues desde entonces le he tenido, sin cesar, íntimamente presente. Él me instruye, Él me sostiene, Él me advierte de mis faltas y no cesa de hacer crecer en mí, por medio de su gracia, el deseo ardiente de amarle perfectamente y de padecer por su amor. Esta divina presencia inspira en mí un respeto tan profundo que, cuando estoy sola, me veo obligada a postrar mi rostro en Tierra y aniquilarme, por decirlo así, en la presencia de mi Salvador y de mi Dios; sobre todo, cuando pienso en lo que soy, esto es, la más indigna, la más ruin de todas sus esclavas, y que no merezco ni el nombre de sierva de Jesucristo. Aun entonces, experimento que todas estas gracias vienen acompañadas de una paz inalterable, de un júbilo interior y de un deseo cada vez más ardiente de ser humillada, despreciada, aniquilada y consumida por todo tipo de trabajos con tal de llegar a hacerme algo menos indigna y ser la menor de las siervas de Jesucristo. Pero, padre, cómo puede ser esto, que me sean tan atractivos los desprecios, los dolores, la pobreza y las humillaciones, que los vea como alimentos deliciosos de los que siempre ando hambrienta; cómo puede ser que esto sea así, que sean pruebas del espíritu de Jesucristo y que sufra tan poco, que apenas padezca nada, según me parece.

En lo demás, le aseguro que el Soberano de mi alma ha tomado tal imperio sobre mí, que, si no se trata del espíritu de Dios, acabaré condenada (como creo que ya le he dicho alguna vez) en lo más profundo del infierno. Lo cuento todo según creo que lo siento. ¡Pero ay si por ventura me engaño! Porque le puedo asegurar que, cuando reflexiono sobre mí misma, descubro tantas imperfecciones y miserias, tan poca fidelidad y reconocimiento por los beneficios, que no puedo acabar de echar de mí el pensamiento de que todas estas grandes gracias son un error, una ilusión. Dígame, se lo ruego, lo que piensa y lo que cree que debo hacer.

Por lo que toca a los favores que tienen que ver con la devoción de su Sagrado Corazón, no sé por dónde comenzar. Esto es todo lo que puedo decir, para satisfacer las órdenes de mis superiores. Un día de san Juan Evangelista, después de haber recibido de mi divino Salvador un favor semejante al que recibió la noche de la Cena este querido discípulo, este divino Corazón se me mostró como en un trono de fuego y de llamas, arrojando por todas partes rayos más brillantes que los del sol cuando pasan a través del cristal. La herida que recibió en la Cruz se distinguía claramente: una corona de espinas cercaba al sagrado Corazón y sobre ella estaba una cruz; y mi divino Salvador me hizo conocer que estos instrumentos de su pasión significaban que el amor inmenso que había tenido a los hombres había sido el manantial de todas las penas y humillaciones que padeció por nosotros; que desde el primer instante de su Encarnación había tenido presentes todos estos tormentos y desprecios; y que desde el primer instante fijó, por decirlo así, la Cruz en su Sagrado Corazón, la cual había aceptado desde entonces para mostrarnos su amor, aceptando todas las humillaciones, la pobreza y los dolores con lo que su Sagrada Humanidad haría visible su amor hasta el fin de los siglos en el Santísimo y Augustísimo Sacramento del Altar.

Me dio a entender, después, que su gran deseo de que todos los hombres le amen le había obligado a mostrarnos su Corazón para que podamos acceder a todos los tesoros de amor, de misericordia, de gracias, de santificación y salvación que en él se contienen, para que todos los que le rindiesen todo el amor posible quedasen profusamente ricos de sus divinos tesoros, cuyo manantial es su sagrado Corazón. Y me aseguró que le agradaría especialmente que le honráramos en la figura de este Corazón de carne, cuya imagen quería que se expusiese al público con el fin, añadió, de mover el corazón insensible de los hombres. Me prometió repartir con abundancia, sobre el corazón de todos los que le honren así, todos los dones de los que está lleno; y que llenaría de bendiciones todos los sitios en los que se exponga a veneración esta imagen: en fin, que esta devoción era como el último esfuerzo de su amor, el modo mediante el que quería favorecer a los cristianos en estos últimos siglos, proponiéndoles un objeto y un medio, al mismo tiempo, tan propio para empeñarlos amorosamente en amarle y en amarle firmemente.

Poco tiempo después, nuestro Señor me dijo estas palabras: *Mira, hija mía, el designio para el que yo te he escogido, y por el que te he hecho tan grandes gracias, habiendo tenido un cuidado tan particular de ti desde la cuna. Yo me he hecho a mí mismo tu Maestro y tu Director para disponerte a recibir todas estas grandes gracias, entre las cuales debes contar esta como una de las más señaladas: la de descubrirte y darte el mayor de todos mis tesoros, mostrándote y dándote al mismo tiempo mi Corazón.* Entonces, postrando mi rostro en tierra, me fue imposible explicar mis sentimientos de otro modo que por mi silencio, interrumpido luego por mis lágrimas y mis suspiros.

Desde entonces, las gracias de mi soberano Maestro llegaron a ser todavía más abundantes, de tal manera que no podía contener mis sentimientos de amor ardiente hacia Jesucristo y procuraba desahogarme con mis palabras en todas las ocasiones que podía, persuadida de que los otros, recibiendo semejantes gracias a las mías, estarían en las mismas disposiciones. Pero pronto me desengañé, tanto por el padre De la Colombière como por la gran oposición que encontré. Todo el gusto y el resultado que saqué de estos pequeños excesos de celo y de fervor fue el de algunas humillaciones y una ligera prueba, que duró algunos años.

El tiempo destinado para esta obra no había llegado todavía; con todo eso, el Señor tomó a su cargo disponerme por sí mismo según su deseo, como me lo había prometido; esto consistió en hacerme aún mayores gracias de las que me había hecho. La primera fue después de una confesión general que hice de toda mi vida criminal; al recibir la absolución, me hizo ver una ropa más blanca que la nieve, que llamó la ropa de la inocencia, de la cual me vistió, diciéndome estas palabras: *Hija mía, las faltas que cometas en adelante te humillarán mucho; mas no me obligarán a apartarme de ti.* Después, descubriéndome por segunda vez su Corazón adorable: *Mira,* añadió, *el lugar de tu eterna morada, en donde podrás conservar sin mancha la ropa de la inocencia con la que he revestido tu alma.* Desde aquel día no me acuerdo jamás de haber salido fuera de este amable Corazón. Yo me hallo allí siempre, pero de tal manera y con tales sentimientos, que no se me permite poder explicarlos: todo lo que puedo decir es que, de manera habitual, me hallo como metida en un horno ardiente de puro amor.

En otra ocasión, nuestro divino Salvador me mandó hacerle una donación de todo lo que había en mí capaz de agradarle, de cuanto podía hacer y sufrir hasta la hora de mi muerte y de todo el bien que se podía hacer por mí. Como la obediencia ha sido siempre la regla de mi conducta, no creía poder hacer esta donación, que me parecía como una especie de voto, sin haber primero obtenido el permiso. Este acto de obediencia le agradó tanto como el acto mismo de la donación que le hice después de que la obediencia me lo permitió. Mas este Soberano, dueño de mi alma, recompensó con mucha generosidad el presente que le hice de sus propios bienes, asegurándome que su Sagrado Corazón me estaría siempre abierto, a favor de todos aquellos que me lo pidiesen, y yo le supliqué al mismo tiempo que no fuese menos generoso a favor de aquellos que me diesen ocasión de sufrir alguna cosa por Él.

Habiéndose aparecido Jesucristo un día a esta santa religiosa y, colmándola de gracias aún mayores que las que hasta entonces había recibido, le dijo estas palabras:

Hija mía, oye atentamente mi voz y lo que te pido a fin de disponerte para el cumplimiento de mis designios: tú me recibirás en el Santísimo Sacramento con toda la frecuencia que te concedan por obediencia, a pesar de las mortificaciones o humillaciones que provengan de ello, que recibirás como una prenda de mi amor. Comulgarás además todos los primeros viernes de cada mes, y todas las noches del jueves al viernes te haré partícipe de aquella mortal congoja que yo padecí en el Huerto de los Olivos, que te hará pasar una especie de agonía más terrible que la misma muerte; y para que me acompañes en aquella humilde oración, que yo presenté a mi Padre en aquel estado lastimoso en que me hallaba, te levantarás a las once de la noche para pasar una hora en oración, postrado el rostro en tierra para mitigar mi cólera, pidiendo misericordia para los pecadores, y para de alguna manera endulzar la amargura que yo sentí entonces viéndome abandonado de los apóstoles, por lo que me vi obligado a echarles en cara su flaqueza, diciéndoles que no habían podido velar ni siquiera una hora conmigo; y durante esta hora yo mismo te instruiré lo que debes hacer.

Y de todas estas gracias que te hago ten gran cuidado, hija mía, de no creer ligeramente a todo espíritu, ni fiarte de él; porque el demonio hará todo lo posible para engañarte; por tanto, jamás hagas nada sin la aprobación de aquellos que te gobiernan, para que obrando con el consentimiento de tus superiores nunca caigas en las redes que te tiende; porque él no tiene poder alguno sobre los verdaderos obedientes.

Esta sierva fidelísima no tardó en pedir permiso a su superiora para ejecutar lo que le había ordenado. Pero por más que insistió y solicitó su licencia, a las superioras les pareció que estas comuniones extraordinarias y esta hora de oración a medianoche eran del tipo de singularidades que no debían permitir en una comunidad; además, llevaba mucho tiempo enferma, sin que ningún remedio pudiera darle el menor alivio. Un día, realizando una nueva petición a su superiora, esta le prometió consentir en lo que pedía con tal de que alcanzase de nuestro Señor la perfecta recuperación de su salud, añadiendo que así se conocería si lo que le pasaba venía o no de Dios. Esta pura e inocente alma lo presentó todo a nuestro Señor y, al momento, quedó libre de todas sus enfermedades; porque la Santísima Virgen se le apareció y, después de una larga visita, le alentó a continuar el camino trabajoso que aún le quedaba. Estas fueron las palabras que usó la Santísima Virgen, quien añadió que Ella la tomaría de nuevo bajo su protección y que la miraría como a su hija muy querida.

El que recobrara la salud de manera tan milagrosa llenó de admiración a toda la casa y ya no se volvió a dudar de que la guiaba el espíritu de Dios. Se le dio permiso para comulgar todos los primeros viernes de mes con la finalidad de honrar al Sagrado Corazón de Jesús, algo que toda la comunidad imitó con rapidez y con mucho fruto. También se le dio permiso para tener la hora de oración que pedía, lo que fue para ella un manantial de bendiciones y de méritos, y en ese tiempo entró, según se explicó ella misma, en la agonía y los dolores de Jesucristo. Esto es lo que dice en una de sus cartas, en que da cuenta de su interior:

Habiéndome dado este permiso, no puedo expresar lo que en el espacio de esta hora padezco, porque me parece que este divino Corazón derrama entonces en el mío una parte de las amarguras de su pasión y reduce mi alma a una especie de agonía tan dolorosa que alguna vez creo hallarme en el punto mismo de expirar.

Y en otra carta añade:

Algún tiempo después, el Salvador me hizo ver en su Sagrado Corazón dos géneros, por decirlo así, de santidad: una de amor y otra de justicia. Esta última obliga a Jesucristo a arrojar lejos de sí a los pecadores impenitentes que han despreciado todos los medios para su salvación. Por tanto, Dios les abandona y les entrega a sus mismos deseos; y por este infortunio llegan a volverse insensibles ante su propia maldad. Es por esta santidad de justicia por la que padezco muchas veces, especialmente por abandonar algún alma que había sido particularmente consagrada. Las penas que entonces padezco son tan dolorosas, que no hay suplicio en esta vida menos cruel: me parece que, hablando a lo humano, querría mejor estar metida en un horno encendido que tolerar las penas que entonces siento.

La santidad de amor no es menos dolorosa a su modo: sus penas son para reparar, de alguna manera, la ingratitud o insensibilidad del corazón de tantos cristianos ingratos que no corresponden al amor abrasado de Jesucristo. Esta santidad de amor me hace padecer por el pesar de no poder padecer lo bastante, y me inspira unos deseos tan ardientes de amar a Jesucristo, y de verlo amado por todo el mundo, que no hay tormento que yo no recibiera con gusto para que se le conociera y amase. Se me ha hecho saber que estas dos santidades se ejercitarán continuamente para hacerme padecer y sufrir, lo que me colma de un gozo tal, que no sé explicarlo.

No, padre, no creo saber vivir un solo momento sin sufrir. Está claro que yo desfallecería frecuentemente si Él no me sostuviera con una gracia particular; y, por eso, me parece que para alcanzar esta gracia me manda mi divino Salvador comulgar todos los primeros viernes de cada mes, también para reparar los ultrajes al Santísimo Sacramento cometidos durante el mes precedente. Ya ve lo que me causa ahora un suplicio aún mayor que todas las penas de las que he hablado: me lo dio a entender este amable Corazón con estas palabras: *Yo tengo una sed ardiente de ser honrado y amado por los hombres en el Santísimo Sacramento, y apenas hallo quien se esfuerce según mi deseo para apagar esta sed, usando para conmigo de alguna recompensa.*

En otra ocasión, me pareció ver el Corazón de Jesús como un sol que esparcía sus rayos por todas partes y sobre todos los corazones; pero de manera diferente según las diferentes disposiciones de cada uno. Las almas de los réprobos se endurecían aún más, como se endurece el barro con los rayos del sol; por el contrario, el corazón de los justos se purificaba más y se ablandaba como la cera. Nunca recibí ninguna de estas gracias sin sentirme movida interiormente a dar a conocer este divino Corazón, y no hallé el medio para poder llevarlo a cabo hasta que fue enviado el padre De la Colombière. En la octava del Santísimo Sacramento, colmada de los más grandes favores, y sin poder resistir ya más a las secretas reconvenciones que me hacía mi divino Maestro, que se quejaba amorosamente de mi poca fidelidad a sus órdenes y de mi timidez, que no era más que amor propio, fue preciso rendirme y descubrir, a pesar mío, a este padre lo que había siempre tenido callado, porque se me dijo entonces claramente que este gran siervo de Dios estaba destinado en parte para la ejecución de este gran designio.

Tengo que asegurarle que no sé qué más decir; porque si usted supiera el riguroso tormento que padezco al escribir sobre todo esto, por más que me haya dado a entender que es necesario para la gloria del Sagrado Corazón de mi adorable Maestro, y que por obediencia me lo hayan mandado expresamente: si supiera, digo no obstante, lo que padezco, probablemente pensaría de otro modo. Yo se lo he contado todo con sencillez y como creo que ha sucedido. Mas ¡ay!, ¿ni una sola vez me he engañado? ¡Oh, quiera el Cielo que no haya habido en toda mi vida ningún engaño ni ilusión! Yo sé que a Dios le gusta a veces dar sus dones a quienes menos se lo merecen, pero mis imperfecciones me dan gran motivo para temer que todo esto no sea más que vanidad y engaño. En todo lo que me ocurre, no hallo nada tan sólido como las humillaciones que puedan llegarme por este motivo y la felicidad que siento en los padecimientos.

Es cierto que la santidad más alta no consiste en revelaciones ni en gracias extraordinarias; pero cuando todas estas gracias extraordinarias y estas revelaciones se ordenan a hacer amar más ardiente y perfectamente a Jesucristo, cuando van acompañadas de una profunda humildad y de una continua mortificación, y de una obediencia perfecta, estas gracias extraordinarias y estas revelaciones son pruebas ciertas de una perfecta santidad.

Santa Teresa dice que una señal de que un arrobamiento viene de Dios es que produce en el alma deseos extraordinarios de padecer, y que esta alma queda después con una sed ardiente de padecer y ser continuamente humillada por amor a Jesucristo. Se cuenta que queriendo consolar nuestro Señor a la bienaventurada Ángela de Fulgino, a causa de su temor de que sus revelaciones y movimientos interiores no proviniesen de Dios, le dijo estas bellas palabras: Hija mía, las señales exteriores y sensibles que me pides para discernir si soy Yo el que te habla al corazón son inciertas y podrían engañarte: mas yo te daré una prueba infalible contra la que no puede nada el demonio. Se trata de un deseo ardiente de padecer penas, trabajos y humillaciones por mi amor, que causa por lo menos el mismo júbilo por vivir entre los oprobios que el que ordinariamente se tiene por vivir entre honras.

Estas han sido las señales de Dios que hemos visto en todos los favores recibidos por santa Margarita María. El fruto ordinario de estas grandes gracias fue un gran deseo de padecer y de ser humillada y, sobre todo, de ocultar los dones de Dios, deseando, en cuanto estaba de su parte, que nadie tuviese de ella el menor conocimiento. Todas estas conversaciones familiares, que con tanta frecuencia tuvo con Jesucristo, solo sirvieron para hacerla más humilde, más obediente y más mortificada: su temor de que no se mezclase algún engaño hizo que mirara siempre estas gracias como el medio del que se servía Dios para obligarla a trabajar sin cesar en la adquisición de las virtudes sólidas.

En un escrito autógrafo que se encontró después de su muerte se lee:

Por mi temor a engañarme por las grandes gracias y favores que recibo de Dios, tuvo a bien darme unas señales para distinguir fácilmente lo que viene de su parte de lo que viene de parte del demonio, o del amor propio, o de cualquiera otro movimiento de mi naturaleza. La primera fue que estas gracias y favores particulares vendrían siempre acompañados de alguna humillación, contradicción o desprecio de parte de las criaturas.

La segunda, que después de haber recibido algún favor divino, para los que mi alma es tan indigna, me sentiría anegada en un abismo de aniquilación y confusión interior que me haría sentir tanto dolor al ver mi indignidad como consuelo por la generosidad de mi divino Salvador, sofocando así toda vana complacencia y toda estima propia.

La tercera, que estas gracias y estas luces, ya fuesen en orden a mí o en orden a otros, jamás me producirían el más mínimo sentimiento de desprecio por nadie; nada de lo que conociera del interior de los demás me haría perder mi estima por ellos, por grandes que fuesen sus miserias. Todo ello solo excitaría en mí sentimientos de compasión, obligándome a pedir más insistentemente por ellos.

La cuarta, que todas estas gracias, por extraordinarias que fuesen, jamás me impedirían observar mi regla y obedecer ciegamente a mis superioras. El Señor me hizo saber que las había sometido de tal modo a mi obediencia que, por poco que yo me hubiera apartado de ella, Él habría retirado de mí todas sus grandes gracias.

La última, que el espíritu que me conduce me llevaría a estas cinco cosas. Primera, a amar con un inmenso amor a nuestro Señor. Segunda, a obedecer perfectamente, a ejemplo de Jesucristo. Tercera, a querer padecer en silencio, sin que se perciba nunca, si fuera posible, que estoy padeciendo. Cuarta, a querer padecer continuamente por amor a Jesucristo. Quinta, a tener una sed insaciable de comulgar, de estar delante del Santísimo Sacramento, de ser humillada y de vivir pobre, desconocida, despreciada de todo el mundo y de morir consumida con el peso de todo tipo de enfermedades y miserias.

Este soberano Señor se ha dignado tener misericordia de esta indigna pecadora y darle estas señales para conocer si las gracias que recibe vienen del buen espíritu o no; y, si yo no me engaño, a mí me parece que todas las gracias que he recibido hasta ahora han producido en mí todos estos efectos. Por lo demás, siento, y veo que es más claro que la luz, que vivir una vida sin amor de Jesucristo es el colmo de todos los males imaginables.

Todos los que conocieron su interior afirmaban que había llegado a una perfección consumada. Su amor a Jesucristo fue siempre en aumento; apenas podía hablar de otra cosa que no fuera de la devoción a su Sagrado Corazón. En una de sus cartas comenta:

¡Que no pueda yo decir todo lo que sé ni descubrir a toda la Tierra los tesoros de gracias que Jesucristo encierra en su Corazón adorable y su gran deseo de repartirlas profusamente! Yo le suplico, reverendo padre, que haga todo lo posible para difundir esta devoción por todo el mundo. Jesucristo me ha hecho conocer, de un modo que no admite la más mínima duda, que los padres de la Compañía de Jesús ayudarán de un modo especial a establecer en todas partes la devoción al Sagrado Corazón de Jesús, y haciendo, por ella, un número infinito de siervos fieles y de hijos agradecidos. Los tesoros de gracias y bendiciones que encierra el Sagrado Corazón son infinitos. No conozco otra devoción más apropiada para elevar en poco tiempo un alma a una mayor perfección y para que guste de la verdadera dulzura que se halla al servir a Jesucristo. ¡Escuche! Yo digo que si se supiera lo que le agrada a Jesucristo esta devoción, no habría ningún cristiano, por poco que ame a nuestro Señor, que no comenzara a practicarla enseguida. Haga lo posible para que la abracen sobre todo los religiosos, porque obtendrán tantos auxilios, que no será necesario ningún otro medio para restablecer el primer fervor en las comunidades menos piadosas, y para llevar al más alto grado de perfección a los que viven en la mayor observancia. Los laicos hallarán en esta devoción la ayuda necesaria para su estado, esto es, paz en sus familias, consuelo en sus trabajos, bendiciones del Cielo en sus negocios y alivio en sus miserias. Hallarán en el Sagrado Corazón un refugio para toda su vida y principalmente para la hora de su muerte. ¡Ay! ¡Qué dulce es morir después de haber tenido una tierna devoción al Sagrado Corazón de Jesús! Mi divino Maestro me ha hecho conocer también que los que trabajan en la salvación de las almas lo harán con más acierto si viven esta devoción e intentan establecerla en todas partes. No hay nadie que no reciba toda suerte de auxilios del Cielo si tiene un verdadero amor a Jesucristo, tal y como se manifiesta por la devoción a su Sagrado Corazón.

Le dijo al padre De la Colombière —cuando había oposición y ningún indicio de que esta devoción fuera a aceptarse— que aunque viese a todos en contra no perdiera la esperanza de verla establecida en todo el mundo, después de percibir estas palabras del Señor: *Hija mía, no te desalientes por tanta oposición; Yo reinaré a pesar de mis enemigos, Yo cumpliré el designio para el que te escogí, por vigoroso que sea el esfuerzo de los que se oponen.* En efecto, ella tuvo el consuelo de ver enteramente cumplidas sus promesas algunos años antes de su muerte: vio erigida una magnífica capilla en su monasterio, en honor del Sagrado Corazón de Jesús, y tuvo también la dicha de saber que muchas otras religiosas habían seguido este ejemplo y que esta devoción se iba estableciendo cada día más y más, con un fruto fecundo. Puede verse con facilidad que todo esto no pudo suceder sino a fuerza de prodigios.

Cumplido así tan venturosamente el designio para el cual la había destinado el Cielo, quiso Dios coronar tantos favores con el último de todos, llamándola a una vida más feliz. Ya hacía más de un año que sentía un fuego interior que la consumía, mucho mayor que el habitual, que la elevó a la sublime perfección de la que habla santa Teresa: un alma llega a estar tan íntimamente unida con Dios, que no es ella ya quien vive, sino Jesucristo quien vive en ella. Pero, por su profunda humildad, llegó a pensar que esta perfecta tranquilidad de corazón en la que se regocijaba su alma era un castigo de Dios.

Así escribió a su confidente:

No sé, reverendo padre, qué debo pensar del estado en que me encuentro. He tenido hasta ahora tres deseos tan ardientes, que eran como tres tiranos que me hacían padecer un continuado martirio, sin permitirme un solo momento de reposo: el de amar perfectamente a Dios, el de padecer mucho por su amor y el de morir en este ardiente amor y por el ardor de este amor. Pero ahora me hallo en no sé qué tranquilidad de corazón, y mis deseos han cesado, algo que me pasma. Temo que esta pretendida paz sea quizá un efecto de la insensibilidad en la que Dios deja a veces caer a las almas no fieles; y temo acabar así a causa de mis grandes infidelidades a sus gracias, quizá es una especie de abandono y de reprobación; porque le aseguro que ya no puedo querer nada más, ni desear nada de este mundo, por más que veo bien que en materia de virtud todo me falta. Alguna vez querría afligirme por esto pero no puedo, no está en mi mano, por decirlo así. Solo siento un consentimiento perfecto al buen querer de mi Dios, y un gozo inefable en padecer. El pensamiento que me consuela a veces es que el Sagrado Corazón de nuestro Señor Jesucristo lo será todo para mí si yo le dejo obrar: él querrá, él amará, él deseará por mí, él suplirá todos mis defectos.

Había llegado a esta perfección cuando nuestro Señor quiso llamarla a Sí. Hay fundamento para creer que le había sido revelada la fecha de su muerte mucho tiempo antes de caer enferma. Tres meses antes de su enfermedad le escribió al sacerdote que recibía sus confidencias dando a entender que sería su última carta; y le dijo expresamente a una de sus hermanas, con la que tenía mayor confianza, que ella moriría aquel año, y añadió que no servía ya sino de obstáculo para la exaltación del Sagrado Corazón de Jesucristo y para el establecimiento de esta santa devoción. No se entendió entonces el verdadero sentido de estas palabras, pero luego se vio que, si no hubiera muerto, no podrían haberse publicado las gracias extraordinarias que había recibido de Dios. «Moriré», le dijo a esta hermana, «ciertamente este año, para no impedir los grandes frutos que mi divino Salvador pretende sacar de un libro sobre la devoción al Sagrado Corazón de Jesús que el padre Croiset hará luego muy pronto». Habló de algo que no podía conocer entonces de manera natural, pues no solo nadie pensaba en componer un libro, sino que se le había escrito fehacientemente que no era tiempo aún de pensar en eso durante algunos años.

Una vez que cayó enferma, aseguró que se moriría. El mismo día en que murió, los médicos afirmaron que la enfermedad parecía poco peligrosa, pero ella recalcaba siempre que se moría. Esta certidumbre hizo que pidiera con insistencia desde la víspera que se le administrase el Santo Viático; y como le decían que no estaba tan mala, pidió que, por lo menos, pues estaba aún en ayunas, la diesen la Comunión. Así se hizo y la recibió con una devoción extraordinaria, diciendo que la tomaba en forma de Viático, pues sabía bien que esta sería la última vez que comulgaba.

El modo en que llevó su última enfermedad se correspondió cabalmente con la alta idea de perfección que había mostrado a lo largo de su vida. Una de las religiosas, observando lo mucho que padecía, se ofreció para buscarle algún alivio pero santa Margarita María no aceptó su ofrecimiento, y le dijo que los momentos que le quedaban de vida eran demasiado preciosos para dejarlos pasar sin aprovecharse de ellos: que padecía mucho pero que no padecía lo bastante; que hallaba tanto placer en vivir y morir sobre la Cruz, que aunque deseaba grandemente morir, consentiría voluntariamente en permanecer en ese estado hasta el Día del Juicio, si tal fuese el beneplácito de Dios. Tantos fueron los dulces encantos que halló siempre en sus penas.

Creo que no ha habido nunca ninguna otra persona con un deseo tan grande de morir: todos los que la visitaron a lo largo de su enfermedad se admiraban del extraordinario júbilo que le causaba el pensamiento de la muerte. Sin embargo, Dios quiso interrumpir, durante algún breve tiempo, este piélago de dulzuras interiores en que estaba anegada, y le inspiró un temor muy grande a su divina Justicia. De repente, santa Margarita María se vio asaltada de grandes congojas al considerar el terrible juicio de Dios. Su Majestad quiso acrisolar aún más de este modo esta alma santa. La vieron temblar, humillarse y abismarse delante de su crucifijo: se le oyó repetir con profundos suspiros estas palabras: «misericordia, Dios mío, misericordia»; pero al poco se disiparon todos estos temores, su espíritu se halló en una gran calma y con una seguridad grande de su salvación; la alegría y la dulce tranquilidad de su corazón podían contemplarse en su rostro. Una hora antes de su muerte hizo llamar a su superiora, a quien le había prometido que no moriría sin avisarla; le suplicó que le administrasen la santa Unción y que no le diesen ya más los pequeños alivios que le proporcionaban. Dijo que ya no hablaría más, y que no le quedaba nada más que abismarse en el Sagrado Corazón de Jesucristo para exhalar allí el último suspiro. Dichas estas palabras, y habiendo fijado suavemente los ojos en su crucifijo, estuvo en un admirable sosiego. Al concluir la última Unción, habiendo proferido el santo nombre de Jesús —lo único que pudieron entender los asistentes de sus palabras—, rindió dulcemente su espíritu en manos de su Creador el día 17 de octubre de 1690, a los cuarenta y dos años de edad y en un olor maravilloso de santidad.

La muerte de esta santa causó admiración y piedad, como suele ocurrir ante la muerte de los justos. Por toda la casa y por toda la ciudad se oyeron resonar estas palabras: «La santa ha muerto», y lejos de sentir horror ante su cadáver, nadie podía dejar de mirarlo, y se detenían en su presencia con placer. Muchos aseguraron que en su semblante se percibía un no sé qué que inspiraba la veneración y devoción que se siente ante las reliquias de los santos. Hubo tantos fieles en los funerales, que los sacerdotes celebrantes fueron interrumpidos muchas veces por los clamores de los que pedían que se les permitiese acercar el rosario al venerable cadáver: unos pedían un trozo de su vestido, otros alguna carta o escrito de su mano. Y la veneración que se tiene a esta santa va en aumento.

Dios le reveló muchas cosas secretas y ocultas a esta santa religiosa, quien tuvo muchos conocimientos sobrenaturales de lo que iba a suceder. El padre De la Colombière, y muchos otros, vieron cómo tenía lugar lo que había avisado que pasaría mucho tiempo antes, a pesar de las señales en contra. Apenas hay nadie, de todos los que tuvieron la dicha de hablar con ella, que no se sintiese extraordinariamente movido por sus palabras y que no saliese, tras conversar con ella, con una resolución nueva de amar más ardientemente a Jesucristo.

Muchos otros aseguran haber alcanzado después de su muerte varias gracias particulares por su intercesión. Todas ellas son pruebas convincentes de que había recibido de Jesucristo muchos dones extraordinarios. A pesar de ello, más digno de estima es su gran amor a Jesucristo, su obediencia perfecta, su inmenso amor a las penas y su profunda humildad, que conservó hasta el último suspiro.

***

Nota del Editor: Santa Margarita María de Alacoque fue beatificada por el papa Pío IX en 1864; y canonizada por Benedicto XV en 1920.

Notas

[1] Santa Matilde (1241-1299) fue una monja cisterciense, mística, maestra de santa Gertrudis. Nunca escribió nada, pero su discípula se encargó de recoger por escrito sus palabras y los apuntes de su magisterio. El resultado es el *Libro de la gracia especial.* En el centro de todo se encuentra el Corazón de Jesús, símbolo del amor divino, encontrándose en este libro una de las referencias más antiguas de esta devoción. Además, inauguró la devoción mariana de rezar diariamente tres avemarías pidiendo la especial protección de la Virgen.

[2] Santa Gertrudis vivió entre 1256 y 1302. Se han conservado tres de sus obras, siendo la más importante *Legatus Divinae Pietatis*, es decir, *Heraldo de la piedad divina.* Sus escritos y espiritualidad pasaron desapercibidos hasta el siglo XVI en que se imprime este libro en Colonia. Su éxito fue enorme, y se produjo toda una corriente espiritual en torno a ella que se tradujo en reediciones continuas de sus escritos y numerosas biografías. Al desconocerse su apellido, empezó a ser llamada Gertrudis la Grande o Magna.

[3] *Vida de santa Teresa de Jesús,* cap. XXVI.

[4] La devoción a la Eucaristía y la devoción al Sagrado Corazón no solo son hermanas, sino que se trata de una misma y única devoción. Una completa a la otra y la ayuda a desplegarse; están tan unidas, que una no puede ir sin la otra, y su unión es absoluta. No solo no pueden ser perjudiciales entre sí, sino que, al completarse y perfeccionarse, también hacen que crezcan a la vez de modo recíproco.

[5] Papa de 1670 a 1676.

[6] Papa de 1691 a 1700.

[7] El padre Claudio de la Colombière (1641-1682) fue beatifi-

cado en 1929; y canonizado en 1992 por el papa Juan Pablo II. Su fiesta se celebra el 15 de febrero. En 1674 fue elegido superior de la casa de los jesuitas de Paray-le-Monial, y es ahí donde se hace director de santa Margarita María de Alacoque, lo que hace de él un apóstol ardiente de la devoción al Sagrado Corazón de Jesús. Sus restos descansan en Paray-le-Monial, en la *Capilla De la Colombière*, cercana al convento de las religiosas de la Visitación.

[8] Este *Diario* es de gran interés histórico porque fue la primera explicación de la devoción al Sagrado Corazón dirigida a los fieles.

[9] Esta persona a la que se refiere es santa Margarita María de Alacoque.

[10] Según Mons. Joseph Stadler, arzobispo de Sarajevo ya nombrado en el prólogo, este librito es un opúsculo de Soeur Joly, publicado en Dijon en 1689, que Jean Croiset usó como base para su propio trabajo.

[11] La Orden de la Visitación fue fundada por san Francisco de Sales a principios del siglo XVII.

[12] Salviano de Marsella, un autor latino cristiano del siglo V d. C.

[13] San Pedro Damián, cardenal benedictino del siglo XI (1007-1072).

[14] Lanspergio fue un monje cartujo y escritor ascético que vivió entre 1489 y 1539. Fue uno de los últimos de los autores, y quizá el más preciso, que ayudó con sus escritos a preparar el camino a santa Margarita María de Alacoque y su misión. También fue quien preparó la primera edición en latín de las revelaciones de santa Gertrudis, publicadas en Colonia en 1536.

[15] *El cristiano interior o guía fácil para salvarse con perfección*, de Mons. Jean de Bernières-Louvigny (1602-1659).

[16] Tomado de *La escuela del amor puro de Dios*, abierta a los avisados y a los no avisados, por una mujer analfabeta, campesina de nacimiento y sierva de condición, llamada comúnmente

«la buena Armilla», que murió no hace mucho en Britania en 1671, escrito por una religiosa que la conoció en persona. Por el nombre de «la buena Armilla» se hace referencia a Armelle Nicolas (1606-1671), una simple sirviente cuya piedad, caridad y éxtasis místicos suscitaron un culto que ha perdurado especialmente en la zona de Bretaña.

[17] Es un modo de explicar el fenómeno natural que ocurre en países septentrionales, o en zonas elevadas, donde estos animales cambian de pelaje, que sirve a san Francisco de Sales a sus propósitos didácticos (N. del E.).

[18] Humberto Guillermo de Precipiano (1626-1711).

[19] Nace en Córdoba en 1512, hija de don Luis Fernández de Córdoba y doña Luisa de Aguilar, señores de Guadalcázar, cambió una vida noble por la religiosa, removida por la predicación de san Juan de Ávila, hoy Doctor de la Iglesia, con quien llegó a tener dirección espiritual.

[20] El autor habla de la Misa que se celebraba antes de la reforma del Concilio Vaticano II (que buscó fomentar la participación comunitaria) pero todo lo que dice en esencia es aplicable a la Misa que se celebra en nuestros días (N. del E.).

[21] Como ya se ha dicho en el prólogo, la primera edición del libro del padre Croiset apareció en mayo de 1691, al año de la muerte de santa Margarita María.

Otros libros de interés

"¡¡Sáquennos de aquí!!"
María Simma con Nicky Eltz
Prólogo de María Vallejo–Nágera

Como dice en el prólogo María Vallejo-Nágera, autora de *Entre el cielo y la tierra. Historias curiosas sobre el purgatorio*: "No se puede ni imaginar el pedazo de gema cuasi-periodística que tiene en este momento entre las manos, querido lector. Si lo supiera se saltaría mi prólogo de sopetón, pues nada de lo que yo pueda adelantarle puede reflejar la aventura espiritual y el descubrimiento sobrenatural que le espera entre las líneas de este magnífico ensayo sobre la realidad de la existencia del purgatorio".

Más información en Amazon y en **www.didacbook.com**

Nuestra Señora de Kibeho
Immaculée Ilibagiza con Steve Erwin
Prólogo de María Vallejo-Nágera

La fama de Kibeho, en Ruanda, crece poco a poco; hasta este remoto pueblo africano llegan cada vez más peregrinos de todo el mundo para honrar a la Madre del Verbo, que es como se dio a conocer la Virgen en las apariciones que tuvieron lugar en la década de los 80. Tras varios años de estudio por las autoridades eclesiásticas, la Iglesia católica reconoció oficialmente que Nuestra Señora nos visitó realmente en este lugar, las primeras de toda África. La afamada escritora Immaculée Ilibagiza nos cuenta de primera mano una historia maravillosa, y en ocasiones dura, que llegará a conmover profundamente el corazón de los lectores.

Más información en Amazon y en **www.didacbook.com**

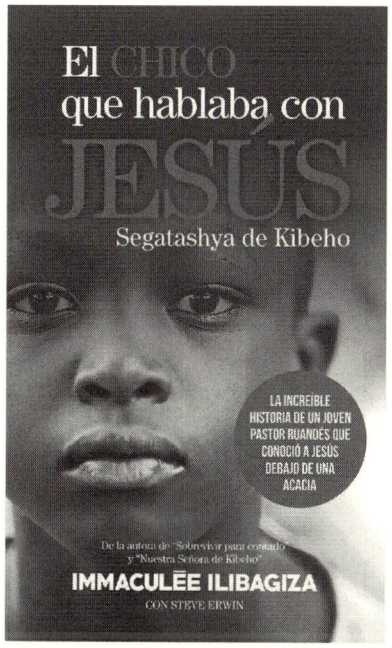

El chico que hablaba con Jesús
Immaculée Ilibagiza con Steve Erwin

Una gran historia nunca contada antes: la de un chico que hablaba con Jesús, y que se atrevía a hacerle las preguntas más inocentes, a la vez que le cuestionaba sobre los temas que más han preocupado a la humanidad desde los orígenes del tiempo. Su nombre era Segatashya. Era un pastor, analfabeto, que provenía de una familia pagana de una de las zonas más remotas de Ruanda. Nunca fue al colegio, ni tuvo una Biblia en sus manos ni pisó una iglesia… pero sus palabras nos llenarán de alegría y calor, y prepararán nuestro corazón para esta vida y para la futura que no tendrá fin.

Más información en Amazon y en **www.didacbook.com**